COLLANA DI PSICOLOGIA DELLA MODA

Diretta da
PAOLA PIZZA

1

Paola Pizza

PSICOLOGIA SOCIALE DELLA MODA

Abbigliamento e identità

QuiEdit

Verona, via S. Francesco, 7 — Bolzano, Piazza Duomo 3 — Italy
www.quiedit.it — e-mail: informazioni@quiedit.it
Edizione II — Anno 2024. Finito di stampare nel mese di febbraio 2024
ISBN: 978-88-6464-755-5

INDICE

INTRODUZIONE ALLA PRIMA EDIZIONE

A volte sogniamo sapendo di sognare
Aristotele

Chi vuol esser lieto sia di doman non v'è certezza
Lorenzo il Magnifico

Si dice spesso che gli abiti sono come un sogno che permette di realizzare desideri. Sono un tipo particolare di sogno, quello che si fa ad occhi aperti, sapendo benissimo di sognare. Sono un "**sogno lucido**" (Moreno, 1985) nel quale i confini con la realtà sono sottili e che ci permette di realizzare un teatro magico dove possiamo interpretare i ruoli che più desideriamo e renderli reali. Con la moda sogniamo ad occhi aperti e costruiamo nella nostra mente le immagini che soddisfano i nostri desideri, compensando le nostre angosce: gli abiti, le borse, le scarpe, le sciarpe, i gioielli, ci aiutano a mediare con la realtà, a risolvere i conflitti e le paure quotidiane, a perseguire alcuni obiettivi sociali e a sentirci integrati in un gruppo.

Per dirla con Lorenzo il Magnifico "la vita sfugge e la giovinezza va". I ritmi frenetici della vita, la sensazione di avere poco tempo per realizzare ciò che desideriamo e il mito sociale dell'eterna giovinezza che ci rende tutti novelli Dorian Gray (Wilde, 1968), generano in noi un'angoscia di morte che cerchiamo tenacemente di contrastare. Cosa c'è di meglio che ricercare la soddisfazione immediata negli oggetti di moda che possiamo assicurarci con lo *shopping*? Più l'incertezza per il futuro aumenta (per la crisi economica, per la mancanza di valori o di ideologie forti, per la pluralità dei modelli di riferimento), più la soddisfazione immediata dei desideri (qui ed ora) diventa importante. Acquistare moda ci fornisce una sensazione illusoria di potere: il potere di scegliere e possedere oggetti ai quali attribuiamo la capacità di migliorare o cambiare la nostra vita; il potere di definire noi stessi attraverso abiti e accessori o di emulare un leader che ammiriamo; ma anche quello di partecipare ad un progetto collettivo, o all'opposto di differenziarci dagli altri e sentirci unici e speciali.

Come Freud ci ha insegnato, il sogno è come un linguaggio: abiti e accessori, nei nostri sogni ad occhi aperti, parlano di noi e del nostro desiderio di essere migliori persone (più giovani, più desiderabili, più vincenti, più seducenti, più popolari, più potenti, più sicure, più determinate, più amate, più apprezzate). Quando la realtà si frappone alla realizzazione dei desideri, l'abbigliamento ci aiuta ad eliminare gli ostacoli progettando oniricamente la felicità, con un costo psicologico molto più basso di quello necessario a risolvere i problemi. Chi non ha mai sognato di sentirsi speciale con un abito?

Possiamo anche dire che la moda è come un **sogno collettivo** nel quale gli altri sono sempre presenti come modello, o oggetto dei nostri desideri e delle nostre paure: un sogno che coglie le intricate relazioni tra individuo, gruppo e società, tra il desiderio di essere accettati e quello di essere ammirati, tra individualismo e appartenenza ad un gruppo.

Mai trovati in una di quelle situazioni da "panico dell'armadio" nella quale vi sembra di non avere niente di adeguato da mettere per un appuntamento con una persona per voi importante? Una di quelle situazioni nelle quali gli abiti si ammassano sul letto uno dopo l'altro, in ordine sparso, dopo essere stati provati e poi gettati via perché considerati assolutamente inadeguati a farvi sentire speciali come vorreste? Mai dato fondo agli ultimi risparmi per comprare un abito, un paio di scarpe, un accessorio che vi faccia sentire in sintonia con l'immagine ideale che volete che gli altri abbiano di voi? Mai sentiti a disagio per un abito troppo sportivo, o al contrario troppo ricercato, per il contesto nel quale vi trovate? Mai sognato di fronte ad un abito in una vetrina, o sulla pagina di una rivista di moda, che proprio quell'abito vi potrebbe trasformare nella persona che desiderate essere e aiutare a conquistare ciò che volete? Se una di queste situazioni vi sembra familiare, avrete senz'altro già capito che l'interazione con gli oggetti della moda non è sempre semplice, spontanea e lineare come sembra. Niente suona più falso della frase "mi sono messo/messa indosso la prima cosa che mi è capitata tra le mani". Dietro ai semplici comportamenti quotidiani ci sono pensieri, sentimenti, ricordi, desideri, e soprattutto ci sono gli altri: gli implacabili "altri" presenti dentro di noi anche quando fisicamente sono assenti.

Non c'è dubbio che il comportamento sociale sia vario e complesso, così come è poliedrico e versatile il rapporto che ognuno di noi ha con l'abbigliamento e gli accessori, ma questa varietà può essere ricondotta ad alcuni **processi di base** (sociali e cognitivi) che mettono in relazione l'individuo con l'ambiente. È abbastanza chiaro, infatti, che quando parliamo di moda parliamo di noi stessi, ma anche degli altri e delle complesse relazioni tra ciò che siamo e ciò che vorremmo essere, tra ciò che vedono gli altri e ciò che vorremmo che vedessero.

Questo è un libro che parla della moda come **fenomeno sociale**, che per comprendere i significati della moda discute del gruppo al quale apparteniamo e di quello al quale ci piacerebbe appartenere. Parla di come gli altri influenzano la conoscenza di noi stessi; di come il possesso degli oggetti contribuisca alla nostra identità, e di come frequentare certi luoghi ci faccia sentire migliori e con una identità più forte. Analizza come abiti e accessori aiutino a raggiungere gli obiettivi e a soddisfare le motivazioni, come contribuiscono al formarsi delle prime impressioni e influiscono sul crearsi della reputazione. Si parla di abbigliamento come espressione di emozioni e di credenze, di conversazioni dove gli abiti e gli accessori sono come parole o atti linguistici, ma anche di come la moda contribuisca all'appartenenza ad un gruppo e sia espressione di valori e mezzo per adeguarsi alle norme sociali, o di come ci consenta di sognare ad occhi aperti progettando la nostra felicità.

L'ottica dell'estetica in questo libro si capovolge: "non è bello ciò che è bello", ma bensì è bello ciò che piace agli altri, ciò che aiuta a raggiungere gli obiettivi sociali, a integrarci con gli altri e a farci accettare. La moda è considerata come "**rappresentazione sociale**", un modo di esprimere le conoscenze e di ricostruire la realtà: una "teoria del senso comune" condivisa dagli appartenenti ad un determinato gruppo (quello al quale apparteniamo o quello al quale vorremmo appartenere) che contiene conoscenze, giudizi, valori, norme e significati su come le persone dovrebbero vestirsi. Più che parlare di moda, parleremo delle **diverse mode** come rappresentazioni sociali dei diversi gruppi. Le mode contribuiscono alla nostra attività di relazione e creano degli specchi che ci permettono di vederci con gli occhi degli altri e di vedere gli altri in base a regole condivise, aiutandoci ad ottenere un giudizio sociale positivo e a perseguire mete. L'identificazione con un determinato gruppo plasma, infatti, i nostri pensieri, i sentimenti, le percezioni, le motivazioni e il senso del *Sé*. Appartenere ad un gruppo ci permette di acquisire una forte identità che ci distingue.

C'è da dire poi che l'**influenza sociale** è tanto più profonda quanto meno è palese. Tanto più pensiamo di fare scelte autonome, quanto più siamo influenzati dagli altri. Se volete capire quanto gli altri guidino i vostri comportamenti quando entrate in un negozio di moda e acquistate un abito, se volete sapere quante persone ci sono con voi quando aprite il vostro armadio e scegliete cosa indossare, questo libro vi aiuterà a trovare alcune risposte. Come se fossimo in una scena del film *The Truman show* (1998), gli altri ci osservano anche senza esserci, influenzano i nostri comportamenti e contribuiscono alla formazione della nostra identità. Quello che è interessante, poi, è che più che essere gli altri ad osservare noi e a farci richieste, siamo noi così tanto consapevoli del loro sguardo da conformarci alle loro attese o da lasciarsene influenzare. Questa è la pervasività del giudizio sociale: un dialogo continuo tra lo specchio interno dei nostri desideri e della nostra autostima, e lo specchio esterno costituito dagli altri e dal loro giudizio.

Lo scopo del libro è quello di indagare, attraverso alcuni strumenti della psicologia sociale, la moda come fenomeno sociale, e le funzioni che le varie mode rivestono nella costruzione dell'identità.

I capitoli del volume si articolano sulla base di cinque principi base del comportamento sociale: **obiettivi**, **identità**, **conoscenza**, **influenza**, **comunicazione**. In ogni capitolo ci sono schede con riferimenti a brani di film e serie televisive e a pagine di letteratura contemporanea, utilizzati come commento, riflessione ed esempio. Troverete molti riferimenti alla serie televisiva *Sex and the City* che ha rappresentato un vero e proprio modello per milioni di giovani donne, e ha proposto una moda, emulata da molti, fatta di abbinamenti tra costosi capi griffati, capi a basso prezzo, e capi vintage, in un gioco di colori e accessori che definiscono l'identità della quattro protagoniste. È la serie che ha celebrato le scarpe ed ha fatto conoscere al grande pubblico marchi come Jimmy Choo o Manolo Blahnik, diventati icone per una generazione.

Il percorso di analisi della moda come fenomeno sociale, si conclude con alcune riflessioni sul rapporto tra abbigliamento e psicologia della vita quotidiana, e con un'immagine della moda come "terapia della felicità", strumento di benessere, di appagamento e di piacere.

INTRODUZIONE ALLA SECONDA EDIZIONE

Il detto secondo il quale la bellezza è superficiale, non è altro che un detto superficiale.

John Ruskin

La forma è il contenuto che sale in superficie.

Victor Hugo

Il fantastico e luminescente mondo della moda non è un fenomeno che riguarda solo la superficie e l'apparenza. C'è un linguaggio, parlato da abiti e accessori, che viene dall'inconscio, sia individuale che collettivo, e che attualizza sentimenti, emozioni, paure.

Se vogliamo comprendere la moda dobbiamo alzare il velo di Maya che per Schopenhauer era l'illusione che impediva di conoscere la verità: al di là dell'estetica e della creatività, è necessario cogliere il legame profondo tra dentro e fuori, tra immagine e psiche, tra apparenza e identità, tra individuo e società. E per farlo serve la psicologia con le sue teorie, i suoi modelli, i suoi strumenti. Non si può comprendere la moda considerando solo gli abiti e non il loro significato psicologico.

L'illusione talvolta fa dimenticare la vera essenza delle cose. La moda è indossata, comprata, desiderata da persone che vogliono esprimersi nella società e confrontarsi con gli altri. Ogni persona è non solo corpo, ma anche psiche. Non solo individuo, ma anche membro di un gruppo o di una istituzione (come gruppo dei gruppi).

La moda è sogno, è desiderio, è fantasia. È lo strumento che abbiamo per renderci migliori. Per aggiungere valore a noi stessi, per comunicare agli altri in modo immediato chi siamo, per conversare e integrarci in un gruppo. Quando è usata in modo armonico è un fantastico strumento di emozioni positive e di piacere, che ci rende persone uniche e particolari in mezzo agli altri e ci fa sentire più sicure/sicuri. È un mezzo per comunicare in modo più efficace la nostra identità e per raggiungere con più facilità gli obiettivi in un contesto relazionale.

Ma la musica cambia quando la moda è adoperata in modo perfezionistico nella vana ricerca dell'immagine perfetta alla quale non si arriva mai. O quando è impiegata per uniformarsi ai pregiudizi estetici e alle idee stereotipate di bellezza, e ai giudizi degli altri. O quando si perde di vista la differenza tra immagine e autenticità del *Sé*. In questi casi l'abbigliamento diventa una **maschera**. Un cercare di apparire diversi da come si è. Un camuffamento. Uno strumento narcisistico che ci allontana dagli altri e dalla relazione. Una lotta tra vergogna e vanità che lascia sofferenti e a disagio.

"Sono spesso le **emozioni bloccate** ad impedirci di essere felici con la moda. A scalfire l'autostima è spesso un'idea sbagliata della moda, vissuta come strumento di omologazione e di conformità. Alcune persone sanno ascoltare soltanto il proprio *Sé Imperativo*, fatto di imposizioni e di pressioni sociali. Questa particolare guida del *Sé* porta sofferenza nel rapporto con la moda: il tentativo di essere uguali agli altri, o conformi ad una immagine ideale, fa sentire spesso inadeguati e conduce ad una corsa continua verso un'immagine perfetta e mai raggiungibile" (Pizza, 2020a)

Come fare allora a vivere gli **aspetti positivi della moda**? Come conoscerne gli aspetti più profondi per poterla utilizzare come strumento di benessere? Uscendo dalla mera estetica e immergendosi nei **significati profondi**. Perché non si veste solo il corpo, ma anche l'inconscio. I legami tra corpo, immagine e psiche sono forti. Quando scegliamo uno stile, un colore, un abbinamento, non lo facciamo solo con il nostro gusto estetico, ma anche con i nostri desideri, le nostre aspirazioni, le nostre emozioni, le paure e i conflitti interni. Guardiamo dentro di noi e fuori di noi. Come diceva Christian Dior "l'eleganza nasce da dentro". Non si può pensare di essere a proprio agio con abiti, accessori e colori puntando solo all'immagine esterna, senza fare i conti con sentimenti e desideri profondi. Gli abiti parlano di noi e raccontano chi siamo e chi desideriamo essere. Parlano di emozioni e sentimenti (cfr. Pizza, 2020a).

È dal 1992, anno in cui ho iniziato a collaborare come docente con una nota scuola di moda, che la moda è entrata nella mia vita, non solo come passione per gli abiti, le scarpe, le borse o i monili, ma come un ambito affascinante di studio e di lavoro. Fin dall'inizio mi è sembrato importante far arrivare alle aziende, agli studenti e a chi lavora nella consulenza di stile, il messaggio che la moda non è soltanto design, marketing, stilismo. Per essere più efficaci nell'immaginare e disegnare un abito o per comunicarlo e venderlo, è necessario comprenderne anche i **significati psicologici**. Sono convinta che solo quando si mettono insieme diversi saperi e diversi angoli di lettura si può comprendere la complessità della moda. Accanto alla storia della moda, allo stilismo, alla semiotica, alla sociologia occorre anche la visione di una scienza come la psicologia che mette la **persona** e le sue dinamiche **al centro della scena**.

Questo libro, pubblicato per la prima volta nel 2010 nella Collana di *Psicologia Sociale* diretta dal Prof. Massimo Martini, in questa nuova edizione del 2024 fa parte della collana di *Psicologia della moda.* La prima edizione era frutto del continuo confronto con studenti e con altri docenti, che mi avevano mostrato, come in un laboratorio, molte dinamiche quotidiane della moda e molti diversi modi di intenderla.

Questa seconda edizione vede ampliarsi lo spazio di confronto con clienti, aziende, consulenti di moda, giornalisti e studenti, anche attraverso il mio blog www.psicologiadellamoda.com (creato nel 2014). In questi anni il mio studio sulla moda è stato incessante, come il lavoro per diffondere e dare legittimità a questo nuovo campo di lavoro: quello della psicologa/psicologo della moda. Ho pubblicato diversi libri che approfondiscono i vari temi della psicologia della moda: nel 2014, *Abiti e tacchi. Il potere della moda* (QuiEdit) pensato per chi vuol aumentare la consapevolezza del proprio rapporto con la moda e migliorare l'autostima e l'autoefficacia con gli abiti, gli accessori, i colori contenuti nel proprio armadio. Nel 2020, *Vestire l'inconscio,* un ebook (Amazon Kindle) dedicato agli psicologi che desiderano ampliare il loro campo di lavoro con la psicologia della moda. Nel 2021, *Il coraggio di piacersi* (FrancoAngeli), un libro sulla psicologia della bellezza e sulla difficoltà ad accettarsi e a valorizzare la bellezza che viene da dentro. Infine nel 2023 (con V. Viero), *Il colore indossato. Psicologia e simbologia dei colori dell'armadio* (FrancoAngeli) sui significati psicologici dei colori.

Questa nuova edizione è frutto anche della mia riflessione, come psicologa sociale, su alcuni problemi che riguardano la nostra società e sui quali la moda, o le mode, hanno un forte impatto. Proprio per questo ho pensato di aggiungere ad ogni capitolo un paragrafo (*Psicologia della vita quotidiana con la moda*) per analizzare alcuni **aspetti attuali dei temi trattati**, e i diversi modi di vivere la moda nella nostra società. Nel primo capitolo, inoltre, ho aggiunto un paragrafo sulla storia degli studi sociopsicologici sulla moda, per dare un ancoraggio teorico al campo della psicologia della moda, e per fornire un ordine alle tante fantasiose cose che si leggono sui social. Anche la conclusione è rinnovata con un maggiore accento all'**assertività**, all'**armonia** e al **benessere**. Perché si può essere felici con la moda e sentirsi più sicuri e competenti se la si usa non come maschera e camuffamento, ma come valorizzazione dell'identità e del vero *Sé.*

Come diceva Aristotele, "a volte sogniamo sapendo di sognare". Non c'è dubbio che la moda sia un sogno che permette di realizzare desideri. Un sogno che consente di assomigliare a un personaggio che amiamo e apprezziamo, di sentirci appartenenti ad un gruppo, oppure unici e particolari, di aumentare la nostra autostima, di conversare con gli altri, di valorizzarci, di renderci più attraenti e desiderati, di mostrarci come vorremmo essere. Ma oltre i sogni, c'è la realtà e non sempre il conflitto tra principio del piacere e principio di realtà ci lascia indenni.

Buona lettura!

1. UNA BUSSOLA PER CAPIRE IL FENOMENO MODA: LA PSICOLOGIA SOCIALE

La moda è l'autoritratto della società e l'oroscopo che essa fa del suo destino.
Ennio Flaiano

La moda non è un qualcosa che esiste solo sotto forma di abiti. La moda è nel cielo, nelle strade, la moda ha a che fare con le idee, il modo in cui viviamo, ciò che accade.
Coco Chanel

1.1 Storia degli studi sociopsicologici sulla moda

Se guardiamo al campo psicologico degli studi sulla moda possiamo dire che c'è stata una certa resistenza ad occuparsi di questo tema, considerato forse troppo frivolo, mutevole, femminile per rappresentare un terreno interessante di ricerca. Il sociologo Gerardo Ragone etichetta questo comportamento come "pregiudizio scientifico" verso la moda (1992, p. 13).
I primi studi sulla moda sono stati di carattere sociale ed economico e si sono concentrati in particolare sulla sua diffusione.

Tra questi autori, il più importante è **George Simmel**, fondatore della sociologia tedesca, che nel 1911 pubblicò *Die Mode* (all'interno del volume *Philosophische Kulture).* Questo saggio è stato preceduto da un articolo del 1895 sul settimanale viennese Die Zeit (*Zur Psychologie der Mode. Soziologische Studie*) e da un saggio del 1905 (*Philosophie der Mode*). A Simmel si deve l'introduzione di una **visione sociale della moda** che sposta l'ottica dall'individuo alla società: "la moda – scrive – fornisce all'uomo uno schema con cui provare in modo inconfutabile il suo legame con la collettività" (Simmel, 1998, p. 51). Considera la moda come un prodotto della divisione di classe che serve a collegare le persone simili e a separarle da quelle di classe inferiore, rafforzando l'appartenenza di gruppo. Ritiene che i processi di **unificazione** e di **differenziazione** siano presenti sia nel singolo che nella collettività.

Per spiegare il fatto che le mode nascono e muoiono in un costante percorso di cambiamento, Simmel scrive: "Se le forme sociali, i vestiti, i giudizi estetici, tutto lo stile in cui l'uomo si esprime, si trasformano continuamente attraverso la moda, allora la nuova moda appartiene solo alle classi sociali superiori. Non appena le classi inferiori cominciano ad appropriarsene (...) le classi superiori si volgono da questa moda ad un'altra con la quale si differenziano nuovamente dalle grandi masse e il gioco può ricominciare. (...) Quanto più prossime sono le cerchie sociali, tanto più frenetica è la caccia alle imitazioni nelle classi inferiori e la fuga verso il nuovo nelle classi superiori" (Ivi, 1998, pp. 20-21). L'interpretazione della moda va cercata, quindi, in un giudizio di valore relativo all'appartenenza o alla distanza da un gruppo, all'imitazione e alla differenziazione: "la moda porta a espressione e accentua l'impulso all'uguaglianza e quello all'individualizzazione, il fascino di imitare e quello di distinguersi" (Ivi, 1988, p. 39).

Per arrivare ad una **visione psicologica della moda** dobbiamo aspettare il 1930.

Fu **John Carl Flügel** (psicologo, psicoanalista, professore di psicologia all'Università di Londra) il primo a teorizzare gli aspetti psicologici e psicoanalitici dell'abbigliamento, individuandone le tre principali funzioni: **abbellimento**, **pudore** e **protezione**. Nel ciclo di conferenze tenute nel 1928 per la British Broadcasting Corporation, raccolte poi nel volume *The Psychology of Clothes,* pubblicato nel 1930 parlò "dell'importanza dell'abbigliamento per la vita umana e per la personalità (...) gli abiti nonostante sembrino dei meri ornamenti esterni, sono entrati ormai a far parte della nostra esistenza di esseri sociali" (Flügel, 1974, p. 28).

Il centro della psicologia del vestire, per questo autore, è il conflitto tra le motivazioni di ornamento e di pudore, tra il desiderio di mettersi in mostra e quello di nascondere la vergogna: "da questo punto di vista, la scoperta, o comunque l'uso dei vestiti sembra, nei suoi aspetti psicologici, assomigliare al processo attraverso il quale si sviluppa un sintomo nevrotico (...) i vestiti assomigliano ad un perpetuo rossore sul corpo dell'umanità" (Ivi, 1974, p. 33). Il rossore infatti esprime in modo eclatante la vergogna, e nello stesso tempo attrae lo sguardo dell'altro.

Negli abiti sono presenti **elementi narcisistici** (ammirare il proprio corpo e esibirlo agli altri) che vengono sublimati nel gusto estetico, "i vestiti servono per coprire il corpo (nudo) e in tal modo soddisfano l'impulso del pudore, ma nello stesso tempo possono aggiungere anche qualcosa alla bellezza del corpo (...) la tendenza esibizionistica è così spostata dal corpo nudo al corpo vestito" (Ivi, 1974, p. 34).

La funzione predominante dell'abbigliamento per Flügel va ricercata nella **sessualità**, poiché gli abiti creano un interesse sessuale e rappresentano gli organi genitali. Abiti e accessori hanno la funzione di rappresentare (in modo inconscio) l'esibizione dei genitali. In questo processo di simbolizzazione gli affetti vengono spostati dal corpo ai vestiti.

"Molti capi di abbigliamento – scrive Flügel – come la scarpa, la cravatta, il cappello, il colletto, e anche capi più grandi e voluminosi come il cappotto, i pantaloni, il mantello possono essere simboli fallici, mentre la scarpa – che è in realtà bisessuale – la cintura, la giarrettiera, come la maggior parte dei gioielli, possono essere considerati i corrispondenti simboli femminili" (Ivi, 1974, p 39).

La sessualità ritorna anche quando le decorazioni sono usate come trofei e l'abbigliamento diventa simbolo di un potere sessualizzato. Gli abiti possono essere, inoltre, simbolo di gerarchia o di ruolo professionale (basta pensare alle divise), espressione geografica (gli abiti etnici), simbolo di ricchezza (il lusso) e infine estensione dell'*Io corporeo* (la forma degli abiti e degli accessori che aumentano l'estensione del corpo e fanno crescere il senso di potenza).

Tra gli aspetti stimolanti del pensiero di Flügel (che troviamo, oltre che nel suo libro, anche in diversi articoli scientifici) c'è l'individuazione di tipi psicologici (tutti declinati al maschile!) con diversi atteggiamenti verso la moda dei primi anni del 1900:

- **Il ribelle** – ricava poca soddisfazione dall'abbigliamento, cerca abiti e accessori che lo facciano sentire libero. Si veste in modo distratto e predilige lo stile comodo. Non prova vergogna nel vestire abiti sciatti o eccentrici;
- **Il rassegnato** – si adegua ai dettami della moda, ma lo fa con sofferenza;
- **Il non emotivo** – vive la moda in modo meccanico e senza emozioni né positive, né negative;
- **Il puritano** – il suo senso del pudore prevale sull'esibizionismo e prova intolleranza verso l'esposizione del corpo, talvolta camuffata dal senso estetico;
- **L'austero** – apprezza il simbolismo fallico dei vestiti e la loro comunicazione, gli abiti stretti, contenitivi e rigidi;
- **Il sublimato** – si realizza attraverso una sublimazione completa degli elementi narcisistici dal corpo al vestiario. Vive i vestiti e il corpo come una unità. Trova piena soddisfazione nel rapporto con l'abbigliamento;
- **Il soddisfatto di sé** – si autocompiace degli abiti che porta che ritiene migliori e più eleganti di quelli degli altri. Spesso questa eccessiva soddisfazione di sé è un meccanismo di difesa verso il senso di inferiorità vissuto come intollerabile.

Sia Flügel che Simmel, già nei primi decenni del 1900, hanno posto l'accento sul tema della complessità e delle ambivalenze insite nella moda. Per Simmel "la moda è una forma complessa nella quale tutte le fondamentali tendenze opposte dell'anima sono rappresentate" (1998, p. 55).
La complessità dei messaggi individuali e sociali dell'abbigliamento è il centro degli approcci successivi alla psicologia della moda. Mentre Flügel parlava delle **ambivalenze della moda** mettendole in riferimento alla psiche individuale, altri psicologi come Decamps e Stoetzel (e il sociologo Davis) individuano e spiegano le ambivalenze in base al rapporto tra individuo e società, considerando, quindi, i gruppi, la cultura, le regole sociali e l'identità.

Jean Stoetzel (1966) è l'autore che per la prima volta ha parlato di psicologia della moda in un manuale di *Psicologia sociale*. Nel

1963, nella prima edizione di *Psychologie Sociale* ha dedicato un paragrafo a "*I fenomeni collettivi della moda*". Parla della moda come uno dei fenomeni che rivela in modo immediato la **natura sociale dei comportamenti**. Per spiegare la moda si ispira a Herbert Spencer che in *Istituzioni cerimoniali* sottolinea il conformismo della moda, e cita le ricerche di Alfred Kroeber (considerato uno dei fondatori dell'antropologia culturale) che vede nella moda oltre al conformismo e all'uniformazione anche la differenza e il cambiamento. Il "paradosso della moda" per questo autore, è proprio la combinazione tra i due temi dell'**uniformità** e della **differenziazione**. Tra gli aspetti che trovo più interessanti in questo autore c'è quello di aver usato per definire la moda il concetto di **istituzione sociale** (che ci permette di fare un deposito affettivo): "la moda è una istituzione sociale degna di nota, che realizza un felice equilibrio tra il desiderio di conformità, di approvazione e di sicurezza, e il desiderio di distinzione, d'individualismo, di singolarità. Essa ci porta, si dirà, l'avventura senza il rischio." (1973, p. 279).

Marc-Alain Descamps, docente di Psicologia Sociale all'Università Descartes di Parigi, ha pubblicato nel 1979 uno di primi studi scientifici sulla moda: *Psychosociologie de la mode*. Definisce la "moda come un fenomeno psicosociale complesso" (Descamps, 1981, p. 21) caratterizzato da un meccanismo imitativo che comprende 12 vettori appartenenti a diversi ambiti della società (**Valore**, **Sesso**, **Cambiamento, Norma, Società, Lotta di classe, Politica, Economia, Industria, Commercio, Ispirazione, Rappresentazione**). Ognuno di questi vettori è caratterizzato da contrapposizioni che la moda ricompone. Se prendiamo, ad esempio, il vettore **Sesso** possiamo considerare il pudore e l'erotismo che la moda ricompone nel gioco dell'erotismo pudico. Se consideriamo il vettore **Norma** abbiamo l'individualismo e il conformismo che generano gruppi con atteggiamenti diversi verso la moda. Il vettore **Ispirazione** comprende la mancanza di coerenza (imprevedibilità) e la formazione nevrotica (spostamento della sessualità sull'abbigliamento). Il vettore **Rappresentazione** comprende l'espressione personale e quella sociale.

"La moda è una realtà complessa, risultato di un insieme di fattori. Ciò si manifesta con evidenza quando si ricercano le motivazioni della moda; queste sono numerosissime e non sempre coerenti. Individualmente, la moda è il desiderio di rinnovare il proprio aspetto, di attirare l'attenzione, di ornarsi sessualmente, manifestare la propria civetteria con un erotismo più o meno discreto, mostrare che si è giovani, moderni, aggiornatissimi, al corrente, *in*, identificarsi con un modello prestigioso e nello stesso tempo imporsi e farsi obbedire facendosi imitare, consolarsi e stordirsi, godersi i propri soldi e farne sfoggio. Socialmente la moda è un mezzo per manifestare la propria appartenenza ad un gruppo (piccolo) insieme alla propria opposizione ad un gruppo (più grande), e più specificatamente la propria posizione difronte all'ordine precostituito, al potere esistente e alla contestazione sociale, per sfidare l'opinione pubblica o fare come gli altri, per manifestare le proprie opinioni (o le proprie pratiche) politiche, religiose, ideologiche, militari, professionali, sessuali, artistiche, sportive, culturali, il proprio status sociale (vecchio o nuovo), l'importanza della gioventù, l'eguaglianza femminista o radicale, per superare barriere sociali e impedire che chi si è arricchito ci eguagli, per distinguersi e essere distinti (o per essere snob), per dimostrare a se stessi di appartenere ad una élite o a un supergruppo, per dimostrare la propria ricchezza spendendo o mascherare la propria povertà, per seguire le creazioni di una marca celebre, o per opporsi ai sarti e far da sé, per essere un creatore d'arte, per guadagnare denaro, per sfruttare le masse, per deviare la loro attenzione, per partecipare a un fantasma collettivo inconscio. Espressione ludica, che si manifesta con la sua esuberanza e il suo brulichio, la moda è un fenomeno sovradeterminato che esprime insieme l'individuo, la società, l'inconscio ed ha una evoluzione autonoma specifica". (Ivi, 1981, pp. 62-63).

Secondo questo autore per capire la moda "la dimensione sociale supera di gran lungo la dimensione psicologica personale. Ogni abito è un uniforme che ha senso solo in rapporto a un gruppo, e mediante la quale l'individuo non può esprimere direttamente nulla di personale, se non tramite la sua appartenenza ad un gruppo sociale che abbia un codice convenzionale comune" (Ivi, 1981, p. 55). "In quanto fenomeno psicosociale – scrive Descamps – la moda non è né assurda, né arbitraria, ma va intesa come uno **specchio della società** e come un sintomo nevrotico: si può dire perciò che essa è un disordine ordinato" (Ivi, 1981, p. 60).

Tra gli aspetti particolarmente interessanti di questo autore è l'aver considerato il significato psicologico dei materiali, dei tessuti, dei colori, dei diversi capi di abbigliamento e degli accessori.

A parlare di "*Abiti, fisico e altri componenti dell'aspetto esteriore*" è stato anche **Michael Argyle**, docente di Psicologia Sociale all'università di Oxford, noto per lo studio **della comunicazione non verbale**. Ha analizzato le diverse componenti dell'aspetto esteriore (abiti, distintivi e ornamenti, capelli, viso e pelle, fisico); l'interpretazione delle informazioni trasmesse (identità individuale, gruppo di appartenenza, età e sesso, status, professione, ruoli sociali, personalità); gli atteggiamenti interpersonali segnalati dall'aspetto esteriore (sessualità, aggressività, ribellione, umiltà). Per questo autore, le caratteristiche di personalità possono essere espresse dallo stile degli abiti, attraverso "il conformismo, l'originalità, la quantità degli ornamenti, l'uso di colori sgargianti e di fogge di larghe dimensioni. (...) Lo status sociale ed il gruppo di appartenenza sono espressi (...) attraverso stili arbitrari del vestire associati ai gruppi sociali – ad esempio – la cravatta può essere rossa, blu, nera, o rappresentare l'appartenenza ad una università o ad un club, (...) ma può anche essere annodata accuratamente o in modo approssimativo, o disposta con una estremità sopra una spalla, manifestando così, per analogia, caratteristiche di personalità" (Argyle, 1978, pp. 248-249).

Tra gli studi psicologici più recenti segnalo il volume, curato da **Pio Enrico Ricci Bitti** e da **Roberto Caterina** (1995), *Moda, relazioni sociali e comunicazione*, una raccolta di saggi e ricerche che evidenziano gli aspetti comunicativi della moda: "come l'individuo sia un consumatore di moda, percepisca gli oggetti che la costituiscono, faccia riferimento per le sue scelte a processi sovraindividuali e sociali e dall'altro come il mercato e la produzione tengano conto di elementi psicologici per prefigurare bisogni, aspirazioni, desideri che danno poi vita ad una determinata moda" (1995, p.3).

Ha scritto sulle relazioni tra moda e psiche anche la psicoanalista lacaniana **Eugénie Lemoine-Luccioni** che nel 1983 ha pubblicato *La robe. Essai Psychanalystique sur le vêtement.* Il vestito, per questa autrice, è strutturato come un linguaggio nello stesso modo dell'inconscio lacaniano. L'abbigliamento ha un legame con l'identità, ma soprattutto con il desiderio, occupando "un posto privilegiato nella libido" e rappresentando "la bandiera del sesso" (2002, p.7). Gli abiti, in quanto linguaggio mostrano, nascondono e sono rimedi al vuoto interiore e alla paura della morte.

Gli studi sociologici sulla moda, che prendono l'avvio dal pensiero di Simmel, sono molto più numerosi di quelli psicologici. Tra tutti cito quelli di René König e di Fred Davis.

René König ha cercato di cancellare la paura della frivolezza della moda, esaminandola come fenomeno complesso "che richiede una molteplicità di prospettive, (...) in questo campo convivono approcci economici, sociologici, psicologici, etnologici, di estetica generale e di antropologia culturale, senza escludere poi la comunicazione perché la moda è anche un linguaggio del corpo" (König, 1988, p. 7). Parte dalla storia del costume per individuare gli aspetti comuni a tutte le mode come innovazione, esperimento, accumulazione e autodistruzione, frutto del continuo giudizio dell'ambiente. La sua funzione peculiare è "la bella apparenza" e questo rende l'*Umanità in* (costante) *passerella* (come il titolo di un suo libro).

Considera la moda come un elemento della vita sociale che ha radici nell'inconscio collettivo. "A prima vista essa sembra influenzare solo l'aspetto esteriore delle persone e delle cose, ma osservandola a fondo si rivela come uno dei grandi principi di trasformazione della società. (...) Indipendentemente dal fatto che le radici della moda sono da ricercare nel più profondo dell'inconscio (è in seguito ad un transfert che essa si manifesta soprattutto nell'abbigliamento) si noterà sul piano puramente sociologico, che i progressi della moda scatenano simultaneamente diverse forze, che non hanno sempre la stessa direzione. Solo dopo aver preso coscienza di questo si è in grado di capire come la moda possa impadronirsi di tutti gli aspetti dell'attività umana, e come le sue ramificazioni siano dappertutto" (Ivi, 1976, p. 73).

Il sociologo **Fred Davis** (1993) in *Moda, cultura e identità* parla della moda come un codice basato sull'identità, sul cambiamento e sull'ambivalenza. Le ambivalenze principali contenute nella moda sono per questo autore:

- le ambivalenze di identità: maschile / femminile; giovinezza / vecchiaia;
- le ambivalenze di sesso: maschio/femmina/androgino
- le ambivalenze di status: ricco /povero; ostentazione/minimizzazione; esagerazione/inadeguatezza; inclusività/esclusività
- le ambivalenze della sessualità: erotico/casto; rivelazione /occultamento
- l'ambivalenza tra moda e antimoda. Le diverse fonti culturali dell'antimoda sono: l'indignazione utilitaristica contro la vanità e lo spreco; il naturalismo salutare (le conseguenze di certi tipi di abbigliamento sulla salute); la protesta femminista contro l'oppressione di certi abiti e accessori; lo scetticismo conservatore (la resistenza ad una nuova moda); disidentificazione dei gruppi di minoranza (identità di gruppo distintive); affronto della controcultura alla cultura dominante.

Tra le altre discipline che studiano i significati della moda troviamo anche la semiologia e la filosofia.

La semiologia ha iniziato ad interessarsi alla moda con gli studi di **Roland Barthes** pubblicati nel 1967 in *Système de la Mode.* Barthes afferma che la moda "è interamente sistema di segni", e in quanto tale rappresenta l'unione di un significato con un significante, e una struttura di norme e forme (Barthes, 1970, p. 246). Mentre i segni del linguaggio verbale cambiano con lentezza, quelli del linguaggio vestimentario cambiano in modo rapido e talvolta vivono una sola stagione. "Riguardo al vestito sembra estremamente utile distinguere una realtà che proponiamo di chiamare *costume* corrispondente alla *leangue* di Saussurre e una seconda realtà, che proponiamo di chiamare *abbigliamento* (...) la prima è una realtà istituzionale, essenzialmente sociale, indipendentemente dall'individuo una sorta di riserva sistematica, normativa all'interno della quale il singolo organizza la propria tenuta, la seconda è una realtà individuale vero e proprio atto del vestirsi, attraverso il quale l'individuo attualizza su di sé l'istituzione generale del costume (Barthes, 1996, p. 66).

Tra i tanti autori che hanno lavorato sugli aspetti semiotici della moda vorrei citare **Ugo Volli** che ha scritto lavori interessanti anche sull'interpretazione di singoli capi come il jeans. Per questo autore la funzione dell'abbigliamento è quella di rivolgersi "a tutta un'audience e non a un singolo interlocutore" (Volli, 1998, p. 121). È quindi una funzione seduttiva basata sulla visibilità.

Molti anche i contributi dei filosofi. Tra tutti cito in chiusura di questa rassegna gli scritti di **Gilles Lipovetsky**, filosofo e sociologo, che ne *L'impero dell'effimero* ha scritto un capitolo dal titolo *La moda moderna celebra la seduzione estetica giovane* (1989, pp.120-126). Per questo autore "la crescita della cultura giovane nel corso degli anni '50 e '60 ha accelerato la diffusione dei valori edonistici e ha contribuito a mutare i termini della rivendicazione individuale, ostentando anticonformismo ed esaltando l'espressione della personalità, la scioltezza, l'ironia, la libera spontaneità". La cultura di massa edonista e giovanile ha vinto sulla moda lussuosa *dell'Haute Couture.* "L'aggressività delle forme, la mescolanza e il sovrapporsi degli stili, la trasandatezza, hanno potuto imporsi solo grazie a una cultura dominata da ironia, gioco, gusto per sconvolgimenti emozionali e libertà comportamentali. (...) La nuova esigenza dell'individualismo moderno è sembrare giovani (...). Culto della giovinezza e culto del corpo marciano in sincronia, richiamano costantemente l'attenzione sull'Io, richiedono auto-osservazione narcisista, costringono a uniformarsi e usare le novità" (Ivi, 1989, pp.120-126). Lipovetsky ha poi affrontato il tema del lusso e dei suoi significati nella società post moderna, considerati come strettamente legati alla moda. Nel suo libro *Il tempo del lusso* parla di lusso (destinato a pochi) e di semi lusso (destinato ai molti) e concettualizza un tipo di lusso definito emozionale. Per questo autore il lusso ha una dimensione di tipo narcisistico, "la passione del lusso non è alimentata soltanto dal desiderio di essere ammirati, di suscitare invidia, di essere riconosciuti dal prossimo, è anche sostenuta dal desiderio di auto-ammirarsi, di godere di sé stessi e di una immagine elitaria" (2007, p. 51).

1.2 La moda come fenomeno sociale: la psicologia della moda

Naturalmente come già Flügel aveva previsto con lungimiranza nei suoi scritti, le affascinanti e stimolanti intuizioni sulla moda dei pensatori del passato, vanno considerate alla luce dell'**evoluzioni** delle idee, dei comportamenti interpersonali e dei valori, oltre che dei modelli psicologici di lettura della società. Ed è su questa evoluzione che è necessario lavorare per rendere la psicologia della moda adeguata ai nostri tempi. Nella strada verso questa modernizzazione è interessante anche l'integrazione e il confronto con l'interpretazione della moda da parte di discipline diverse come la sociologia, l'antropologia culturale, la semiotica, la filosofia.

Come abbiamo visto nel paragrafo precedente molti autori hanno messo in luce la **relazione tra moda e società**, anche se non tutti hanno esplorato a fondo questo tema. Credo che questa sia la chiave di lettura per comprendere le dinamiche della moda oggi.

La moda ha avuto inizio in occidente nella seconda metà del '300, alla fine del Medioevo, emergendo subito come **fenomeno sociale**: l'abito si è infatti liberato dalle catene del passato ed è diventato espressione di valori, status, identità. Si è passati dall'abito come costume pressoché immutabile in forma, colori e tessuti (manifestazione di una società statica basata sul passato come valore), all'abito come forma di espressione autonoma; da un capo informe e senza colore usato per coprirsi e per proteggersi, ad un abito come forma di comunicazione sociale, colorato, adornato, ricco di accessori e di particolari. L'abito si è liberato dai condizionamenti e si è ricoperto gradatamente di **significati culturali e sociali**.

La moda ha rappresentato la libertà di scegliere cosa esprimere ed è diventata veicolo di comunicazione e di influenza sociale indicando, ad esempio, potere, appartenenza di classe, ruoli, seduzione e lotta di classe. La differenza tra classi, ruoli o gruppi, è stata determinata, oltre che dal comportamento, anche dal possesso degli oggetti. La foggia dell'abito può, ad esempio, comunicare ruolo e identità, mentre la qualità dei tessuti e gli accessori indicare il potere e il successo. La lotta al potere è stata spesso espressa attraverso complementi: un gioiello, una sciarpa, un cappello, un colore.

Non c'è dubbio che l'abbigliamento abbia fornito in passato e fornisca oggi, molte informazioni sulle persone. Pensate alla coccarda dei rivoluzionari francesi che parlava dei nuovi valori uguaglianza, libertà e fraternità, o alle parrucche e ai pizzi dell'aristocrazia, oppure alle spalle imbottite della giacca di Napoleone o al suo cappello di feltro, o alla corona che rende un uomo re.

Negli studi psicoanalitici e sociologici dei primi decenni del 1900 (Flügel, Simmel) la moda è stata considerata come una forma di espressione sia della competizione di classe che della competizione sessuale. Non c'è dubbio che queste chiavi di lettura, per quanto affascinanti e lungimiranti, siano relative ad un contesto culturale, sociale e politico diverso da quello attuale: oggi i significati che riveste la moda sono molteplici così come le sue funzioni.

È difficile oggi spiegare il consumo di oggetti di moda soltanto come espressione di status o di dialettica tra pudore ed esibizione. La nostra è una società dinamica dove le barriere tra le classi sono state disintegrate in favore di una sempre crescente omologazione: è la società del "grande fratello", del mostrarsi ostentato, dell'appartenenza ai gruppi di cui si condividono i valori, dell'immagine, dei leader di opinione. Non compriamo abiti per mostrare la nostra appartenenza di classe, ma per esprimere i nostri desideri, i valori, la nostra identità, la nostra partecipazione, reale o fantasticata, ad un gruppo ideale. Ad influenzarci non è più una unica leadership, ma i vari leader dei gruppi con i quali ci confrontiamo e ai quali desideriamo appartenere. I modelli di identificazione sono sempre meno definiti sul piano sociale e sempre più su quello gruppale. È importante sentirsi accettati e riconosciuti come appartenenti ad un gruppo che esprime valori, miti e leader nei quali possiamo identificarci, e che possiamo imitare. L'**identificazione** e l'**imitazione** "sono essenziali per comprendere il fenomeno della moda: attraverso l'imitazione è l'apparenza del *Sé* ad essere attivata, i vestiti sono un mezzo per esprimere un *Sé* diverso, desiderato e volutamente lontano da quello reale; attraverso l'identificazione i vestiti esprimono l'adesione ai valori e ai miti di un determinato gruppo sociale" (Caterina, 1995, p. 41).

Oggi, sembra più opportuno considerare la moda come un processo di **influenza sociale**, un fenomeno di **comunicazione** e di **identità sociale**, che concerne le complesse reti di relazione tra individuo, gruppo e società. Per comprendere la moda nella sua dimensione sociale occorrono gli strumenti e i modelli della **Psicologia sociale**, la scienza che ha proprio come obiettivo lo studio del comportamento sociale dei singoli individui, e le interazioni tra individuo e società. Dalla nascita della Psicologia Sociale nel 1908 (data di pubblicazione dei primi due manuali), gli strumenti di analisi e di lettura dei fenomeni sociali sono andati sempre più specializzandosi, in sintonia con i cambiamenti sociali, culturali e politici. Sempre più l'attenzione si è focalizzata sul gruppo come fonte di identità, fino ad arrivare ai più recenti approcci che integrano la visione sociale centrata sull'influenza del gruppo, con quella cognitiva centrata sulla conoscenza sociale. Questa sembra quindi la chiave di lettura ideale per interpretare le funzioni della moda oggi.

Il cambiamento di prospettiva negli studi sulla moda può essere rappresentato graficamente attraverso il passaggio dalla **coppia** al **triangolo**. La prospettiva della *coppia* è quella che ha trionfato nell'analisi psicologica e psicoanalitica della moda centrata sui rapporti tra il soggetto, con il suo repertorio di risposte, e l'oggetto moda, con le sue caratteristiche. In questa ottica possiamo collocare lo psicoanalista Flügel, che considerava la moda come un sintomo nevrotico, mediatore di conflitti interni.

Il *triangolo* (Fig.1) è invece la prospettiva di analisi della psicologia sociale che considera determinante la presenza degli altri per comprendere i comportamenti e le relazioni interpersonali.

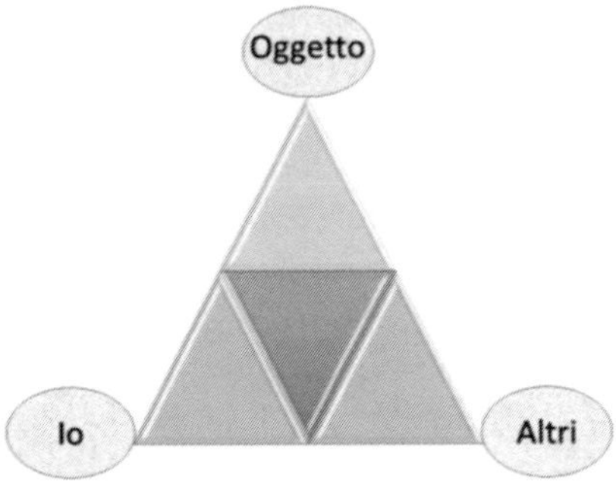

Fig. 1 – Il triangolo.

Sigmund Freud (che peraltro non può essere considerato uno psicologo sociale), ha scritto nel 1921 in *Psicologia delle masse e analisi dell'io*: "La contrapposizione tra psicologia individuale e psicologia sociale o delle masse, contrapposizione che a prima vista può apparirci molto importante, perde a una considerazione più attenta, gran parte della sua rigidità. La psicologia individuale verte sull'uomo singolo e mira a scoprire attraverso quali modalità egli persegua il soddisfacimento dei propri moti pulsionali: eppure solo raramente, in determinate condizioni eccezionali, la psicologia individuale riesce a prescindere dalle relazioni di tale singolo con gli altri individui. Nella vita psichica del singolo, l'altro è regolarmente presente come modello, come oggetto, come soccorritore, come nemico, e pertanto in questa accezione più ampia ma indiscutibilmente legittima, la psicologia individuale è al tempo stesso, fin dall'inizio, psicologia sociale (Freud, 1989, p. 261).

Negli studi sulla moda la prospettiva del *triangolo* è stata introdotta dal sociologo Georg Simmel che nel 1911 definiva la moda come un prodotto della divisione di classe e della conseguente dinamica tra differenziarsi e uniformarsi. Questa prospettiva è stata ripresa dagli psicologi sociali Jean Stoetzel e Marc-Alain Descamps, oltre che da diversi sociologi.

Ampliando la prospettiva del *triangolo* cercheremo di indagare il fenomeno moda secondo i più recenti strumenti della psicologia sociale, mostrandone, come diceva Simmel, non tanto l'aspetto di "sostanza" (cosa è la moda), quanto l'aspetto di "**funzione**": a cosa serve la moda, quali bisogni sociali dell'individuo soddisfa e come contribuisce all'interazione sociale. Ci concentreremo quindi sulla moda come desiderio di esprimere la propria identità sociale.

Per comprendere la complessa realtà della moda e le sue funzioni, utilizzeremo cinque principi base del comportamento sociale, cinque vertici di una ideale bussola (Fig. 2) che ci aiuterà ad orientarci nella moda come fenomeno di gruppo.

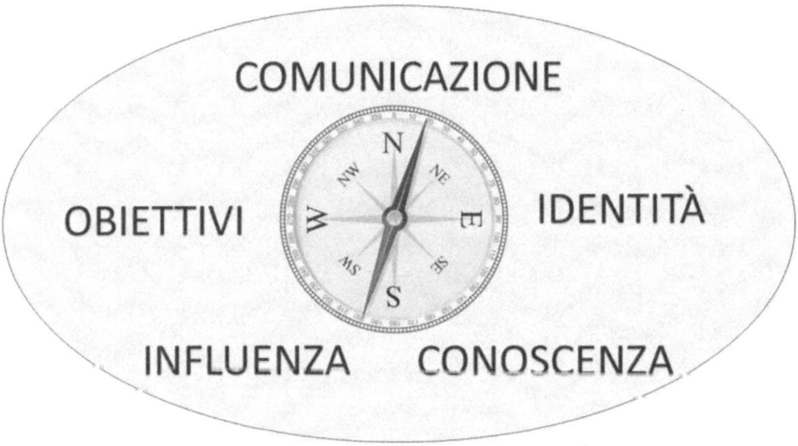

Fig. 2 – La bussola.

1.3 Il campo di analisi: la moda tra sogni, desideri e realtà

Parafrasando Honorè de Balzac, che nel *Trattato della vita elegante*, nel 1830 scrive che "l'abito è come una vernice che dà risalto a tutto" (1982, p. 132), possiamo dire che la moda è come una vernice che dà risalto e luce ai desideri, ai sogni, alle fantasie, alle speranze, al bisogno di differenziarsi e di sentirsi un po' unici, così come a quello di sentirsi simili agli altri, parte integrata di un gruppo. La vernice moda, con la quale ci ricopriamo, ci permette di essere riconosciuti come appartenenti ad un gruppo e di dialogare con gli altri.

Possiamo creare un parallelo ideale tra la moda e l'arte: l'arte ha il compito di trasformare sogni, fantasie, ideali, in una realizzazione concreta, una realtà osservabile da tutti e comunicabile, e nello stesso modo la moda rappresenta un punto di congiunzione tra desideri e realtà, ci consente di far vedere agli altri il nostro *Io ideale* e permette di dare forma ai nostri desideri e di manipolare la realtà per raggiungere i nostri obiettivi. Attraverso abiti e accessori possiamo infatti trasformare i desideri in una realtà comunicabile, e percepibile dagli altri. Un abito sobrio e elegante e una bella borsa da lavoro contribuiranno a farci percepire come i professionisti affermati che desideriamo essere, una tuta da ginnastica come sportivi in ottima forma fisica, un abbigliamento estroso e un cappellino pazzo come artisti eclettici, un abito attillato con una scollatura generosa e scarpe con tacchi vertiginosi come una persona giovane e seducente. La moda quindi compie una mediazione e crea un punto di incontro tra il **principio del piacere** e il **principio di realtà,** e tra l'**individuo** e suoi desideri e la **società** con il suo giudizio.

Accettare la realtà dei limiti individuali talvolta è faticoso, dovremo ad esempio ammettere di non aver raggiunto grandi traguardi professionali, oppure di non essere più così giovani e in forma, o di essere troppo con i piedi per terra e con poca creatività e seduttività, o di essere meno interessanti degli altri. È molto più facile manipolare la realtà, cosa che la moda ci permette di fare con costi psicologici molto bassi, facendoci sentire immediatamente come persone migliori: più giovani, più attraenti, più determinate e sicure, più vincenti. Ci permette di giocare con la nostra immagine, e di trasformare desideri e motivazioni in una realtà, comunicabile e visibile agli altri, mostrando le parti di noi che desideriamo. Quindi "la moda è una **istituzione sociale** degna di nota, che realizza un felice equilibrio tra il desiderio di conformità, di approvazione e di sicurezza, e il desiderio di distinzione, d'individualismo, di singolarità. Essa ci porta, si dirà, l'avventura senza il rischio" (Stoetzel, 1973, p. 179).

UN ABITO PER FARE CARRIERA

Nel film Una donna in carriera (1988), Tess McGill è una segretaria che aspira a fare carriera. Bella e intelligente manca però di stile e classe di cui è ricca la sua superiore. Quando la manager si rompe una gamba durante una vacanza sugli sci, Tess coglie l'opportunità di sostituirsi a lei. Indossa i suoi abiti eleganti, calza le sue scarpe, mette i suoi orecchini e raccoglie i capelli. La sua immagine cambia totalmente. Nessuno le chiede più di fare il caffè, ma anzi trova qualcuno disposto a prepararlo per lei. Viene accettata e riconosciuta come una dirigente, e le sue idee, che quando era vestita da segretaria nessuno aveva voluto accettare, diventano la base di un progetto imprenditoriale. Nessuno mette in dubbio il suo ruolo fino al ritorno della manager, quando ormai le sue proposte sono state accettate. Le idee, l'intraprendenza, la motivazione a crescere c'erano anche prima, ma erano i suoi abiti che non la facevano prendere in considerazione. Degli abiti sobri, un bel taglio di capelli, dei piccoli orecchini e una borsa da lavoro in cuoio sono in grado di farla riconoscere come appartenente al gruppo dei dirigenti e conseguentemente di far accettare le sue idee e riconoscerne la validità.

Ogni mattina quando scegliamo un abito, una giacca, un paio di pantaloni, una camicia, una borsa, un paio di scarpe, prendiamo un gran numero di **decisioni** e risolviamo molti conflitti tra alternative che hanno a che vedere con il rapporto con noi stessi e con gli altri. Decidere vuol dire fare i conti con il desiderio di apparire come persone migliori e uniche, ma nello stesso tempo anche con quello di essere persone uguali agli altri, accettate e integrate, per non sentirsi mai soli; con la voglia di esibirsi e farsi notare, ma nello stesso tempo con quella di nascondere parti di sé; con la voglia di imitare, di cambiare, ma anche con quella di essere coerenti; di trasgredire, ma anche di essere seri/serie. Molti desideri e paure si agitano dentro di noi e si trasformano in pensieri che affollano la nostra mente ogni volta che scegliamo come vestirci. Perfino chi dice di mettersi la prima cosa che capita, in realtà compie delle scelte. L'abbigliamento ci consente di mediare tra tensioni divergenti e di trovare soluzioni soddisfacenti.

PIZZI O BIANCHERIA CONTENITIVA?
Quando, ne *Il diario di Bridget Jones* (2001), la protagonista si prepara per una uscita a cena con il suo capo Daniel Cleaver, deve scegliere tra due alternative: mettere sotto all'abitino nero uno slip di pizzo, per essere sexy e desiderabile per un eventuale dopo cena, oppure indossare mutandoni contenitivi, che eliminino la pancia e facciano scendere meglio l'abito, migliorando l'estetica? Meglio pensare all'immagine pubblica (ciò che vedranno gli altri) o solo a quella privata (cosa eventualmente vedrà Daniel quando le toglierà l'abito)? Se siete tra i pochi che ancora non hanno visto questa divertente commedia, non voglio lasciarvi nel dubbio: sceglierà la mutanda contenitiva, ma quando arriverà l'auspicato dopo cena con sesso accluso, l'imbarazzo nel momento della scoperta di cosa c'è sotto l'abito sarà palese. Per fortuna Daniel risolve il tutto con un perfetto humor inglese, dicendo che anche lui ne indossa un paio simili!

ABITINO NERO O GONNA VERDE?
"Il giovedì di quella settimana andai da lui. Prima di uscire di casa rimasi a lungo davanti all'armadio. All'inizio indossai un maglione bianco con una gonna di jeans lunga, il mio travestimento per i funerali religiosi, adatto per confondermi efficacemente in mezzo ad un gruppo di persone in lutto. Tuttavia una macchia di rossetto rosa spuntava sul colletto del maglione così lo sostituii con una camicetta nera. Allo specchio mi apparve una pioniera. Mi spogliai e rimasi a lungo in slip e reggiseno di fronte allo specchio pizzicandomi tra pollice e indice lo strato sottile di grasso che mi ricopriva la pancia. Poi da un appendiabiti presi un lungo abito nero che avevo comprato mille anni prima per le imminenti nozze di Luisa. L'abito mi scivolò sui fianchi fasciandomi magnificamente e il suo collo alto metteva in risalto i miei occhi verdi e il mio viso pallido. Mi misi la collana di perle che non avevo mai indossato, regalo di Luisa per averle fatto conoscere Yoram. Sorrisi alla mia immagine riflessa nello specchio: una donna intelligente, sicura di sé, carina e dai fianchi scolpiti mi restituì il sorriso. Uscii soddisfatta dalla ca-

> mera da letto. Nello specchio appeso in corridoio mi passò davanti una nera vedova greca, dal volto triste e lo sguardo duro, in lutto perenne. Non volevo che mi vedesse così al primo appuntamento. Di certo il nero mi donava, mi tormentai con questo pensiero quando tornai in camera e mi guardai di nuovo allo specchio. (....) Mi avvicinai di nuovo all'armadio aperto, vi affondai dentro e in un angolino scovai una gonna verde a pieghe che avevo comprato una settimana prima di scoprire che ero incinta e che non avevo mai messo. Mi ricordava un periodo che avrei voluto dimenticare. Non sapevo se sarei riuscita ad infilarla. La tirai con forza dalla testa verso il basso, la gonna si bloccò un poco sul petto, poi scivolò sui fianchi e si fermò al punto giusto. Chiusi con un certo sforzo il bottone e contemplai la parte inferiore del mio corpo in verde. La gonna mi faceva sparire la pancia e sottolineava i fianchi. Vi abbinai una camicetta di seta bianca e controllai bene che non si vedesse il reggiseno. Mi raccolsi i capelli con un elastico e corsi fuori. Non avevo mai dedicato tanta attenzione alla scelta di un vestito" (Horne, 2008, pp. 210-211).

Se la tensione emotiva creata dalla dinamica della decisione tra alternative (una alternativa vive e una muore, ed è necessario rinunciare a qualcosa allo scopo di ottenere qualcos'altro) ci crea malessere, tendiamo ad adottare strategie per ripristinare il benessere. Quando, ad esempio, il cambiamento che desideriamo è difficile e trova ostacoli nella realtà, gli oggetti di moda che abbiamo il potere di procurarci, ci permettono di cambiare l'immagine (esterna e interna) con costi psicologici bassi e con grande velocità.

Secondo la Teoria della **dissonanza cognitiva** (Festinger, 1973) avvertiamo l'esigenza di mantenere una coerenza tra le cognizioni che possediamo, le opinioni e le credenze su noi stessi, il nostro comportamento e l'ambiente sociale. Quando c'è incoerenza proviamo una tensione che immediatamente sentiamo il bisogno di ridurre. In questo meccanismo c'è una componente di **autovalutazione**, ma anche una forte componente di **eterovalutazione**: le richieste degli altri, infatti, così come noi le percepiamo (reali o fantastiche che siano) costituiscono un elemento cognitivo importante. Il bisogno di ridurre il disagio derivante dalla differenza tra come ci sentiamo e come pensiamo dovremmo essere per essere accettati o apprezzati dagli altri, ci porta spesso a comprare oggetti di moda. Un abito nuovo, una sciarpa di un colore di tendenza, un paio di scarpe particolari, una spilla luccicante, ci danno il potere di eliminare, almeno parzialmente, la dissonanza e quindi di aumentare il nostro benessere e la nostra autostima. In presenza della dissonanza proviamo un vero e proprio malessere emotivo e siamo inesorabilmente spinti a tentare di ridurlo. Quando siamo quindi in presenza di un conflitto, di una decisione tra più scelte, di una discrepanza tra realtà e immagine di sé, o della paura di essere valutati, siamo fortemente motivati a cercare coerenza tra credenze, atteggiamenti e opinioni. Per ridurre la dissonanza possiamo seguire tre diverse strategie: cambiare le condizioni oggettive (cosa oltremodo difficile), cambiare il nostro comportamento, oppure cambiare l'organizzazione cognitiva.

Se siamo convinti che per essere vincenti sia necessario apparire giovani e tonici, se temiamo il giudizio degli altri nell'esibire un corpo che rivela i segni del tempo, abbiamo quindi tre possibili strade:

1. poiché fermare il tempo è un po' difficile (almeno che non si voglia ricorrere ad un drastico intervento di chirurgia estetica) possiamo provare ad essere un novello Dorian Gray (Wilde, 1968), oppure proporci come protagonisti di una riedizione del film *La morte ti fa bella* (1997), ma in ogni caso dovremo fare patti con il diavolo!;
2. possiamo buttarci nello *shopping* in negozi di tendenza e comprarci abiti, scarpe e accessori giovanili, magari di una taglia sotto alla nostra: vestirci come i giovani ci farà sentire più adeguati alle richieste sociali e più sicuri;
3. possiamo convincerci di mostrare meno anni di quelli che abbiamo grazie ad un *look* adeguato, oppure decidere che anche l'età ha i suoi vantaggi e rassegnarci!

Per placare la tensione tendiamo a modificare l'elemento dissonante più facile da manipolare e perciò apportiamo cambiamenti non tanto alle condizioni oggettive o al comportamento, quanto al nostro modo di pensare a noi stessi e agli eventi. Cosa c'è di più facile e più veloce che cambiare la nostra immagine fornendo agli altri, e a noi stessi, nuove informazioni?

SCARPE PER SEDURRE

Rose, la seriosa avvocatessa di *In her shoes* (2005) possiede un meraviglioso e ordinatissimo armadio pieno di scarpe seducenti e ammalianti. Lei lavora in uno studio di avvocati, si sente bruttina, sovrappeso, insignificante e poco divertente. Probabilmente i pensieri che ha su di sé (gli abiti mi stanno male perché sono grassa e goffa) sono assolutamente dissonanti con l'immagine ideale di una professionista sicura di sé, grintosa e desiderabile alla quale vorrebbe assomigliare per sentirsi socialmente adeguata. Per ridurre il disagio acquista scarpe in grande quantità. Le scarpe la fanno sentire più sicura e desiderabile e riducono la dissonanza tra credenze sul *Sé*, atteggiamenti, comportamenti e ambiente sociale.

Due desideri in **conflitto** che provocano dissonanza e malessere sono il **cambiamento** e la **coerenza**. Desideriamo, ad esempio mantenere un'immagine di noi sempre coerente (senza accettare i cambiamenti fisici) e nello stesso tempo abbiamo bisogno di cambiare e innovarci. Il bisogno di nuovo è un valore socialmente accettato e molto presente nel rapporto con la moda: il nuovo è percepito come migliore del vecchio; rinnovarsi è un po' come rinascere in modo simbolico e alla fine di periodi difficili, o in occasione di scelte di vita importanti, sentiamo il bisogno di far vedere che siamo diversi. La moda ci permette di rinnovarci con leggerezza cambiando stile, modificando colori e forme, o abbinando in modo creativo gli accessori. Ci fa sentire persone libere di progettare il cambiamento: un abito nuovo ci fa percepire migliori, più eleganti, più adeguate, più energiche; un *look* diverso o un nuovo taglio di capelli ci fanno sentire una persona nuova.

Quando il cambiamento è difficile sul piano della realtà, gli oggetti di moda ci permettono di trovare una soddisfazione compensativa e di modificare i pensieri: si può pensare a sé stessi come ad una persona più giovane indossando un abito, più seduttiva calzando un paio di scarpe, più grintosa e sicura con una cintura o una borsa. Gli oggetti ci permettono, infatti, di modificare le informazioni che comunichiamo sia a noi stessi che agli altri e di cambiare il nostro schema mentale.

UNA PERSONA NUOVA

"La serata prese una svolta sorprendente per lui. La sola vista di Maya, quando uscì dal bagno dove si era vestita, lo colpì profondamente. Di solito il suo modo di vestire lo infastidiva: lei amava le gonne troppo corte, le scollature troppo profonde, i tacchi troppo alti, senza contare che portava troppi gioielli e chili di trucco sul viso. Ma evidentemente aveva deciso di cambiare stile, perché si presentò con un *tailluer* pantaloni blu sotto il quale portava una camicia accollata di seta bianca. Non aveva gioielli, tranne due piccoli orecchini di perle e un braccialetto d'oro, e non traballava su un paio di tacchi chilometrici. Il rossetto era molto discreto, almeno per i suoi canoni. Nell'insieme aveva l'aspetto di una signora, adulta, estranea, nuova e nello stesso tempo familiare (Link, 2003, p. 271).

Cambiare la nostra età, ad esempio, è impossibile, arrestarne gli effetti altrettanto improbabile e cercare di contrastarli molto impegnativo in termini di energie investite (diete, cure estetiche, ginnastica, massaggi), comportarci in modo giovane e trasgressivo quando il nostro corpo non lo è più ci fa sentire ridicoli, ma un abito, un paio di scarpe, degli orecchini, una borsa, una sciarpa, possono aiutarci a sentirci più giovani, più attraenti, più sicuri, e quindi a farci comportare in modo più disinvolto e giocoso. L'età non è cambiata, il nostro corpo neppure, ma è cambiata l'idea che abbiamo di noi e l'immagine che comunichiamo agli altri.

Un modo per mettere insieme desideri e realtà è il **gioco**. Il guardaroba, l'armadio, il negozio di moda sono come un **teatro ludico** nel quale giocare per esprimere un sogno. "L'immaginazione giocosa è a servizio di tutto quello che è o che potrebbe essere"

(Erikson, 1981, p. 845) e pone, accanto alla realtà, "l'**effettualità** (ossia) il margine di libertà e variazione" (ivi, p. 850) che ci permette di realizzare i sogni e di rendere la realtà della vita più accettabile. I capi di abbigliamento fanno parte dei nostri giochi fin da bambini: indossare le scarpe o un abito dei genitori ci ha permesso di fingere, attraverso l'apparenza, di essere loro, così come un camice, o un mantello ci hanno permesso di recitare un ruolo.

Con abiti e accessori possiamo giocare sia con la sessualità che con il potere, ad esempio, lanciando messaggi allusivi senza apparire troppo sfacciati, o suggerendo il sesso anziché mostrarlo: "il ruolo della moda è di nascondere per valorizzare, quindi affascinare e destare piacere, suggerendolo di nuovo in un gioco senza fine, (...) e realizzando il gioco estremamente utile dell'**erotismo pudico**" (Descamps, 1981, p. 21). Giocare con l'abbigliamento ci permette di camuffarci, di trasgredire le regole, di cambiare e di innovare la nostra immagine, e di provare nuove identità. È un gioco attraverso il quale cerchiamo la sicurezza della regola per poi trasgredirla, sperimentando il gusto dell'"avventura senza il rischio" (Stoetzel, 1973, p. 279). Può essere un gioco cooperativo o antagonistico, creativo o imitativo, ma ha sempre la funzione di divertire e provocare benessere.

La moda può farci realizzare, per dirla con Moreno (1985), un "**sogno lucido**", ad occhi aperti, dove i confini con la realtà sono labili. Un sogno attraverso il quale creiamo una sorta di teatro magico che rende possibile, indossando abiti e accessori, di interpretare i ruoli che più desideriamo e renderli reali, di mettere in scena i nostri sentimenti e di realizzare giochi di ruolo. Come in uno **psicodramma**, usando gli abiti come costumi di scena, possiamo ricoprire temporaneamente un ruolo, ed agire in modo libero cambiando le situazioni sociali secondo i nostri desideri. Così, un abito ci permetterà di sentirci persone attraenti e di interpretare la funzione di seduttrice, o competenti rappresentando il ruolo del/della professionista di successo, o ricchi giocando il ruolo del/della vincente, e le reazioni degli altri alla nostra interpretazione saranno altrettanto importanti perché rafforzeranno la conoscenza di noi nel nuovo ruolo. La dimensione ludica dell'abbigliamento è resa possibile anche dal fatto che permette di imitare un modello e di identificarsi con un gruppo e un ruolo non necessariamente in modo completo, essendo sempre possibile tornare indietro e iniziare una nuova imitazione e una successiva nuova identificazione: "questo andare e tornare indietro permette all'apparenza del *Sé* di esistere, e alla dimensione ludica, fantastica, di trovare una dimensione adeguata" (Caterina, 1995, p. 49).

UN ABITO PER DIVERTIRSI
Nel film *In ricchezza e povertà* (1977), Brad e Caroline, due newyorkesi mondani e modaioli, scappano per sfuggire al fisco e trovano casualmente rifugio in una comunità Amish in Pensilvania. Tolgono i loro abiti firmati, gli occhiali di Armani, gli orecchini di Tiffany, e vestono abiti grigi come uniformi per essere accettati dalla comunità. Quando una sera vanno ad una festa nella comunità, lei commenta: "ma come fate a divertirvi alle feste, vestiti tutti uguali?" L'abito è una forma di conversazione, di identità, di scambio. Senza la varietà degli abiti è come se mancassero le parole. Manca un elemento fondamentale del gioco sociale.

Come sul **palcoscenico** di un teatro, i protagonisti possono, attraverso gli abiti, mostrarsi agli altri in modo esibizionistico e nello stesso tempo (proprio come in uno psicodramma) rivelare anche a sé stessi sentimenti, emozioni, desideri.

L'ABITO COME SOGNO
Nel racconto *Tabacco e nero*, Almundena Grandes racconta la storia di una giovane cresciuta in una sartoria di abiti per toreri. Il nonno era un grande sarto e le aveva insegnato il valore dell'abito come forma di espressione di desideri, a guardare le persone e a capire quale foggia e quale colore potesse farli sentire vincenti e sicuri di sé. Quando Paloma si trova a lavorare in un *atelier* cerca di mettere in pratica cosa ha imparato. In un gruppo chiassoso di clienti, formato da nonna, figlie e nipoti, entrato nel negozio per scegliere gli abiti per il matrimonio di una delle nipoti, individua una giovane che rimane in disparte,

> mimetizzata con l'ambiente e sembra non voler partecipare alla spirale dei desideri per apparire migliori. È invalida, ha una gamba più corta dell'altra e una andatura oscillante. Paloma cerca un abito adeguato a farla sentire attraente e a renderle gioia. E quando lo trova e convince la giovane ad indossarlo ottiene l'effetto voluto: lei sorride e si vede finalmente bella e le parenti finalmente la guardano senza più considerarla tappezzeria. «Era un bel vestito. Non intenso, né originale, né estraneo, né elegante, né simpatico, né ingenuo, né fresco, né ironico, né drammatico, né stilizzato, né teatrale. Romantico sì, ma soprattutto bello, molto bello, bellissimo. Una nuvola di mussola stampata con i colori delle marine di Sorolla, volant asimmetrici nelle maniche e nell'orlo, e il resto liscio, fiducioso dell'efficacia di quanto era in grado di suggerire: la luce di un tramonto di estate su una spiaggia del mediterraneo o la dolcezza di un orizzonte che corona i boschi subito dopo un temporale. Era un bel vestito ed era il suo vestito. Era fatto per lei malgrado la sua deformità, la sua zoppia, il destino crudele che le era costato un certo livello di esistenza, e io potevo vederglielo addosso, la vedevo già. Per questo sapevo che nessuno guardandola avrebbe fatto caso alla sua gamba invalida, proprio come succedeva a me che ero completamente presa dalla sua nuova e raggiante bellezza" (Grandes, 2005, p. 86).

La moda consente anche di giocare con le **ambivalenze** di identità, come ha evidenziato Davis (1994), permettendo, attraverso l'autoironia, di esagerare l'identificazione con un ruolo o al contrario di attutire quella con una funzione troppo evidente. Pensate ad esempio al *look* maschile delle donne in carriera; all'ostentazione di ricchezza di persone che non lo sono, attraverso per esempio un jeans griffato espressione di *status symbols;* o di povertà in chi è ricco e indossa jeans stinti o pullover consunti, ai giovani che riscoprono trine e merletti delle nonne e ai non giovani che calzano scarpe da ginnastica e giubbotti di jeans (cfr. Ricci Bitti, Caterina, 1995).

La moda, infine, ci fa illudere di esercitare un dominio sulla realtà e ci permette di formare identità poliedriche, combinando elementi differenti, e cambiando ogni volta che ne sentiamo la necessità. Emblematici a questo proposito sono i casi del pronto moda Zara e H&M che permettono di cambiare immagine con grande facilità e in modo giocoso. Il cambiamento veloce e i prezzi contenuti permettono di fare scelte di immagine sempre aggiornate alle ultime tendenze e con un basso costo simbolico: se l'effetto non è quello giusto si può cambiare facilmente. Inoltre la grande varietà di capi e il continuo cambiamento delle collezioni rende lo *shopping* in questi *store* come un "gioco dell'avventura", o una "caccia al tesoro", che stimola la voglia di scoprire cose nuove e imprevedibili, e di sentirsi "esploratori intrepidi" che evadono dalla banalità della vita quotidiana. Anziché la sicurezza e la prevedibilità della vita di ogni giorno, propongono l'imprevedibilità dei capi sempre nuovi che vanno scovati. In questo modo l'esperienza di acquisto permette sia di soddisfare desideri che di far sentire responsabili: avventura e gioco a prezzi contenuti, e seguendo le tendenze moda! Lo *shopping* rappresenta in questo modo un momento di gioia e di divertimento (il gioco dell'avventura e della caccia al tesoro) e di orgoglio (il potere di selezionare gli oggetti migliori e di mettere in atto le capacità di valutare e di abbinare) e permette anche di tenere a bada i sensi di colpa che derivano dal rapporto tra desiderio e bisogno reale con argomentazioni razionali, poiché i prezzi sono accessibili e i tempi di permanenza della merce nel negozio sono corti ("*è un affare e se non lo prendo subito non lo trovo più!*").

Definire il campo di analisi della moda, o meglio delle diverse mode, vuol dire considerarla come un fenomeno sociale complesso, senza fare l'errore di cercare spiegazioni univoche che semplificano riportando (come per Empedocle o Eraclito) tutte le spiegazioni al fuoco o all'acqua (cfr. Descamps, 1981).

1.4 Psicologia della vita quotidiana con la moda: perché è importante l'approccio psicologico

La superficie e la profondità

Considerare la moda come un fenomeno che riguarda solo la superficie, l'immagine, l'estetica, vuol dire ignorare il suo messaggio profondo. È come guardare la parte emersa di un iceberg (fig. 3) e non accorgersi che sotto il livello dell'acqua c'è la parte più grande. È nascosta e celata, ma è questa parte che influisce significativamente sulla vita dell'iceberg. Guardare all'estetica della moda concentrandosi solo sullo stile che dona, metterla in relazione solo con la vanità e la superficialità, vuol dire essere ciechi sulla complessità dei sui significati e sui suoi legami profondi con la psiche individuale e collettiva.

Figura 3 – L'iceberg

"Ognuno di noi attraverso gli abiti, gli accessori e i colori parla di sé, dei sentimenti, delle emozioni, dei pensieri, dei desideri, delle motivazioni, degli atteggiamenti, ma anche dei conflitti interni e delle paure. Possiamo dire che la moda è un transfert che attualizza tutti questi contenuti e li rende visibili, creando un legame tra immagine, corpo e psiche. Dimmi come vesti e ti dirò chi sei. Quando scegliamo un capo dal nostro guardaroba, decidiamo come presentarci agli altri e che immagine dare di noi. Gli altri osservandoci possono cogliere informazioni sulla nostra personalità e sulla nostra identità. L'obiettivo della psicologia della moda è proprio quello di svelare il linguaggio inconscio che si cela dietro la moda, mostrando la profondità che sta dietro la superficie. A differenza di altri approcci alla moda, quello psicologico non si ferma alla sola immagine, ma indaga i significati simbolici di abiti e accessori, considerati come una forma di conversazione che coinvolge se e gli altri in un processo di influenza reciproca. Il centro è la persona, che può essere compresa nella sua complessità solo con gli strumenti della psicologia. Il fine è il benessere, l'efficacia e il consolidamento dell'autostima. (...) Non tutti sono consapevoli di lanciare messaggi con gli abiti che indossano, con lo stile che scelgono, con l'abbondanza o la mancanza di accessori, con i colori e gli abbinamenti. Non tutti hanno contezza di quanto l'immagine possa essere uno strumento di comunicazione di valore, che aiuta a raggiungere gli obiettivi interpersonali oppure a mancarli". (Pizza, 2021a pp. 14-15).

Chi ha bisogno della psicologia della moda?

- Tutti coloro che sentono di non riuscire a comunicare la propria identità, che non riescono a valorizzare i propri punti di forza attraverso abiti, accessori, colori, che non si sentono bene con il proprio corpo e la propria immagine, che non sono felici quando indossano un abito in mezzo agli altri, che non riescono a raggiungere gli obiettivi interpersonali perché attraverso l'aspetto esteriore forniscono prime impressioni sbagliate;
- tutte le aziende che producono, vendono e comunicano moda e aspirano a colmare la distanza tra il genio creativo e la realtà del corpo delle donne e degli uomini che acquistano moda. Che sentono di dover mettere al centro la persona e non solo la sua immagine. Che desiderano soddisfare i bisogni, i desideri, i sogni delle persone reali, e non solo di quelle immaginate;
- tutte le aziende che vogliono trasmettere la propria identità e i propri valori anche attraverso l'immagine degli impiegati e

dei manager. Che sanno evitare lo sbaglio abbastanza comune di comunicare una cosa con le parole (della pubblicità, del marketing, della cultura aziendale) e una cosa diversa con l'aspetto esteriore (abbigliamento, accessori, colori, trucco, pettinatura) di chi lavora in azienda;
- tutti coloro che lavorano nella consulenza di moda e percepiscono che è il momento di uscire dalle false certezze offerte dalle regole, dai "si può" e "non si può", dalle semplificazioni e dai personalismi, per cogliere l'originalità di ogni persona e la complessità del messaggio moda.

In sintesi, possiamo affermare che la psicologia della moda sviluppa una nuova idea di bellezza centrata sulla persona e sulla sua unicità. Insegna a liberare il vero *Sé* e a esprimerlo attraverso abiti, accessori, colori, anziché uniformarsi, subendo la pressione sociale. E supporta anche nella ricerca di una sinergia tra identità e aspetto esteriore, tra look e obiettivi, evitando la controproducente dissonanza di messaggi. È quindi uno strumento di **empowermen**t: aiuta ad essere più efficaci con gli altri e a stare meglio con sé stessi.

2. LA MODA COME MEZZO PER RAGGIUNGERE GLI OBIETTIVI

La moda è molto importante. Rende facile la vita,
come ogni cosa che dona piacere.
Vivienne Westwood

Senza causa o principio è impossibile che alcuna cosa esista
o sia fatta.
Aristotele

2.1 I tre obiettivi base della vita sociale

La **motivazione** è l'energia che attiva, orienta e sostiene il comportamento nel raggiungimento degli obiettivi. È la forza che ci guida nel fare scelte, il vigore che orienta le interazioni tra l'individuo e l'ambiente sociale. Come può aiutarci la moda a raggiungere gli obiettivi sociali? Qual è la forza che ci guida quando scegliamo un capo di abbigliamento o un accessorio? Quali bisogni soddisfa la moda?

La rete degli obiettivi e delle motivazioni individuali è indubbiamente molto variegata e si compone come un *puzzle* in base alla personalità, all'ambiente, alla cultura, ai gruppi di appartenenza e alle loro norme. Possiamo però individuare tre obiettivi che stanno alla base del comportamento sociale.

Il primo è il bisogno di **acquisire la padronanza:** possedere cioè tutte quelle informazioni che permettono di comprendere e prevedere gli eventi sociali. Le informazioni corrette consentono di integrarsi nei gruppi e di comportarsi nel modo adeguato per ottenere riconoscimenti e ricompense. Quando pensiamo di padroneggiare tutte le informazioni la nostra ansia sociale diminuisce, la paura del giudizio si smorza e aumenta il senso di **autoefficacia**. La moda costituisce un grande aiuto per la soddisfazione di questo bisogno. Le riviste di moda, le sfilate, i social, le vetrine dei negozi o l'osservazione di personaggi-modello *(opinion leader)* ci permettono di acquisire informazioni su abiti e accessori utili ad integrarci nei vari contesti, ad essere accettati e riconosciuti, e quindi a muoverci con sicurezza e tranquillità. Essere vestiti in modo adeguato a quello che riteniamo sia lo stile di un determinato gruppo ci fa sentire a posto. L'abito giusto ci fa muovere con disinvoltura ad una festa, ci fa sentire sicuri/sicure ad un'importante riunione di lavoro e interessanti ad un incontro sentimentale. Ci sono persone che non si sentono sicure senza avere indosso qualcosa di firmato e riconoscibile, un oggetto di tendenza, un colore di moda, che non uscirebbero mai di casa senza avere indosso determinati capi o accessori. Tutto ciò si basa su consolidate convinzioni, opinioni o credenze, una delle quali è il capovolgimento di un vecchio e fallace detto "l'abito non fa il monaco". In realtà lo fa, eccome! L'abbigliamento è una chiave di accesso, una norma di gruppo, il codice del sistema di allarme: ci permette di entrare e di essere accettati.

Poiché abbiamo bisogno di sapere come muoverci in un ambiente nuovo spesso ci fidiamo di scorciatoie mentali (**euristiche**) per decidere come comportarci (ad esempio: "il nero è sempre elegante", "non ci si veste di viola a teatro o di bianco ad un matrimonio se non si è la sposa", e via di seguito). Il bisogno di formarsi opinioni e convinzioni accurate sugli ambienti, i gruppi e le persone ci permette di muoverci con padronanza e sicurezza. Così abbiamo bisogno di possedere le informazioni sull'abbigliamento adeguato ad un determinato contesto per sentirci sicuri. Come ci si veste in quell'ambiente? È meglio mettersi un capo, oppure un altro? Cosa indossano gli *opinion leader* del gruppo? Come si abbigliano le persone che ammiriamo o che invidiamo? E quelle dalle quali vogliamo differenziarci?

L'ABITO SBAGLIATO

Nella stagione 6 di *Sex and the City* (2004), nell'episodio "Amori in rialzo" Carry, vestita in modo informale, è uscita a fare una passeggiata con Miranda e il piccolo Brady. Stanno parlando di un futuro primo appuntamento tra Carry e Bergen un divertente scrittore conosciuto recentemente con il quale Carry spera di iniziare una relazione. Lei che ha una vera e propria passione per i bei vestiti e soprattutto le belle scarpe, si è naturalmente comprata qualcosa di adeguato a farla sentire sicura al primo appuntamento. Ma l'imprevisto è in agguato: mentre stanno mangiando un gelato Miranda si rende conto che Bergen, l'attuale oggetto dei desideri di Carry, sta salendo dalla rampa della metropolitana, proprio vicino a loro. Improvvisamente l'ansia sociale di Carry si impenna: si sente vestita in modo assolutamente inadeguato ad un incontro sentimentale e perciò insicura. Sente di non avere il controllo della situazione: ha paura di dare una immagine sbagliata di sé e fugge a gambe levate per scampare il terribile pericolo di un incontro senza l'abito e le scarpe giuste! Gli abiti che la fanno sentire a suo agio mentre passeggia con una amica, la rendono insicura in presenza di una persona nuova e da conquistare.

L'abito giusto permette di ridurre l'ansia e di aumentare la padronanza anche in **contesti competitivi** come quelli di lavoro o nella rivalità sessuale.

TACCHI ADEGUATI A COMPETERE

Nella stagione 3 di *Sex and the City* (2004), nell'episodio "Sfide al femminile" Carry incontra in un negozio Natasha, la giovane moglie di Big, il suo mai dimenticato ex fidanzato. La competizione è evidente: lei è giovane, bella, alta, ha un lavoro interessante in una azienda di moda, e soprattutto è la donna che Big ha deciso di sposare! Anche se Carry dice di sentirsi più forte sul piano culturale, sente il bisogno di comprarsi un abito sexy e un vertiginoso paio di sandali di Manolo Blahnik per sfidarla nel suo ambiente, una serata di beneficenza, di cui Natasha è la madrina. L'abito e le scarpe le permettono di sentirsi sicura in un ambiente nemico, ed è molto delusa quando alla festa scopre che la sua antagonista non è presente per un improvviso malessere e quindi non può vedere il suo aspetto "favoloso"!

Nelle piccole decisioni di ogni giorno tendiamo ad agire nel modo che pensiamo abbia le migliori probabilità di farci raggiungere i risultati, e ci lasciamo guidare dalle informazioni più attendibili che riusciamo a raccogliere. La scelta dell'abito adeguato alle informazioni che abbiamo raccolto e alle credenze che abbiamo sviluppato, è quindi un mezzo molto utile per farci acquisire la padronanza.

Il secondo obiettivo che sta alla base dei comportamenti sociali è la ricerca dell'**affiliazione** e dell'**appartenenza:** sentiamo il bisogno di fare parte di un gruppo per costruirci una visione adeguata della realtà e cerchiamo spesso simpatia, sostegno e approvazione da parte degli altri. Ci rassicura confrontarci con persone che hanno le nostre opinioni e condividono i nostri valori. Ci rafforza la saggezza collettiva che deriva dall'interazione tra i membri del nostro gruppo, e ci piace partecipare ai processi di influenza reciproca. Ci interessa acquisire le idee e gli atteggiamenti dei gruppi che ammiriamo. Desideriamo essere amati, stimati, accettati dalle persone che apprezziamo e amiamo.

I gruppi che ci attraggono e ci interessano sono fonte della nostra identità, e sono oggetto dei nostri desideri sociali. Questo ci porta a conformarci ai processi di gruppo. Per essere accettati dobbiamo identificarci con regole, norme, stili di comunicazione, atteggiamenti. Solo così possiamo essere riconosciuti come appartenenti ad un gruppo e diventarne membri. Condividere con il gruppo le norme, riconferma il nostro senso di **identità sociale**, mentre condividere opinioni e valori rafforza il nostro **senso di realtà**. In base all'abbigliamento riconosciamo non soltanto gli amici simili a noi, ma anche gli estranei o i nemici, diversi da noi.

L'abbigliamento costituisce spesso una norma di appartenenza che permette di essere immediatamente riconosciuti come appartenenti ad un gruppo. Spesso prima ancora che accettare i valori di un gruppo ne accettiamo la divisa. Osserviamo attentamente come si vestono le persone del gruppo al quale vogliamo appartenere e cerchiamo di uniformarci a quello stile nel tentativo di essere accettati.

UN "VALENTINO" RUBATO

Nell'episodio "Blair bitch projet" della serie televisiva *Gossip Girl* (2007), ispirata all'omonimo romanzo di Cecil von Ziegesar (2007), Jenny Humprey, che vive a Brooklin con un padre ex rock star e una madre pittrice, frequenta con il fratello Dan, la Costance Biliard School, la scuola dei giovani *dell'upper east side* di Manhattan. Il sogno di Jenny è entrare a far parte del gruppo dei giovani rampolli di ricche famiglie, assidui frequentatori del Blog Gossip Girl, e cerca disperatamente di essere accettata nella corte della leader del gruppo Blair Waldorf (che ha avuto lo "scettro" da Serena Van der Woodsen) accettando tutti i riti e le umiliazioni del noviziato. Pur non potendosi permettere abiti griffati, cerca di copiarli e si ingegna a tagliare e cucire vestiti, acquista nei negozi capi che restituisce subito dopo averli indossati fingendo di aver cambiato idea, e prende a prestito quello che può in un negozio di abiti usati, arrivando a lasciare in pegno la sua preziosa macchina per cucire. La sua ansia di essere accettata e di comunicare attraverso gli abiti la sua identità di membro del gruppo la spingerà a rubare un abito dall'armadio della madre di una amica (senza rendersi conto che è un Valentino da collezione!) e a scambiarlo, con un Dolce e Gabbana da indossare alla sua festa di compleanno. Quando sua madre torna a casa con un paio di decolté *vintage* da indossare con l'abito nuovo, Jenny mette in scena un vero e proprio psicodramma: quelle scarpe, fa notare all'allibita mamma, comunicano in modo inequivocabile da dove provengono: un grigio magazzino. Sarà chiaro per tutti che non arrivano dal lussuoso negozio, tempio degli acquisti di tutti i giovani dell'*upper east side*. Avere gli abiti e gli accessori giusti è il linguaggio che le permette di parlare di sé come appartenente ad un gruppo e di definire la sua identità. Quello che desidera sopra ogni altra cosa è essere riconosciuta come membro del gruppo: una di quelle persone che meritano di essere spiate dalla misteriosa blogger creatrice di Gossip Girl.

Così come le teste rasate, le polo Fred Perry, le felpe o gli anfibi in mostra sotto jeans arrotolati fanno pensare alla sub-cultura degli Skinhead, i piercing, gli abiti in pelle, le catene e i collari indicano l'appartenenza ad un gruppo di Punk ed esprimono i valori e gli ideali di quel gruppo, una tuta da ginnastica con i colori e un logo particolare segnala l'appartenenza ad un gruppo sportivo, un capo spalla ad un contesto lavorativo o una spilla ad un gruppo politico. Dimmi come vesti e ti dirò non solo chi sei, ma anche con chi stai, quali sono i tuoi ideali e con quale leader ti identifichi!

DI CHE TRIBÙ SEI? DIMMI COME VESTI E TI DIRÒ CHE MUSICA ASCOLTI

"Irriducibili ragazze materiali. Cresciutelle, magari, ma ancora vestite di pizzo bianco e crocifissi tintinnanti, *leggings* colorati e body da danza. Era il 1984 quando Madonna entrava in orbita top ten con il suo *Material girls* e le teen-agers sgomitavano nei grandi magazzini di New York, Londra e Berlino per fare incetta di collant colorati da strappare, guanti traforati senza dita e ciondoli a chili con i quali giocare alla vergine ammiccante. Cinque lustri dopo la camaleontica ragazza di Detroit è una diva sofisticata che ha cambiato cento volte look. Cento volte imitata dal pubblico adorante ricettivo a ogni travestimento profetizzato dalla sacerdotessa del pop. (....) Che fanatici i fans. Disposti a indossare tutto, a dispetto della taglia e dell'età, pur di evocare il loro idolo, rinnovando l'eterna fedeltà attraverso costumi di scena convertiti all'uso quotidiano. (....) Identificazione totale, folle e straordinaria. Madonna come le Spice Girls. I Beatles come gli Oasis. Dal palcoscenico alla strada il passo è breve. (....) Camicia rigorosa Dr. Martens ai piedi, cranio rasato e tatuaggi? È il credo ska dei Madness, quelli che hanno trasferito le polo Fred Perry dal tennis al marciapiede, facendone una divisa irrinunciabile di movimenti giovanili come i Rude Boy e gli Skinhead. Teschi disseminati ovunque, polsini torchiati, T-shirt con zombie scheletriti? È il marchio di fabbrica degli Iron Maiden, la band inglese caposaldo dell'heavy metal un genere musicale diventato fede, una religione trasformata in stile. Inaccettabile? Guardate Marilin Manson o meglio le creature ultraterrene che acquistano i suoi dischi e i suoi abiti feticcio: completo bondage, pelle lucida, corsetti e guepière e calze a rete bruciate e bucate. (...) Che esagerati i fans. Vestiti da hawaiani come a Carnevale, gonnellini di paglia e camicia floreale se ascoltano il song tropicale di Jimmy Buffet. Teatrali, eccessivi, enigmatici se appartengono alla setta dell'elettro-pop newyorkese professato dai Fisherspooner. (...) È sufficiente che Youssou N'Dour rispolveri sul palcoscenico l'abito tradizionale del Senegal ed ecco che la moda Africana trova nuova linfa tra le masse. Non è questione di tendenze, né di gusti, qui c'entra l'amore. Gli stilisti venderebbero l'anima per avere un simile potere" (Vignale, 2008).

LE SIGNORE DEL CAPPELLO ROSSO
C'è una associazione, dal nome *Red Hat Society* nata in California dalla decisione di un gruppo di donne "over 50" di affrontare i problemi della mezza età con spirito e ironia. Conta un milione di associate presenti in 50 Stati americani e in 30 paesi del mondo. La divisa del gruppo è un abito viola con un grande cappello rosso. Una divisa nata per farsi notare e per legare tra di loro donne mature stanche di stare in seconda fila. Difficile non notare un milione di donne con un cappello rosso! (www.redhatsociety.com)

Il terzo obiettivo che sta alla base dei comportamenti sociali è **la ricerca della valorizzazione** di noi stessi, ma anche di tutto quello che è nostro, legato a noi e in relazione con noi. Questo obiettivo ci spinge a vedere sotto una luce positiva noi stessi, le persone collegate a noi, il nostro gruppo. Tendiamo perciò ad enfatizzare gli aspetti positivi del nostro gruppo, e dei leader con i quali ci identifichiamo e che emuliamo, e in questo modo, parallelamente miglioriamo anche la nostra immagine e il nostro benessere.

La moda aiuta a raggiungere anche questo obiettivo: gli abiti, gli accessori, la cosmetica, migliorano la nostra immagine e contribuiscono ad accrescere il nostro valore. Questo ci rende persone più sicure e più adeguate a competere con gli altri, riconosciute come membri eccellenti del gruppo e capaci di mostrare le qualità che più apprezziamo.

UN ABITO PER SENTIRSI INGLESE

In *Fumo di Londra* (1966), Dante Fontana (Alberto Sordi) antiquario di Perugia, si identifica con la cultura inglese e con i suoi valori. Il suo desiderio più grande è far parte del gruppo degli inglesi e di esserne accettato come membro. Ne condivide le qualità, gli stili di vita, gli atteggiamenti, e per mostrare a tutti questa identificazione veste secondo il più classico e tradizionale stile inglese con cappello a bombetta e ombrello e appare come un autentico *dandy*. Quando è invitato a partecipare alla caccia alla volpe nel castello di una nobildonna inglese, cerca di farsi accettare sembrando il più simile possibile agli altri. Sempre guidato da questo obiettivo di appartenenza, quando scopre, attraverso i membri più giovani del gruppo, la cultura *hippy*, lascia gli abiti da *dandy* per uno stile più informale, con camicie con *jabot* e parrucche, pur di sentirsi parte di un gruppo di inglesi! Il desiderio di appartenenza è fortissimo, e l'abbigliamento, insieme ai modi e alle abitudini, aiuta a perseguire l'obiettivo di sentirsi parte di un gruppo ed essere riconosciuto come membro di quel gruppo. Nello stesso modo vestendo gli abiti "inglesi" sente di assumere in sé i valori della cultura che tanto apprezza e di aumentare così la sua qualità personale.

2.2 L'evoluzione dei bisogni dei consumatori di moda: la grande rete

Cosa sostiene nel tempo il comportamento degli individui rispetto alla moda? Come cambiano le motivazioni all'acquisto? Quali sono gli obiettivi delle *fashion victims* e quali quelli dei **consumatori** oculati e consapevoli?

Non c'è dubbio che la moda si sia rivestita nel tempo di significati sociali differenti e che soddisfi bisogni altrettanto diversi. Pensate al jeans che nel passato è stato un capo anti moda e antistatus (cfr. Codeluppi, 2002) che incarnava il rifiuto delle convenzioni, della formalità e delle differenze di genere e che oggi ha nuovi significati, in sintonia con le motivazioni che guidano il comportamento di acquisto dei consumatori di moda. Ancora oggi il jeans esprime voglia di libertà, ma in relazione alla sessualità, al benessere e al tempo libero. È un capo rassicurante che talvolta accompagna le varie fasi della vita e invecchiando e logorandosi non perde valore, ma anzi si ricopre di significati affettivi, diventando la nostra storia. Si è passati dal jeans come strumento per raggiungere un obiettivo di lotta sociale, al jeans come forma di valorizzazione di sé e come espressione di bisogni legati all'esistenza e al benessere personale. Dai capi di abbigliamento connotati in modo esclusivamente razionale (ad esempio il tessuto *denim* considerato particolarmente resistente e quindi adatto a chi lavora), si è arrivati ad una visione prettamente emozionale degli abiti.

I JEANS COME ESPRESSIONE DI CAMBIAMENTO DI METE
"È diventato un indumento che ha significato – a seconda dei periodi storici – il primato del tempo libero, la centralità della classe operaia, il liberalismo sessuale, la contrapposizione a tutti i codici vestimentari, l'affermazione dell'informalità, l'interclassismo ideologico e il conflitto generazionale. È con gli anni '60 che i jeans rivendicano il loro essere indumento "contro". (...) I jeans divengono ben presto, anche in Europa, l'indumento più emblematico di una cultura alternativa: quella che stereotipicamente si dice del '68. Con i jeans scompare la piega perbenista dei pantaloni perfettamente stirati, si indossano stropicciati, sporchi, anche rotti. Ci si può sedere per terra, dormire indossandoli nelle aule occupate dell'università. Sono il primo capo rigorosamente unisex, quando i primi movimenti femministi distruggono le icone tradizionali della condizione femminile. Sono aderenti, sottolineano le forme – i primi a mettere in evidenza quelle maschili – aderiscono come una seconda pelle. Da questa patina di erotismo, la loro origine di *bluecollars,* la contrapposizione agli stili vestimentari degli adulti ed al mondo patinato della moda, i jeans traggono l'immagine trasgressiva. Da indumento per il tempo libero i jeans divengono provocazione e bandiera: "no jeans" diviene una scritta comune in molti locali che vogliono salvaguardare la loro rispettabilità borghese. Poi il jeans cambia pelle e dagli anni Ottanta in poi, pur restando connotati in termini di cultura giovanile, si integrano nel sistema e si normalizzano. Gli stilisti se ne appro-

> priano proponendoli – stragriffati – ai fashion addicted ed anche alla popolazione adulta. Krizia disegna il primo jeans apposta per le ragazze, il jeans dell'Emporio Armani ha uno straordinario successo. Persi i suoi connotati ideologici diviene un indumento interclassista e intergenerazionale: per uomini o donne. Tanto da tramutarsi, negli ultimi anni, in una presenza obbligata in ogni guardaroba. (...) Veramente straordinaria la sua polisemia. Capo trasgressivo e indumento alla moda" (Fabris, 2003, pp. 83-84).

Per capire l'evoluzione e la varietà dei bisogni individuali e sociali soddisfatti dalla moda, proviamo ad addentrarci nella fitta rete delle motivazioni e delle teorie che le spiegano. Cominciamo con la piramide (Fig. 4) di Maslow (1992), una teoria nota al grande pubblico, e non soltanto agli psicologi, che individua cinque categorie di bisogni posti in ordine gerarchico. Questa teoria ci permette di mettere l'accento su un primo e fondamentale cambiamento nelle motivazioni all'acquisto: il passaggio **dall'economia del bisogno** dove l'acquisizione di prodotti moda è guidata da bisogni primari, **all'economia dei desideri**, dove gli acquisti sono guidati da bisogni secondari o motivazioni. Quando è il desiderio a fare da guida, i comportamenti sono legati alla particolarità dei singoli individui, all'immaginario collettivo, ai gruppi di appartenenza, agli stili di vita, alla possibilità di realizzare esperienze, sperimentare ed esplorare il nuovo: i bisogni hanno lasciato il campo ai desideri!

La base della piramide è costituita da **bisogni primari**, legati cioè alla ricerca di oggetti che garantiscono la sopravvivenza e la sicurezza sia in senso fisico che sociale (protezione e stabilità). Questi bisogni sono abbastanza stabili e prevedibili, derivano dalla mancanza di qualcosa che provoca una sofferenza che scompare una volta che il bisogno è soddisfatto. Una volta soddisfatti la loro energia decresce e non sono più in grado di determinare il comportamento. Se non ho acqua da bere soffro, ma una volta che ho bevuto un bel bicchiere di acqua fresca il bisogno cessa e non ho più motivo di mettere in atto il comportamento necessario a soddisfare la sete. Se sono in un luogo molto freddo e non ho niente per coprirmi, cercherò di procurarmi un cappotto per evitare di assiderarmi.

Fig. 4 – La piramide dei bisogni.

Una volta indossato un indumento pesante il bisogno cesserà e con questo l'obiettivo da perseguire. Questi bisogni definiscono una modalità di acquisto legata all'utilità e alla comodità. Il prodotto moda ha in questo caso un contenuto **razionale** legato al prezzo e alla funzione strumentale: serve per coprirsi e per proteggersi. Viene enfatizzata la sua componente tecnica come nel caso del particolare materiale che protegge dal freddo uno scalatore, o del casco o delle scarpe che garantiscono la sicurezza in luoghi di lavoro pericolosi, o della tuta impermeabile e termica di un sub.

La punta della piramide è costituita dai **bisogni secondari**, o motivazioni, che presentano variabili interpersonali più alte e meno prevedibili e una più spiccata dimensione psicologica e sociale. La loro soddisfazione produce benessere. Derivano dal desiderio di qualcosa e non dalla mancanza di qualcosa. Una volta soddisfatti la loro energia continua a crescere e a dirigere il comportamento verso nuove mete, e la loro soddisfazione può essere anche differita nel tempo. Il bisogno di valorizzare la cultura ci porterà, ad esempio, a leggere un libro, che ci farà venire voglia di leggerne un altro o di comprare i biglietti per uno spettacolo teatrale, e così via. Il bisogno di valorizzare la nostra immagine ci porterà a cercare un nuovo stile di abiti, e poi a scegliere anche nuovi accessori, a frequentare nuovi negozi e così via. In questa parte della piramide troviamo:

- Bisogni di affetto: essere amati, avere amici, avere approvazione e riconoscimento, essere accettati all'interno di un gruppo, sviluppare relazioni interpersonali.
- Bisogni di stima: necessità di costruire una immagine positiva di sé costituita da **autostima** (forza, successo, adeguatezza, padronanza) e **eterostima** (rispetto, posizione sociale, apprezzamento, potere).
- Bisogni di autorealizzazione: raggiungere obiettivi sfidanti, esprimere le potenzialità individuali, mostrare il proprio valore.

La moda, proprio per il suo contenuto, riesce molto bene a esprimere e soddisfare i desideri. Il prodotto moda non è più semplicemente un prodotto utile e sicuro con una funzione strumentale, ma una esperienza simbolica che permette: di trasformarsi, di appartenere alla comunità dei migliori e identificarsi con chi ha successo, di condividere l'esclusività e sentirsi parte del gruppo degli eletti, di identificarsi con un oggetto o una *griffe* per aggiungere valore a se stessi, di condividere i valori di un gruppo frequentando i luoghi di moda, di essere riconosciuti come vincenti, di gratificarsi e divertirsi e di essere felici.

A fianco di questi cinque bisogni ce ne è uno che è trasversalmente presente nella formazione degli altri, il **bisogno di conoscenza**, cioè di acquisire informazioni e costruirsi spiegazioni sui fenomeni osservati per poter meglio raggiungere gli obiettivi. Tenersi informati sulla moda, osservare le scelte degli altri, lo stile dei leader del gruppo, conoscere le novità e le nuove tendenze, ci permette di condividere una "rappresentazione sociale" della moda che ci rende più sicuri nel perseguire obiettivi, scegliere comportamenti e provare emozioni. In sintonia con questi nuovi bisogni il **marketing esperienziale** si occupa di definire il prodotto moda come esperienza e di collocare i prodotti in un contesto coinvolgente e divertente che stimoli emozioni, fornisca sensazioni e promuova relazioni in grado di far sentire il cliente diverso e coinvolto in una sorta di "rappresentazione teatrale" (cfr. Pine, Gilmore, 2000). Per essere significativa l'esperienza deve essere, infatti, coinvolgente, deve stimolare la partecipazione attiva, e avere una intensità emotiva in grado di catturare l'attenzione. Come sostiene Fabris (2004) il **consumatore post-moderno** compra più esperienze che prodotti: cerca divertimento, felicità e soddisfazione di desideri. Il Marketing tribale, invece, (cfr. Cova, 2003) si occupa di dare una risposta al bisogno di appartenenza e di affettività, creando dei legami virtuali tra i clienti che si incontrano nelle *community* formate intorno ad una marca, ad un hobby o ad un obiettivo. Una sorta di tribù post-moderna e telematica nella quale si condividono legami di identità a partire da un oggetto posseduto o desiderato. L'appartenenza a queste comunità virtuali permette di sentirsi speciali e di provare vicinanza affettiva con chi condivide le proprie passioni.

Tra le motivazioni più interessanti che caratterizzano l'uomo occidentale vi sono quelle di autonomia, di gioco, di sensazione, di curiosità, di esibizione. Tutte motivazioni che guidano i comportamenti di acquisto del nuovo consumatore e trovano espressione in luoghi della moda dove oltre ai bei prodotti di qualità, si propongono anche esperienze in grado di far sperimentare nuovi stili di vita.

Una importante teoria sulla motivazione è quella di Murray (1962), che si è posto l'obiettivo di evidenziare i **temi dominanti** (*manifest needs*) che stanno alla base del comportamento degli individui e delle interazioni individuo-ambiente. Tra questi temi (cfr. Hall, Lindzey, 1966) alcuni sono particolarmente interessanti per una riflessione sulla evoluzione dei significati della moda nell'interazione tra individuo e società:

Successo (*achievement*)
Definizione: Compiere qualcosa di difficile. Dominare, manipolare o organizzare oggetti materiali, esseri umani oppure idee. Fare questo nel modo più indipendente e rapido possibile.

Superare ostacoli raggiungendo un alto standard. Superare se stessi. Rivaleggiare con altri e sorpassarli. Aumentare la stima di sé esercitando il proprio talento con successo.

Uno dei bisogni sociali più diffusi è proprio il **successo**: dimostrare agli altri di non essere una persona perdente o "sfigata", ma bensì che appartiene ad un piccolo gruppo privilegiato. Cosa c'è di meglio della moda per comunicare chi siamo e quanto valiamo? Un abito o un accessorio è visibile a tutti e può comunicare con grande efficacia il nostro ruolo sociale. Naturalmente questo bisogno è da mettere in relazione con ciò che è considerato come standard di eccellenza nel proprio gruppo di riferimento. È chiaro che il successo sarà percepito in modo molto diverso a seconda del gruppo a cui si appartiene, e diversi saranno gli oggetti in grado di segnalare il suo raggiungimento. Una cosa è avere successo in un gruppo di adolescenti, una cosa è essere leader di una *gang* di malviventi, e un'altra ancora di un gruppo di professionisti o di una associazione di servizio. Ogni gruppo ha la propria cultura e le proprie norme, e naturalmente usa diversi oggetti-moda per comunicare la propria identità sociale e il proprio status. Così essere vestita alla moda, cambiare spesso abiti e possedere gli accessori *cult*, renderà popolare una ragazzina tra le sue amiche e la farà guardare come un modello, mentre sarà un abito griffato o di tendenza, accompagnato da accessori tecnologici a definire il successo di un professionista, o un orologio di gomma tempestato di *swarovski* quello di un modaiolo.

Potere (*dominance*)
Definizione: Controllare il proprio ambiente. Influire sul comportamento altrui per mezzo di suggestione, seduzione, persuasione.

Le persone guidate da questo bisogno cercano di imporre il proprio stile e le proprie scelte agli altri, e nel caso siano leader di un gruppo e quindi godano del riconoscimento altrui, determineranno cosa va di moda e cosa no, cosa è *in* e cosa è *out*. Una delle spiegazioni della **diffusione della moda** è proprio questa (cfr. Ricci Bitti, Caterina, 1995): i leader propongono un nuovo modello di abbigliamento che diviene visibile a tutti e incarna i valori del gruppo, e poiché sono osservati come esempio e emulati, è abbastanza facile che il loro stile influenzi il gruppo. Nello stesso modo, poiché la leadership non è solo un fenomeno individuale, ma di gruppo, l'intero gruppo può assumere la funzione di leader nei confronti degli altri e influenzarli proponendo una moda. Pensate ai gruppi giovanili, a quelli sportivi, alle associazioni o ai gruppi di lavoro.

> **Aggregazione** (*affiliation*)
> **Definizione**: Cercare il sodalizio con qualcuno (che somigli al soggetto o abbia simpatia per lui/lei) e cooperare piacevolmente o avere un mutuo rapporto con lui/lei. Piacere ad un oggetto amato e guadagnarne l'affetto. Essere legato ad un amico ed essere leale nei suoi confronti.

In un gruppo ci sono dei leader competenti, popolari, di successo, ma ci sono anche i gregari. Questo bisogno porta alla appartenenza, al confronto con gli altri, e alla scelta di uno stile di abbigliamento condiviso, che mostri la relazione con un gruppo e faccia guadagnare l'affetto e la simpatia degli altri, indipendentemente da ogni criterio estetico (quanto sia bello o brutto o stia male o bene indosso). Si vestono quei capi e ci si adorna di quegli accessori che sono considerati "alla moda" nel gruppo al quale si appartiene. Non c'è quindi una sola moda, ma diverse **mode** che rappresentano la cultura e i valori dei vari gruppi e costituiscono una rappresentazione sociale. Si guarda il proprio leader e gli altri membri del gruppo e ci si adegua.

> **Sottomissione** (*deference*)
> **Definizione**: Ammirare e sostenere un superiore. Lodare, onorare o elogiare. Sottomettersi appassionatamente all'influenza. Emulare un esempio. Conformarsi alle consuetudini.

Questo tema definisce chi appartiene al gruppo per ammirazione verso il leader e ne accetta lo stile e i valori. Guardando il capo come modello e come guida se ne subisce l'influenza e si arriva ad emularne comportamenti e scelte nell'abbigliamento. Pensate ai *fans* così appassionati nell'amore per i loro beniamini da copiarne l'abbigliamento di scena nella vita di tutti i giorni, con effetti molto spesso grotteschi. Ma non sono sole le seguaci di Madonna (o di qualche altra star) a trasformarsi, a seconda dei periodi, in *material girl* o in qualunque altro personaggio proponga la sacerdotessa del pop. Ricordate Fausto Bertinotti che fu Presidente della Camera dal 2006 al 2008? Il suo stile elegante non era facilmente copiabile da tutti, ma diversi politici che lo riconoscevano come leader, portavano, proprio come lui, la custodia degli occhiali appesa al collo. Almeno con quel particolare cercavano di emularlo!

Autonomia (*autonomy*)
Definizione: liberarsi, scrollare via le restrizioni, sfuggire a limitazioni. Resistere a coercizioni e costrizioni Evitare o abbandonare attività prescritte da autorità. Essere indipendente e libero/a di agire secondo l'impulso. Essere distaccato, irresponsabile. Sfidare le convenzioni.

L'abbigliamento rappresenta una forma di libertà che permette di dire agli altri chi siamo. La scelta degli abbinamenti, la composizione del nostro guardaroba ci permette di fare un vero e proprio esercizio di libertà e di autonomia. Il momento dello *shopping* rappresenta (anche se spesso in modo illusorio) un momento nel quale ci liberiamo dalla routine quotidiana, dal peso delle responsabilità e dei doveri e per un po' di tempo ci dedichiamo con leggerezza al piacere di valorizzare la nostra identità. Il bisogno di autonomia si esprime anche con una maggiore indipendenza dalle marche e con una richiesta di attenzione e di interazione, tipica di un consumatore maggiormente proattivo, rispetto al passato.

Fronteggiamento (*counteraction*)
Definizione: far fronte ad un insuccesso o compensarlo riprendendo la lotta. Cancellare una umiliazione con l'azione. Dominare la debolezza, reprimere la paura. Cancellare un disonore con l'azione. Cercare ostacoli e difficoltà da sormontare. Mantenere ad un alto livello il rispetto di sé e la fierezza.

Comprare capi di abbigliamento rappresenta spesso una ricompensa per le difficoltà e le insoddisfazioni della vita di ogni giorno, una soddisfazione immediata alle frustrazioni che derivano da progetti non realizzati. Il presente si sostituisce al futuro e la soddisfazione immediata di un desiderio restituisce felicità e benessere. Quando si frappongono degli ostacoli al raggiungimento di una meta proviamo tensione e stress. Ma se sentiamo di possedere le risorse necessarie per fronteggiarlo con un piano di azione, stiamo subito meglio. La moda ci è utilissima in queste situazioni: ci permette di spostare l'attenzione su un obiettivo intermedio che possiamo facilmente raggiungere: comunicare attraverso gli abiti chi siamo e ciò che valiamo.

Esibizione (exhibition)
Definizione: destare impressione, essere osservato e ascoltato. Eccitare stupire, affascinare, colpire, interessare, divertire o attrarre altri.

Attirare l'attenzione degli altri ed essere ammirati attraverso abiti e accessori nuovi, originali e preziosi è un desiderio condiviso da molti. Si cerca di distinguersi dagli altri e di provocare per essere guardati. Come mostra una ricerca condotta da Descamps "esiste in molte persone e soprattutto nei giovani, il bisogno di **essere guardati**: se non attirano lo sguardo degli altri, hanno la sensazione di non esistere" (1981, p. 28). Il corpo è uno strumento di conferma del *Sé* e della propria identità personale e sociale che ci permette di sentirci accettati, ammirati e amati. Uno dei grandi cambiamenti è proprio questo: il corpo non è più sacrificato, trascurato o rimosso, ma è una parte importante della propria identità e merita attenzione e cure. Esibire un bel corpo, curato, tonico, giovane, abbronzato, truccato e ben abbigliato è un imperativo socialmente condiviso e non serve soltanto per sedurre, per attrarre, per piacere, per affermarsi, ma anche per volersi bene e accettarsi.

Gioco (play)
Definizione: agire per divertimento, senza altro scopo. Amare il riso e gli scherzi. Cercare piacevole rilassamento alla tensione.

Una delle dimensioni più significative del consumatore post moderno è il passaggio dall'*homo oeconomicus* all'*homo ludens* "orientato al gioco, desideroso di **divertimento**, emozioni, stimolazioni" (Fabris, 2003, p. 206). La moda permette di fare esperienze ludiche quando ci immaginiamo con l'abito indosso, con i sandali ai piedi, con la collana al collo, e pregustiamo l'effetto che avrà sugli altri e su noi stessi, come cambieranno le nostre relazioni sociali a partire dal possesso di quell'oggetto di moda che ci renderà protagonisti, vincenti, ammirati, accettati, popolari, e ci permetterà di giocare un ruolo. Il gioco compare anche nel momento dello *shopping (shopaiment=shopping e entertainment)* che spesso rappresenta una esperienza ludica, che rende felici, coinvolge, fa passare del tempo in modo divertente, fa sorridere e gioire soprattutto se i negozi sanno creare "uno spettacolo che racconti la marca in termini altamente coinvolgenti, evocando una atmosfera di pathos e seduttiva" (Fabris, 2003, p. 207).

ACQUISTI DIVERTENTI
Nella Nike Town a New York si possono disegnare e creare scarpe e vestiario. La vetrina *touch screen* consente di disegnare in strada davanti ad un pubblico i propri modelli personalizzati e di riceverli entro due settimane dall'ordine, partecipando in modo giocoso alla creazione del prodotto e al suo valore. "Moto Hono di New York ha realizzato una vetrina interattiva che che si connette con le vetrine degli altri negozi della stessa catena in altre città del mondo. Toccandola, ad esempio a Milano, attivi fasci di bolle che compaiono nella vetrina di Parigi e vedi la gente che ti risponde in un gioco a distanza. Sempre grazie ad una vetrina, touch screen il Ralph Lauren Store su Madison Avenue a New York funziona 24 ore su 24, perché ti lascia sfogliare i capi disponibili come in un catalogo e acquistarli con la tua carta di credito anche a mezzanotte" (Di Bari, 2007, p. 10).

Sensazione (*sentience*)
Definizione: cercare le impressioni dei sensi e gioirne.

L'**esperienza sensoriale** è determinate nel creare benessere, piacere, divertimento. Abiti e accessori stimolano sensazioni corporee che non riguardano sola la vista, ma l'udito, il tatto, l'odorato, il gusto. Il marketing estetico si occupa proprio della percezione polisensoriale del prodotto, del piacere dei sensi e delle esperienze sensoriali che costituiscono la specificità di una griffe o di un oggetto.

Protezione (*defendance*)
Definizione: difendere il *Sé* contro critiche e biasimo, vendicare l'*Io*.

Quando sentiamo che la nostra identità è messa in pericolo da attacchi esterni, corriamo ai ripari mettendo in atto **strategie di difesa** che hanno l'obiettivo di eliminare il disagio e lo stress. Alcune di queste strategie si basano su meccanismi di difesa (ad esempio, minimizzazione, fuga, distrazione), altre su azioni che portano al cambiamento. L'abbigliamento ci aiuta in queste strategie costituendo una sorta di corazza che ci permette di comunicare la nostra identità personale e il nostro ruolo, ma anche di rafforzare l'identità sociale comunicando la nostra appartenenza ad un gruppo. Svolge anche la funzione di distrarre il nostro pensiero da sentimenti negativi e di portarlo verso sensazioni di piacere e di benessere, stimolate da un bell'oggetto.

Eleganza (*order*)
Definizione: mettere le cose in ordine. Ottenere pulizia, ordine, organizzazione, equilibrio, esattezza, eleganza, nitidezza e precisione.

Il concetto di eleganza, del bello condiviso, di ciò che si considera di moda, cambia in base agli stili di vita e ai valori. La selezione collettiva di ciò che è di moda prende vita dagli scambi comunicativi all'interno di un gruppo, ed "essere alla moda permette di essere in contatto con gli altri, di identificarsi con un determinato gruppo e di condividerne i valori: ciò determina una accettazione della propria immagine sociale, e favorisce un miglior rapporto con se stessi. Alla base della moda si può rinvenire pertanto un'esigenza profonda di equilibrio emotivo che l'individuo può cercare al proprio interno così come in relazione con gli altri" (Caterina, Ricci Bitti, 1995, p. 8).

La moda di un gruppo contiene indicazioni su abbinamenti, accessori, colori. Guardando i leader è possibile ricavare tutte le informazioni necessarie su come ci si veste per essere considerati moderni, eleganti, aggiornati, in quel gruppo. Il bisogno di ordine emerge anche nel nostro rapporto con l'armadio che viene periodicamente riordinato in base alle nostre nuove identità: eliminare capi vecchi che comunicano emozioni e valori che non condividiamo più, e sostituirli con capi nuovi che esprimono i nostri nuovi atteggiamenti o il nostro nuovo stile di vita ci fa stare bene, in questo modo sentiamo che la nostra immagine è più coerente e più autentica.

A questa lista di temi ispirata a Murray, possiamo aggiungerne altri due provenienti dalle scale dell'Adjectiv Check List (Gough, Heilbrun, Fioravanti,1992);

Cambiamento
Definizione: ricercare nuove esperienze e evitare la routine. Provare piacere nella varietà e nei cambiamenti. Essere curiosi e amare le avventure.

Questo bisogno di nuovo, guida molto spesso il nostro rapporto con l'abbigliamento. Il desiderio di migliorarci, di innovare, di lasciare ciò che abbiamo già sperimentato per nuove avventure, ci porta a desiderare di cambiare la nostra immagine e la nostra identità attraverso abiti e accessori.

Creatività
Definizione: Accettare il rischio di situazioni nuove, avere ampi interessi Essere attratti dalle innovazioni e reattivi agli stimoli estetici. Avere immaginazione e amare l'avventura.

L'attrazione verso le cose innovative e belle ci guida nella scelta del nostro stile personale. Ad esprimere l'individualità sono spesso gli abbinamenti innovativi, la capacità di trovare e mischiare i capi o il gusto per gli accessori particolari. Talvolta questa creatività porta a creare provocatoriamente una **anti-moda**, e a definire un nuovo stile imitato successivamente da un sottogruppo.

Le immagini di moda, le foto di pubblicità, le vetrine, funzionano un po' come le immagini del **Test di Appercezione Tematica** (Murray, 1992), che rileva e misura i bisogni attraverso i racconti stimolati da 20 tavole su situazioni di interazione sociale. Si chiede a chi osserva le immagini di raccontare una storia e in particolare cosa sta accadendo, cosa è successo prima e come andrà a finire. Il presupposto di base di questo test è che attraverso il racconto di una storia di cui non siamo protagonisti, proiettiamo "i nostri desideri, le nostre paure e tracce di esperienze passate" (ivi, p. 530), poiché, come sosteneva Freud, i motivi umani vengono espressi in maniera più chiara attraverso libere associazioni di pensiero. Quando guardiamo un abito in una vetrina, o il tacco di uno stivale, oppure ci concentriamo su un particolare come un orecchino, spesso costruiamo la nostra storia immaginaria, proiettando i desideri e le emozioni che contribuiranno poi a guidare il nostro comportamento di acquisto.

McClelland (1958) distingue tra motivi, tratti e schemi mentali: i **motivi** spiegano perché le persone si comportano in un determinato modo e sono formati da segnali associati (fin dalla nostra infanzia) a emozioni piacevoli. Perché ci sia un motivo deve esserci una discrepanza tra l'emozione attuale e quella attesa. I **tratti** mostrano, invece, come tendiamo ad adattarci alle situazioni ricorrenti; mentre lo **schema mentale** è formato da idee, valori e attitudini che la persona esprime nei confronti di sé e degli altri. Nelle sue ricerche ha applicato alcuni cambiamenti al metodo del TAT e si è concentrato, in particolare, sulla motivazione alla **riuscita** considerata un tratto fondamentale delle società occidentali. I tre temi di fondo che determinano il comportamento sono secondo questo autore: potere, affiliazione e successo.

La motivazione al **potere** nasce dal desiderio di evitare la dipendenza e di esercitare un forte impatto su gli altri, influenzando le persone e modificando le situazioni. Questa motivazione può assumere due diverse forme: un potere personalizzato basato sulla competizione con un avversario, e un potere socializzato esercitato per il bene degli altri, senza rivalità distruttiva. L'abbigliamento e gli accessori possono aiutare a soddisfare il bisogno di potere attraverso il lusso, l'esclusività, il prestigio e la particolarità e l'audacia, rendendo le persone uniche, notate, emulate. Questi oggetti moda servono a distinguersi dagli altri e a dimostrare a se stessi di appartenere ad una élite, ma anche ad esercitare una influenza sugli altri, a imporsi e a farsi imitare. L'abito può aiutare ad apparire superiori e irraggiungibili, ma anche ad essere persone ammirate, temute, considerate; gli accessori possono contribuire a definire il potere di ruolo.

La motivazione all'**affiliazione** nasce dal desiderio di evitare l'isolamento e, come abbiamo visto, porta a creare un'ampia rete di legami sociali e a prediligere persone amichevoli, cooperative e supportive. L'abito contribuisce a farci sentire uguali agli altri, ci rende riconoscibili come appartenenti ad un gruppo, e ci permette anche di individuare persone che mostrano di condividere il nostro stile e i nostri valori.

La motivazione al **successo** nasce dal desiderio di evitare il fallimento e raggiungere l'eccellenza. Porta ad impiegare energie per raggiungere le mete desiderate e per realizzare le proprie capacità e migliorare continuamente le proprie prestazioni, ricercando obiettivi qualitativamente elevati (al di là delle ricompense), e perseguendo compiti sfidanti. L'abbigliamento e gli accessori possono comunicare agli altri e a noi stessi che facciamo parte del "supergruppo" di chi ha raggiunto mete sociali prestigiose, e nello stesso tempo mostrare la nostra ricchezza, il ruolo professionale e lo status, attraverso le marche più significative per il nostro gruppo di riferimento e gli oggetti culto. Pensate a come svolgono bene questo compito alcune marche di orologi, di gioielli, di cartelle da lavoro, di penne o di borse.

In un'ottica più cognitivista, basata sull'importanza del pensiero e dell'elaborazione delle informazioni, la motivazione alla riuscita è stata interpretata anche in base alle **teorie dell'attribuzione**, che hanno messo in luce il diverso modo di interpretare la realtà sociale da parte di persone che appartengono a diversi gruppi. Rotter (1996) in particolare, con il suo concetto di *locus of control* propone una chiave di interpretazione delle cause che determinano i comportamenti di successo. Gli individui con un *locus of control* interno ritengono di influenzare con il proprio comportamento ciò che accade, sono inclini all'azione e proattivi e tendono a percepire ricompense e punizioni come dipendenti dal loro controllo. Le ricerche sui nuovi stili di consumo (cfr. Fabris, 2004) mostrano che i nuovi consumatori hanno comportamenti in sintonia con *il locus of control* interno: sono più critici e hanno maggiore discrezionalità di scelta, non subiscono più la dipendenza dalla marca, chiedono un rapporto interattivo, sono proattivi, desiderano essere coinvolti e sentono di avere un maggiore potere sulle aziende. Questo è un cliente che partecipa alle scelte, che crea la sua moda e vuole avere voce in capitolo. Le persone con *un locus of control* esterno si sentono, invece, in balia di forze che non possono influenzare (il destino, la fortuna, il potere, gli altri), sono inclini ad aspettare che le cose accadano senza il loro contributo e tendono a percepire i rinforzi come al di fuori dal loro controllo e dipendenti dagli altri o dal fato. Questa posizione sembra rappresentare gli stili di consumo del passato, caratterizzati dall'appartenenza di classe e dalla dipendenza.

Bandura (1995) considera la motivazione alla riuscita in termini di **progettualtità** e di realizzazione di sé, attraverso la autoregolazione del comportamento e sostiene che nel raggiungimento degli obiettivi, a parità di competenza, è la convinzione di riuscire che costituisce un vantaggio significativo. La sua teoria socialcognitiva pone le basi su:

- le proprietà costruttive della mente che agisce attivamente attraverso capacità di simbolizzazione, di apprendimento per imitazione, di autoriflessione;
- la natura proattiva delle persone;
- la capacità di autoregolazione;
- la percezione del senso di efficacia personale.

L'autoefficacia percepita si basa sull'aspettativa di una persona di riuscire con successo in un compito. Quanto più alta è la percezione di autoefficacia, tanto maggiore è l'aspettativa di successo e tanto più elevato è l'impegno speso per raggiungere l'obiettivo. Quanto più è alto il senso di autoefficacia tanto più cresce la motivazione e i risultati raggiunti. Le persone con basso senso di autoefficacia hanno basse aspirazioni, fuggono i compiti troppo impegnativi (avvertiti come minacce e fonte di stress) e non impiegano molte energie per il raggiungimento degli obiettivi. Questo tipo di clienti prediligono uno *shopping* pianificato, trovare con facilità ciò che cercano, avere supporto, trovare proposte di abbinamento e di *total look*. Chi ha un forte senso di autoefficacia predilige i compiti difficili che mettono alla prova e misurano le proprie abilità, si pone mete elevate, impegna molte energie nel perseguire gli obiettivi, è aperto alle innovazioni e alla creatività. Il senso di autoefficacia sostiene il comportamento di quei/quelle clienti che si sentono autonomi nella scelta del proprio stile, e prediligono i luoghi dove la libertà di scelta è garantita. Si sentono competenti nella scelta e stimolati, impiegano tempo e energia nella selezione e ne sentono la responsabilità. Sono pronti a cambiare moda, a sperimentare con audacia nuovi abbinamenti e nuove proposte e a creare uno stile personale: per loro lo *shopping* di moda è una passione costruttiva e rafforza il loro senso di autostima.

Per spiegare l'importanza dell'acquisto di moda come esperienza coinvolgente, possiamo utilizzare gli studi sulle esperienze ad alta densità emozionale (**esperienze *flow***) di Csikszentmihalyi (1975) nelle quali gli attori sono completamente concentrati sul benessere che deriva dalle azioni necessarie a svolgere il compito prescelto, e dimenticano il tempo e la realtà esterna, completamente focalizzati sulla ricompensa che raggiungeranno (insita all'interno dell'azione). Le esperienze flow si verificano quando:

- "l'azione si svolge in modo fluido e senza interruzioni, un passo segue automaticamente l'altro, come se l'evento scivolasse via guidato da una logica interna;
- le esigenze dell'azione e i segnali di ritorno sono esperiti così chiaramente e univocamente che si sa esattamente cosa è giusto fare in ogni momento e senza riflettere;
- l'individuo si sente completamente occupato e nonostante le difficoltà dei compiti è sicuro di tenere l'evento sotto controllo;

- la concentrazione nell'attività non richiede uno sforzo di volontà, ma viene da sé così come accade per il respiro; in tal senso scompaiono tutti i processi cognitivi che non sono immediatamente indirizzati a regolare lo svolgimento all'azione;
- l'esperienza temporale è fortemente distorta, l'individuo dimentica il tempo e non sa da quanto tempo è immerso nelle proprie attività, le ore volano via come minuti;
- si assiste ad una perdita di riflessività e consapevolezza di sé che comporta la scomparsa di ogni senso di separazione tra il sé e l'attività che si sta svolgendo, ci si sente completamente assorbiti e fusi con essa" (Cortese, 2006, pp. 40-41).

Pensate a come lo *shopping* di moda possa rappresentare una esperienza *flow*, nella quale:

- un passo segue automaticamente l'altro nell'esplorazione del negozio o del grande magazzino, e si è guidati dal bisogno di trovare oggetti adeguati a cambiare, valorizzarci, appartenere ad un gruppo o raggiungere il successo. Se nessun venditore maldestro si oppone alla nostra ricerca, l'esperienza scivola via fluida: guardiamo, proviamo, compriamo;
- sappiamo sempre cosa fare, senza doverci pensare troppo, a meno che chi ha progettato il negozio non sia stato così perverso da rendere i camerini o la cassa introvabili, o chi lo rifornisce disponga la merce senza logica;
- come la protagonista di *I love shopping* (2009) nonostante le difficoltà dei compiti (budget ristretti, desideri complessi o impossibili, commessi irritanti) ci sentiamo sicuri/sicure di tenere tutto sotto controllo e arrivare alla meta con l'oggetto del desiderio;
- la nostra mente è totalmente indirizzata a regolare lo svolgimento all'azione di ricerca e acquisto, e dimentichiamo tutti gli altri pensieri e il resto del mondo;
- il tempo vola via piacevolmente (sempre se non troviamo intoppi da parte dei venditori), e spesso solo all'uscita ci rendiamo conto di quanto tempo è passato;

- si è completamente identificati e fusi con gli oggetti che desideriamo tanto da inglobarli nella nostra identità, sentendoci migliori e più appagati per aver trovato un abito, un paio di scarpe, una borsa, una cintura. Ci identifichiamo con l'atmosfera che nel negozio ci racconta la marca e ci coinvolge.

Naturalmente l'esperienza *flow* è possibile all'interno dei negozi moda solo se il personale di vendita collabora nel creare una positiva esperienza di acquisto. Spesso il punto debole della catena della soddisfazione dei bisogni di moda è proprio qui. I consumatori sviluppano bisogni basati sulla comunicazione sociale e cercano di soddisfarli attraverso l'acquisto di prodotti moda; le aziende producono splendidi abiti e accessori e ne comunicano il valore e il significato; ma poi, nel negozio (luogo nel quale dovrebbe avvenire l'incontro tra il desiderio e il prodotto), spesso l'incanto finisce. Là dove i bisogni dovrebbero trovare soddisfazione e i sogni realizzarsi, alcuni venditori e progettisti di ambienti, sembrano essersi impegnati nel perverso compito di rendere l'esperienza di acquisto un momento frustrante. Anziché di "esperienza *flow*" (fluida e scorrevole) in questi casi dovremo piuttosto parlare di "esperienza *crooked*" (contorta e tortuosa)!

La rete dei desideri e delle motivazioni dei clienti è vasta: gli obiettivi da perseguire cambiano, così come cambia ciò che li rende attraenti in relazioni a dinamiche individuali e soprattutto sociali. I cambiamenti della moda si adattano flessibilmente a queste evoluzioni, così come l'esistenza di tante mode si presta al cambiamento sia degli obiettivi individuali che sociali. Le differenze sono sia tra gli individui, che nell'individuo, e sono da mettere in relazione sia alle diverse fasi della vita che ai periodi sociali diversi. Spiegare il comportamento in relazione alla moda, e la funzione della moda, in termini di motivazioni, ci aiuta a capire le sue evoluzioni nel tempo e il suo andamento altalenante tra l'individuo e la società. Capire le mete ci aiuta ad avere più chiaro il percorso che le persone compiono, ma ci resta ancora da scoprire cosa ne influenza la definizione. Ad esercitare influenza sono solo dinamiche individuali, o sono piuttosto dinamiche sociali?

2. 3 Psicologia della vita quotidiana con la moda: quando le motivazioni portano problemi

Successo
Una delle motivazioni principali nella società post moderna è il **successo**, e l'abbigliamento rappresenta uno strumento immediato per comunicarlo. Questa motivazione guida molte persone verso alti standard e rappresenta una forte spinta all'eccellenza. Ma c'è anche una faccia meno luminosa della medaglia: quando questa energia che orienta il comportamento diventa un'ossessione, un diktat soverchiante. Quando tutta l'attenzione si rivolge alla sola parvenza dell'immagine esteriore, nel tentativo di soddisfare i desideri di essere al centro della scena, e apparire come persone vincenti, ricche di successo, di potere seduttivo, di fascino. Per confermare agli altri e a sé stessi che si sono raggiunte queste mete, naturalmente c'è bisogno di abiti e accessori adeguati.

Tutta questa affannosa ricerca di dimostrare il successo e mostrarsi migliori, può far emergere **tratti narcisistici** di personalità, e far scegliere capi e accessori, non perché piacciono, ma perché sono simboli di successo e potere e quindi di appartenenza ad un gruppo vincente.

"L'identità del narcisista è basata sull'immagine esteriore, la sua libido è indirizzata verso sé stesso anziché verso il mondo esterno, e c'è una notevole discrepanza tra *Sé* e immagine di sé. Il motivo di ciò è che l'immagine viene costruita artificialmente per coprire la realtà del *Sé*, il corpo e le vere emozioni, mostrando un successo e una affermazione spesso molto lontani dalla realtà" (Pizza, 2021a, p. 41).

Molti autori sostengono che si è passati da una **cultura edipica**, caratterizzata dal senso di responsabilità e dalla posticipazione del piacere rispetto al dovere, ad una **cultura narcisistica**, o post-narcisista, dove il raggiungimento del successo sembra la chiave della felicità, e l'esclusione dal successo è vissuta come esclusione sociale e marchio infamante. Per essere amati e accettati sembra che sia necessario essere competitivi: i primi, i più griffati, i più di tendenza, i più belli, i più tonici, i più arrivati. E naturalmente è necessario comunicarlo con marchi *cult* per il proprio gruppo di appartenenza, o con il lusso degli oggetti.

Il bisogno ossessivo di mostrare il successo e di esibirlo attraverso l'immagine porta ad una ipertrofia dell'*Io*, che non lascia molto spazio al *Sé* e alle emozioni.

Uno degli archetipi che caratterizzano questa cultura è quello "dell'Eroe, personaggio vincente e di successo, famoso e forte. Basta pensare a quanto piacciono i personaggi famosi, gli influencer o i reali e a quanto spesso vengano scelti come modello di identificazione" (Pizza 2021a p. 53), poiché simboleggiano virtù idealizzate a cui però, è molto difficile uniformarsi.

Questo **mito dell'eroe** è il risultato di una società competitiva e rende molto difficile accettare il proprio corpo e la propria identità. Credo che invece di cercare un eroe fuori, sarebbe preferibile cercarlo dentro di sé, prendendo decisioni in sintonia con i propri bisogni, i propri sentimenti, la propria autenticità.

Mentre il desiderio di valorizzarsi migliorando la propria immagine "è la chiave di benessere, (...) la paura di non piacere o la costruzione di una immagine grandiosa e falsa portano a malessere, disagio e stress" (Pizza, 2020a).

Ma cosa accade quando questo desiderio di valorizzarsi diventa controllo ossessivo del corpo per adeguarsi ad una idea di bellezza? Quando le persone negano il proprio corpo? Quando il corpo diventa un oggetto da esibire?

Il bisogno di essere guardati

In questa società, che il sociologo Brian McNair definisce "**pornografizzata**", si mettono in mostra esperienze intime. Il privato diventa pubblico in un mostrarsi continuo in ogni piccolo momento della vita. Si finisce per esistere solo se si è guardati, come in una passerella continua.

"Lacan fa notare che al cuore dell'essere umano sta un impulso esibizionistico: per poter vedere noi stessi dobbiamo essere visti" (Lemma, 2011, p 37). Anche la sessualità si fa sempre più visiva, ed evita l'intimità dei corpi.

Si può attrarre lo sguardo con la particolarità dell'abbigliamento, della pettinatura, dei monili, delle scarpe o dei tatuaggi (soprattutto quando rivestono tutto il corpo). Alessandra Lemma, parla dei tatuaggi estesi come fantasia di autocreazione (poiché il corpo che ci è stato dato non è vissuto come abbastanza buono), con la duplice funzione di rivelazione e occultamento. I tatuaggi distraggono e controllano lo sguardo dell'altro, nascondendo ciò che si pensa brutto (dentro e fuori di sé) e che provoca vergogna. Servono anche a rivelare "il *Sé* come diverso da un *Altro* (interno o esterno)" (Ivi, 2011, p. 195) che è percepito come inaccettabile e da cui si desidera prendere le distanze.

Naturalmente l'altra faccia di questo bisogno di essere guardati è la paura di non essere adeguati e di venire giudicati brutti e non desiderabili. Una paura che porta a cercare affannosamente una immagine perfetta per poter mostrare agli altri di essere speciali: "quegli individui che non riescono a ritrovarsi nello sguardo dell'altro hanno bisogno di controllare compulsivamente il loro aspetto così da rendersi intelligibili" (Ivi, 2011, p. 96).

Ordine e controllo

Uno dei bisogni che vedo spesso emergere nel rapporto con la moda è quello che Arie Kruglanski definisce bisogno di chiusura cognitiva. È un desiderio di trovare risposte facili nei confronti del variegato mondo della moda e dello stile e di rifugiarsi in regole semplici, in "si può" e "non si può" e in credenze e stereotipi. Invece di cogliere la complessità che è sempre insita nella moda (stile, estetica, valorizzazione del corpo, valorizzazione dell'identità, espressione della personalità, raggiungimento degli obiettivi) si cerca di semplificare e ridurre le informazioni, creando una conoscenza veloce e solo apparentemente sicura. La **chiusura cognitiva** "può essere un'inclinazione personale stabile (bisogno di ordine e prevedibilità, poca tolleranza dell'ambiguità, apertura mentale media) o dipendere invece dalla situazione (poco tempo, stanchezza, troppe informazioni). (...) C'è chi tenta di fermare la complessità del sapere (vissuta come ansiogena) con l'informazione che più garantisce la semplicità del giudizio" (ad esempio questo colore va bene, questo non va bene, questo capo è adatto o non adatto alla tua età), "diventando impermeabili verso informazioni e punti di vista diversi. È chiaro che in questo modo, le regole o le credenze creano conclusioni rigide e incrollabili, pur essendo sbagliate" (Pizza, Viero, 2023b, pp. 65-66). Così la moda perde valore e diventa solo uno strumento del *Super Io*, dove tutto è controllato e misurato e nelle mani di chi detiene la conoscenza delle regole. Credo, invece, che una moda positiva debba essere centrata sulle persone con la loro unicità e non sulle regole. Sui desideri e non sulle imposizioni. Sul piacere e non sul dovere.

3. L'ABBIGLIAMENTO COME IDENTITÀ

Col tono giusto si può dire tutto, col tono sbagliato nulla:
l'unica difficoltà consiste nel trovare il tono.
George Bernard Shaw

La chiave dello stile è nell'imparare chi sei, e per farlo ci
vogliono anni. Non esiste una mappa della strada per
ricercare il proprio stile. È un'espressione di sé stessi e, più
di ogni altra cosa, è un atteggiamento.
Iris Apfel

3.1 L'identità personale e l'identità sociale

Come arriviamo a conoscerci? Come può contribuire un abito o un accessorio a definire la nostra identità? Come può migliorare l'immagine che abbiamo di noi stessi e aiutarci a mostrare agli altri che tipo di persona siamo?

Ognuno di noi investe del tempo per conoscersi: riflettiamo su noi stessi, ci riconosciamo attraverso categorie, ci attribuiamo etichette, ci identifichiamo con gruppi sociali e anche con luoghi e ambienti. In questo percorso di riflessione seguiamo varie strade: talvolta ci confrontiamo con i diversi ruoli sociali ricoperti, arrivando a creare una **identità personale**, talvolta ci confrontiamo con i gruppi sociali di appartenenza e la riflessione dà vita all'**identità sociale**, talvolta ci confrontiamo con gli ambienti frequentati, e in questo caso è **l'identità di luogo** a prevalere.

Partiamo dall'inizio, cioè da come conosciamo noi stessi, e seguiamo quattro percorsi:

- il concetto di sé: ciò che sappiamo di noi;
- l'autostima: ciò che proviamo per noi;
- gli effetti del *Sé*: le emozioni e il comportamento;

- la difesa del *Sé*: come affrontiamo le minacce al *Sé*.

I **concetti di sé** e di identità permettono di collegare l'individuo con la società. L'identità personale è costituita dagli elementi che rendono l'individuo unico, mentre l'identità sociale è costituita da quegli elementi che creano legami con il proprio gruppo. Le tematiche principali della conoscenza di sé sono: la **continuità** e la **coerenza**, la **unicità**, e l'**uniformità**. Il bisogno di **continuità** corrisponde al desiderio di mantenere il concetto di sé attraverso il tempo, nonostante le trasformazioni fisiche, psichiche e ambientali. A questa importante tematica è legato il bisogno di non invecchiare: mantenersi giovani sia mentalmente che fisicamente è diventato, infatti, un imperativo dei nostri tempi e la moda può esserci di aiuto per mantenere un'immagine di noi scattante, tonica e fresca, indipendentemente dall'età. Pensate a come un jeans possa far sentire più giovani, o a come la moda informale renda liberi dai vincoli e faccia pensare ad uno stile di vita sportivo, a come si diffondono sempre più i cosmetici per "*over 60*", creme per il viso e per il corpo e maschere che promettono di far ritrovare vigore e compattezza, a quanto siano usate da uomini e donne le tinture per capelli, alla diffusione di Centri benessere e Spa (*Salus per Aquam*) che attraverso massaggi, bagni termali e fanghi migliorano il corpo e rilassano la mente, togliendo il peso degli anni!

I JEANS DI MIRANDA

Nella stagione 6 di *Sex and the City* (2004), nell'episodio "Il Post-it si attacca sempre due volte", Miranda apre l'armadio e mentre parla al telefono con Carrie che le propone di andare all'inaugurazione di un nuovo locale, fa scorrere velocemente lo sguardo tra gli abiti appesi nell'armadio e poi sconsolata osserva: "Non ho niente di interessante da mettermi ad una festa del genere, solo vestiti sporchi di pappa". Ma ecco che lo sguardo si posa su in paio di vecchi jeans che non indossava da quando da giovane era stata particolarmente magra a causa della mononucleosi. Adesso, essendo una madre single che lavora, ha poco tempo per mangiare e... miracolo (!) i vecchi jeans le entrano ancora! Improvvisamente, con quel capo indosso, non

> si sente più inadeguata per andare ad una festa, ma anzi, si sente sensuale come quando era giovane, e nonostante sia una avvocatessa seria, responsabile e ligia al dovere (al limite della rigidità), alla festa si comporta in modo trasgressivo, come se fosse ancora una studentessa, senza un figlio e senza responsabilità, e cammina ancheggiando come avesse venti anni!

Al bisogno della continuità è legata anche la **coerenza**. Poiché ognuno di noi si conosce mentre è in azione in varie situazioni, in vari ruoli e in vari contesti sociali, abbiamo bisogno di costruire un quadro di noi che sia coerente e stabile.

Il bisogno di **unicità** consiste nel desiderio di essere unici e diversi dagli altri, di differenziarsi, di essere percepiti come speciali e particolari, di non disperdersi nella massa, ma bensì distinguersi. Anche per declinare questo importante tema della conoscenza di sé e dell'identità, l'abbigliamento e gli accessori sono importanti: ci permettono attraverso l'esclusività di un capo, il contenuto creativo, l'originalità di un abbinamento, l'audacia di un taglio o di un colore, la particolarità di un accessorio o il suo contenuto provocatorio, di sentirci persone diverse e migliori.

Il bisogno di **uniformarsi**, di essere simili agli altri, protetti dall'appartenenza ad un gruppo, e riconosciuti come membri, porta a scegliere gli abiti come segni visibili di appartenenza. Se cerchiamo un punto di contatto tra le problematiche di continuità, coerenza, unicità e uniformità, possiamo partire dai concetti classici di James e Mead e arrivare fino alla più recente teoria di Tajfel, per capire meglio il rapporto tra moda e identità.

James (1909) individua tre componenti dinamiche del *Sé*:

- il *Me materiale*: che deriva dalla consapevolezza di avere un corpo e degli oggetti (abiti, accessori, casa, macchina ecc.);
- il *Me sociale*: costituito dalle immagini che l'individuo presume che gli altri abbiano di lui/lei e dalle norme e i valori sociali, nonché dai riconoscimenti ottenuti dagli altri;
- il *Me spirituale*: le attitudini personali.

La componente del *Me materiale* riveste particolare importanza per capire il significato degli oggetti di moda: poiché gli oggetti che possediamo fanno parte della nostra identità, il loro valore rappresenta qualcosa di molto più ampio rispetto al prezzo, alla qualità stilistica, o al marchio. Per questo motivo l'aggressione agli oggetti che fanno parte della nostra identità risulta altrettanto dolorosa di un attacco alla nostra persona.

LE SCARPE DI ROSE

In Her Shoes (2005), il film tratto dal bestseller di Jennifer Weiner, *A letto con Maggie*, Rose Feller, brillante avvocato, seria e pragmatica, ha una sorella Maggie, con la quale non condivide niente, se non il numero di scarpa. Quando la sorella trasgressiva e prorompente piomba nel suo appartamento, non sapendo dove altro andare, sconvolge completamente la ordinata vita di Rose e soprattutto il suo ordinato guardaroba! Temendo una incursione nel suo armadio, Rose prima prega Maggie di non prendere niente, poi attacca post-it con messaggi del tipo "non toccare niente" "sul serio!" "Specialmente queste!" ovunque si trovino oggetti per lei importanti come parte dell'identità (*Me materiale*), soprattutto le sue amate scarpe! Nonostante tutti i moniti, Maggie non è proprio il tipo da rispettare le regole e così prova molte scarpe e le indossa anche regolarmente per andare in giro a cercare un lavoro. Così l'identità di Rose viene profanata attraverso l'aggressione agli oggetti per lei importanti e non altrettanto importanti per la sorella che versa latte e gelato al cioccolato su uno splendido paio di Manolo Blahnik mentre fa uno spuntino davanti al frigorifero, e spezza un tacco a un paio di Jimmy Choo. Quando Rose si metterà le scarpe e scoprirà che il tacco rotto è stato rincollato con una gomma da masticare, l'aggressione ai suoi oggetti, le farà vivere una vera e propria aggressione al *Sé*. Così la vediamo arrivare zoppicando ad una festa di matrimonio, umiliata e affranta tanto da farle scegliere l'isolamento di una stanza appartata, dove siederà a disagio con la postura del perdente, come se fosse nuda e privata della identità.

Vesto, quindi sono: gli oggetti che desideriamo e possediamo, i beni materiali, gli abiti, le scarpe, le borse, i monili, contribuiscono alla valorizzazione del *Sé* e ne costituiscono una sorta di estensione. Senza di loro ci sentiamo a disagio, come se ci mancasse qualcosa.

"È chiaro che tra ciò che l'uomo chiama *Me* e ciò che chiama semplicemente mio, la linea di separazione è difficile da tracciare... Nel senso più alto possibile... il *Me* rappresenta la somma totale di tutto ciò che l'uomo chiama suo: non solamente il suo corpo e le sue facoltà psichiche, ma anche i suoi vestiti e la sua casa, sua moglie e i suoi figli, i suoi ascendenti e i suoi amici, la sua reputazione e il suo lavoro, la sua terra, i suoi cavalli, il suo yacht e il suo conto in banca. Tutte queste cose gli danno le stesse emozioni. Se crescono e prosperano si sente trionfante, se si riducono o finiscono si sente abbattuto: non necessariamente nella stessa misura per ciascuna cosa, ma più o meno alla stessa maniera per tutte" (James, 1909, p. 224).

DIRITTO ALLE SCARPE

In *Sex and the City* (2004) nell'episodio "Diritto alle scarpe", Carrie si reca ad una festa in casa di amici per la nascita di un bambino. Con grande disagio rispetta la regola della casa "niente scarpe, portano microbi" e si toglie, lasciandole all'ingresso mescolate con le scarpe degli altri, un paio di Manolo dal tacco vertiginoso, commentando "se avessi saputo che dovevo togliermi le scarpe almeno avrei compensato l'altezza con un cappello". Il disagio è già tangibile per il solo fatto di essersi separata da un oggetto importante per la sua identità (un tacco alto può contribuire a far sentire non solo più alti, ma anche più sexy e più sicuri) e diventa poi vera e propria umiliazione, quando deve andare via con indosso un paio di scarpe da ginnastica della padrona di casa, perché le sue sono state rubate! Il pensiero delle scarpe rubate riempirà la sua mente per diversi giorni e le farà fare vari e fantasiosi tentativi per rientrarne in possesso. Mentre per i suoi ospiti sono solo un paio di scarpe, per Carrie sono molto di più: sono le sue Manolo, una parte della sua identità dalla quale separarsi è molto doloroso.

LE BORSE TAROCCATE

Nella stagione 3 di *Sex and the City* (2004), nell'episodio "L'apparenza conta" durante un viaggio a Los Angeles delle quattro amiche, Samantha scopre in un quartiere secondario un venditore di borse contraffatte e ci porta Carrie, che quando vede le meravigliose borse Gucci, Dior, Chanel buttate in un portabagagli, avvolte nel *cellophane*, sente che il desiderio di possederle crolla immediatamente. Quelle borse, in quel contesto, non rappresentano più il sogno di sentirsi vincente e speciale, unica e particolare, di dare una immagine coerente di donna elegante e alla moda, ma fanno emergere, al contrario, la paura di apparire una persona di serie B, che non può permettersi gli originali, che non apprezza il valore delle cose, che mette a rischio il proprio *glamour*. Anziché avvicinare, allontanano: e così Carrie corre velocemente via dall'irritato venditore, come se le borse contraffatte potessero banalizzare e contraffare anche la sua identità, togliendole coerenza.

La moda è determinante anche per la dinamica del *Me sociale*: l'immagine che presumiamo che gli altri abbiano di noi, e il tentativo di confermarla o cambiarla, influenzano, infatti, la scelta di abiti e accessori. Non è tanto importante l'oggetto moda in sé, quanto quello che rappresenta per noi e per gli altri, il valore simbolico che gli attribuiamo e quello che riteniamo gli assegnino gli altri.

Coley (1902), parla del *Sé* come **specchio**, sottolineando la natura sociale dell'identità. Secondo questo autore l'origine della conoscenza di sé sono le relazioni con gli altri: osservando il nostro riflesso negli altri, ciò che gli altri mostrano di pensare di noi, conosciamo noi stessi. In questo caso la nostra identità è costituita dal riflesso di noi negli occhi degli altri. Quando ci guardiamo allo specchio, con indosso un abito, è come se dietro quello specchio ci fossero gli occhi degli altri, le reazioni che gli altri hanno avuto in passato nei nostri confronti, quelle che pensiamo potrebbero avere oggi, e quelle che auspichiamo per il futuro.

Anche Mead (1972) centra l'attenzione sui rapporti tra individuo e società in termini di reciproca influenza: gli atteggiamenti degli individui influenzano la società e gli individui sono influenzati dagli atteggiamenti dei gruppi ai quali appartengono. La diffusione della moda può trovare una spiegazione in questa dinamica che va dall'individuo al gruppo e dal gruppo all'individuo. Il *Sé* per Mead ha una origine sociale ed è frutto del dialogo tra l'*Io*, la parte creativa e ideativa del *Sé* che ci permette di modificare le situazioni, e il *Me*, le aspettative che pensiamo gli altri abbiano su di noi. Gli altri vengono in questo modo "interiorizzati": assumiamo ruoli e atteggiamenti degli altri, le abitudini di gruppo, gli stili di vita, le regole, le norme sociali, gli stili di abbigliamento, tutto ciò che caratterizza in modo visibile il gruppo al quale sappiamo di appartenere o al quale desideriamo appartenere. È pertanto l'*Io creativo* che ci permette di utilizzare abiti e accessori per modificare le situazioni e adeguarci a quelle che pensiamo siano le aspettative degli altri, che ci permette di creare la nostra immagine plasmandola tra continuità e unicità. Se ci prepariamo, ad esempio, a partecipare ad una riunione, dalla quale speriamo di uscire con l'affidamento di un nuovo compito di lavoro, il nostro *Io creativo* ci porterà a scegliere nell'armadio, o in giro per negozi, ciò che ci serve per apparire più professionali e vincenti e migliorare la nostra immagine di persona competente. Non sceglieremo certo l'abito che ci fa sentire più comodi e che ci riveste come un bozzolo protettivo, né quello romantico della nonna, lasceremo nell'armadio ballerine e scarpe da ginnastica e tenderemo probabilmente ad una immagine più aggressiva e adeguata a quelle che pensiamo siano le attese sociali su come deve essere una manager grintosa e sicura. Le nostre preferenze andranno probabilmente verso una giacca o un tailleur dalle linee definite, preferiremo scarpe a tacco alto, e una borsa di tendenza.

INTELLETTUALE O GHEISA?

In *L'amore ha due facce* (1996), il film diretto e interpretato da Barbra Streisand, Rose Morgan è una insegnante di letteratura che ha molto successo con gli studenti, e Gregory Larkins è un insegnante di matematica innamorato dei numeri, che insegna nella stessa università di Rose. I due hanno poco in comune, lui è in preda a passioni che non riesce a gestire, lei vive una vita senza passioni, ma finiranno per incontrarsi e poi sposarsi, a causa di un annuncio sulla rubrica cuori solitari. L'immagine di sé che Rose cerca di dare agli altri è quella di una intellettuale assolutamente indifferente all'aspetto fisico e priva di vanità. Il rapporto con il suo corpo è un po' impacciato e così lo riveste con improbabili pantaloni, simili a una tuta da giardinaggio con tanto di bretelle e pettorina, e si nasconde dietro enormi occhiali fuori moda. Si fa un vanto di non usare trucco. Si sente brutta, ma ritiene che l'aspetto fisico non sia importante per la sua identità di professore universitario. Quando si innamora di Gregory e lo sposa, comincia a desiderare di far emergere un diverso *Sé*, più femminile e seduttivo, che lui mostra tenacemente di non vedere. Pensando che eliminando il sesso si possano meglio coltivare le relazioni, Gregory mantiene con Rose un rapporto puramente intellettuale e fugge da ogni sua richiesta di intimità. Rose è molto delusa e soffre profondamente, ma poi, approfittando del semestre estivo e di un ciclo di conferenze all'estero di lui, decide di passare all'attacco e cambia immagine. Tutto quello che fino ad adesso le era sembrato superficiale e mondano, adesso le sembra desiderabile: fa ginnastica, va dall'estetista, compra cosmetici e sceglie trucchi, si tinge i capelli, cambia taglio e pettinatura, sceglie abiti aderenti e scarpe con il tacco alto. Alla ripresa delle lezioni gli studenti si accorgono del cambiamento, e lo apprezzano pur continuano anche a vedere le sue qualità di ottima insegnante. Rose si sente più forte e sicura: al suo *Sé* lavorativo è riuscita ad unire un *Sé* femminile e seduttivo: è sia una brava e intelligente insegnante che una donna desiderabile. Quando Gregory torna però, rimane sconvolto, e si sente quasi tradito dal trovare una persona nuova, con una nuova immagine e una nuova identità: adesso è lui a dovere fare i conti con la propria identità!

Neisser (1988) ci aiuta ad individuare le forme di conoscenza di sé che corrispondono alle diverse informazioni che possediamo di noi in varie situazioni sociali:

- il *Sé ecologico* è il *Sé* percepito in rapporto ad un ambiente fisico ad esempio un negozio di moda, o un ambiente di lavoro. Frequentare un ambiente di lavoro ci fa sentire, ad esempio, appartenenti ad un gruppo professionale con una specifica competenza, frequentare un determinato negozio di moda appartenenti ad un gruppo sociale di cui sentiamo di condividere le caratteristiche e i valori;

- il *Sé interpersonale* deriva dall'interazione con gli altri. Osservare gli altri e il loro abbigliamento ci aiuta ad acquisire informazioni per capire se siamo adeguati ad un contesto, o cosa possiamo fare per essere in sintonia;
- il *Sé esteso* è influenzato dai ricordi del passato e da anticipazioni del futuro. Le esperienze che abbiamo fatto, le emozioni che abbiamo vissuto rispetto all'abbigliamento, quegli episodi che fanno parte della nostra biografia e che talvolta raccontiamo come storielle di vita, continuano ad influenzare la conoscenza di noi e concorre alla nostra identità. Ma anche i sogni ad occhi aperti fanno parte di noi: quelli nei quali anticipiamo, costruendo una sorta di teatro immaginario, la soddisfazione dei desideri. Ci vediamo come persone forti e determinate con un abito indosso, che camminano vincenti e sensuali calzando un paio di scarpe, o ammalianti sfoggiando un gioiello;
- il *Sé privato* è costituito dalle esperienze personali. Le esperienze di successo o di insuccesso che abbiamo vissuto sono sempre collegate nella nostra mente con ciò che avevamo indosso e con ciò che abbiamo visto indosso agli altri;
- il **Sé concettuale** è formato dalla conoscenza di sé e mette insieme come in un *puzzle* tutte le informazioni raccolte.

QUANDO LE DONNE SI VESTONO
C'è un libro che fa molto pensare al rapporto della moda con i vari *Sé* definiti da Neisser: è una "antologia sui vestiti" composta da 33 racconti di scrittrici che partono da un capo di abbigliamento. "Basta infatti un solo capo di abbigliamento – si legge in quarta di copertina – per destare memorie, identità negate e ritrovate, sentimenti di amore e di rabbia, stagioni dell'esistenza." Sciarpe, scarpe, borse, guèpiere, pigiami, spille, vestaglie, cappotti, cappelli, reggiseni, giacche, camicie, sono i

> punti di partenze di ricordi e esperienze che costruiscono o riflettono l'identità di 33 donne che appartengono a culture diverse. I capi di abbigliamento diventano riti e racconti che parlano della propria identità e dei diversi modi di conoscersi e farsi conoscere. "Non servono semplicemente ad avvolgere il corpo, hanno a che fare con la memoria, l'identità, la storia, i riti, la cultura, la razza, la sessualità, la sensualità. Parlano della nostra particolare esperienza di collegare il regno delle esperienze soggettive al mondo oggettivo. (...) Shields e Franklin descrivono indumenti che per loro sono stati una sorta di rito di passaggio all'età adulta; Kennedy e Hooks esplorano i legami tra vestiti e sessualità; Smith e Dreher guardano al significato politico di ciò che indossiamo, Buffong e Kak discutono le risonanze culturali degli abiti; Dunne e Stuart dimostrano che i vestiti sono in rapporto con la storia; e Atwood, Galloway e Carol Oates rivelano il modo in cui nei vestiti possono riflettersi le intricate relazioni madre-figlia. Dai sandali d'argento alle calze a righe, dal crimplene viola al voluttuoso cachemire, questi racconti testimoniano l'affascinante varietà delle esperienze femminili e il ricco tessuto delle nostre vite" (Dunseath, 2001, pp. 7-8).

Un tema interessante della conoscenza di sé è anche il concetto **di ruolo.** I diversi ruoli che occupiamo nella società (figlio/genitore/lavoratore/ ecc.) strutturano delle vere e proprie identità. Possiamo definire il ruolo come il comportamento ritenuto adeguato ad una persona che riveste una posizione formale o informale in un gruppo: "il ruolo è la forma operativa che l'individuo assume nel particolare momento in cui reagisce a particolari situazioni in cui sono coinvolte altre persone e oggetti" (Moreno, 1985, p. 38).

L'identità di ruolo tende a prescrivere determinate norme e comportamenti e suggerisce cosa pensare e come comportarsi in specifiche situazioni connesse alla funzione, creando nello stesso tempo delle aspettative da parte degli altri. Quindi quando sentiamo di interpretare un ruolo sociale (la parola deriva dal latino *rotulus*, il manoscritto arrotolato che conteneva la parte dell'attore) siamo fortemente influenzati dalle aspettative degli altri. Si ricopre ad esempio il ruolo di madre, e mentre si interpreta la parte, personalizzandola, si è influenzati dalle norme sociali che definiscono come deve comportarsi una madre, e come si deve vestire per essere riconosciuta come tale e apparire una buona madre, anziché una cattiva madre. Nello stesso modo quando si ricopre un ruolo lavorativo ci si adegua alle norme sull'abbigliamento ritenute pertinenti a comunicare il ruolo. Un esempio tra tanti è quello del tailleur che ha il potere di comunicare sicurezza, efficienza, indipendenza, determinazione, ed è considerato come la divisa delle donne manager.

IL POTERE DEL TAILLEUR

"Quando una donna indossa un tailleur, opera, nonostante la diffusione del capo, una piccola, subliminale rottura dell'ordine dato: è comunque una femmina che si veste da maschio. Cos'altro è il tailleur se non una declinazione dell'abito a giacca maschile, come ben dicono gli accessori tipo cravatta e gilet che spesso gli si abbinano. Indossando il tailleur quindi la donna ci dice con il linguaggio dei simboli, che è portatrice di una femminilità diversa, più dura, e che proprio come l'uomo non ha incertezze: sa bene quello che vuole e come e quando prenderselo. (...) Il tailleur simboleggia infatti efficienza, spregiudicatezza, spirito di indipendenza, e la donna in tailleur è dunque una che dovrebbe saperci fare. In tutti i sensi" (Cappelli, 2008, p. 1). "Nelle geometrie quasi sempre approssimate per eccesso del guardaroba femminile, un tailleur c'è sempre. Appeso verso il fondo vicino al *petit noir,* nel settore delle sicurezze. Dove si pescano ad occhi chiusi i capi da indossare quando l'immagine personale va schermata a favore dell'ufficialità. (...) Nella sua storia questo capo base irrinunciabile è stato una sfida per tutti i creatori di moda. Intrigati dal suo *cotè* androgino l'hanno declinato in mille versioni diverse: pantaloni al posto della gonna, spalle imbottite all'eccesso, gonne micro sotto giacche allungate o giacche bolero su gonne al polpaccio. Un continuo capovolgimento di proporzioni enfatizzato dall'uso di materiali all'avanguardia che smaltano di nuovo le forme di un classico. Perché il tailleur è sempre di moda" (Masucci, 2008, p. 4).

L'abito è talvolta una maschera che ci permette di interpretare al meglio il ruolo che abbiamo o quello che desideriamo ricoprire, e ci consente inoltre di adeguarci alle attese sociali.

INTELLETTUALE O GHEISA?
Rose Morgan, in *L'amore ha due facce* (1996) si adegua al ruolo di docente universitaria indossando la maschera dell'intellettuale che veste abiti informi, vistosamente fuori moda, che nascondano il suo corpo e mettono in luce il suo sapere, i suoi valori e il suo eloquio. Considera la moda come una espressione di superficialità, e quindi sceglie un abbigliamento volutamente non di moda e che sacrifica il corpo anziché valorizzarlo per comunicare la sua profondità e il suo ruolo di intellettuale. È come se pensasse che indossare abiti alla moda non la farebbe più riconoscere dagli altri nel ruolo dell'intellettuale bensì in quello della "seduttrice" leggera, vanesia e senza scrupoli morali (ruolo che per contrapposizione attribuisce alla madre). Quando, per la storia personale, arriverà a desiderare di interpretare anche altri ruoli, metterà anche lei la maschera della seduttrice indossando abiti aderenti e femminili e usando tutti "i trucchi di scena" necessari. Il problema è che, con la nuova maschera, il marito (il cui desiderio Rose voleva risvegliare) non la riconosce più nel ruolo di compagna. Per dirla con Moreno una bella drammatizzazione dei problemi di identità sessuale!

Un tema di riflessione interessante rispetto al ruolo è quello della dialettica tra l'**essere** e l'**apparire** agli altri. Jacob Moreno riteneva che il processo di ruolo fosse costituito non solo dall'adeguamento ad un modello rigido predeterminato, ma anche da una formazione spontanea e personale, attraverso la quale le persone creano e inventano i ruoli. In questo senso i ruoli rivestono caratteristiche sia personali che sociali, ma soprattutto sono il frutto di una drammatizzazione che porta a "fare la parte" e a recitare.

LA SFILATA DI MODA
Nella stagione 4 di *Sex and the City* (2004), nell'episodio "Scrittrice in passerella", Carrie viene invitata a fare la modella per Dolce e Gabbana in una sfilata di beneficenza alla quale parteciperanno, oltre a modelle professioniste, anche scrittrici e scrittori famosi. Pur amando gli abiti e le sfilate Carrie si sente fisicamente inadeguata al ruolo di modella e dubita molto prima di accettare. Alla prova le fanno provare un bellissimo abito da sera, ma al momento della sfilata decidono di far indossare quell'abito ad una vera modella, Heidi Klum, mentre a lei è destinato uno slip di pailletes con sopra una giacca. Praticamente deve sfilare mezza nuda e in più con un trucco pesante e con i capelli vistosamente acconciati. La sua identità di ruolo andrà in crisi: quell'abito non è assolutamente in sintonia con la funzione di scrittrice di una nota rubrica su un quotidiano molto diffuso. In più a metterla in crisi, oltre al pensiero di cosa penseranno gli altri quando uscirà in passerella e la vedranno in un ruolo insolito, è il confronto con gli altri, da una parte le modelle famose, dall'altra gli scrittori celebri che sfileranno con lei. Lo stress che deriva dalla minaccia alla propria identità, la farà cadere in passerella, ma alla fine si rialzerà e senza tacchi arriverà fino alla fine del suo compito.

Se il **concetto di sé** è determinato da ciò che pensiamo di noi stessi e da come valutiamo le nostre qualità personali, l'**autostima** è una valutazione di noi ed è determinata dai sentimenti che proviamo nei confronti di noi stessi. Naturalmente la tendenza a valutarci bene trova un facile alleato nella moda: avere indosso un bell'abito nuovo, un favoloso paio di sandali, una borsa che fa bella mostra di sé in tutte le patinate riviste di moda, un ciondolo che oscilla ad ogni nostro movimento, ci aiuta a sentirci migliori di ciò che siamo e a volerci più bene. Nello stesso modo acquistare moda, soprattutto se appartiene a quella ampia fascia denominata **lusso accessibile**, è un modo per gratificarci e volerci bene, rafforzando la nostra autostima. È come se ci dicessimo: te lo sei meritato! Tra i dati della ricerca condotta nel 2004 da AC Nielsen Sita (cfr. Mangiaterra, Montoneri, 2004) sugli atteggiamenti degli italiani rispetto alla moda, risultava che il 18% delle donne (e il 13% degli uomini) consideravano l'acquisto di abbigliamento anche di lusso, come "un modo per coccolarsi e volersi bene". Era l'inizio di una tendenza che si è andata sempre più affermando e che trova conferma anche in un periodo di crisi, nel quale si rinuncia a qualcosa (i consumi si riducono, o meglio si ottimizzano) rendendo ancora più importante il valore simbolico della gratificazione personale e del lusso percepito.

La valutazione di sé avviene sulla base dei successi e fallimenti quotidiani, dei confronti sociali e con i propri modelli interni (le guide del *Sé*). Per migliorare la valutazione di noi stessi tendiamo ad impegnarci in attività nelle quali pensiamo di avere successo, e lo *shopping*, talvolta, serve allo scopo. Mai provato il desiderio incontenibile di fare acquisti dopo una frustrazione? Sostituire un successo ad un fallimento è una attività benefica per la nostra autostima e trovare un paio di scarpe assolutamente adatte ad un abito che non sapevamo con cosa abbinare, o una giacca che rende finalmente perfetti un paio di pantaloni, costituisce una attività vivificante e benefica per la nostra autostima anche se non sempre per le nostre finanze!

L'autostima è influenzata da ciò che accade fuori di noi per effetto del confronto con gli altri, e da ciò che accade dentro di noi per effetto dei canoni ai quali cerchiamo di uniformarci, o guide del *Sé* (*Sé ideale Sé imperativom, Sé reale*). Il *Sé imperativo* è la persona che pensiamo di dovere essere, e ci aiuta nel campo degli obblighi e dei doveri, mentre il *Sé ideale* riguarda le aspirazioni e i desideri, rappresenta ciò che vorremmo essere, ed è frutto anche dell'osservazione delle persone per noi significative (*opinion leader*, modelli familiari, personaggi di successo). Una discrepanza tra *Sé ideale* e *Sé reale* (il concetto di *Sé*, il modo con cui conosciamo) provoca disagio, malessere e stress. Uno dei sistemi che abbiamo a disposizione per eliminare questa discrepanza è vestire l'identità dei nostri idoli. Così, ad esempio, molti *fans* per conoscersi e farsi conoscere come uguali ai personaggi che ammirano ne copiano l'abbigliamento, anche quando si tratta di abbigliamento di scena e in questo modo migliorano la loro autostima provando per sé stessi un po' dell'amore che provano per l'idolo.

La teoria della **discrepanza del** *Sé* (Higgins, 1987) sottolinea come più bassa è la differenza di percezione tra il *Sé ideale* e il *Sé conosciuto* come reale, più alto è il nostro benessere emotivo, più alta è la discrepanza più alto il malessere emotivo, la delusione, la frustrazione, la depressione. Se la discrepanza è tra *Sé ideale* e *Sé imperativo* il malessere si tramuta in senso di colpa, imbarazzo ansia. Se pensate che le persone eleganti e snelle abbiano successo, se avete come modello genitori eleganti e tonici e capi elegantissimi, troverete molto triste sentirvi lontani da quel modello a causa del vostro peso, e la vostra autostima subirà un calo. Ma se decidete di non accettare la discrepanza come un dato di fatto, e volete impegnarvi per raggiungere il *Sé ideale*, ecco che un buon taglio di capelli, un trucco sapiente, un abito estroso e particolare, degli orecchini strepitosi, un paio di sandali dal tacco vertiginoso (oltre naturalmente ad un buon programma di Pilates) vi aiuteranno a raggiungere l'obiettivo. Il costo reale? Niente in confronto al risultato in termini di autostima.

Odiate farvi fotografare? Strappate regolarmente le foto che vi ritraggono? Detestate i filmini improvvisati dove siete costretti a fare l'attore? Evitate con cura tutti gli specchi diversi da quello del vostro armadio? Potrete trovare una spiegazione al vostro comportamento nella **teoria della autoconsapevolezza** (Carver, Scheier, 1981) secondo la quale noi trascorriamo gran parte del nostro tempo concentrati sull'esterno, su pensieri rivolti fuori di noi, ma talvolta per effetto ad esempio di una foto o di una immagine nello specchio, siamo costretti a rivolgere la nostra attenzione sull'interno, su noi stessi e su come siamo. Quando questa attenzione verso di sé rende evidenti le discrepanze tra *Sé reale* e *Sé ideale*, le emozioni sono negative e il desiderio di eliminare la fonte della frustrazione è forte. Avete presente quando ci vediamo per caso riflessi in uno specchio e scopriamo che l'abito che indossiamo non ci sta per niente bene come credevamo, ma ci fa sembrare grassi e tozzi? Il problema è anche che non siamo abituati a vederci con gli occhi degli altri (rappresentati dalla foto o da uno specchio) e tendiamo a far prevalere una immagine di noi stessi privata e personale, una rappresentazione di sé che contiene anche elementi impliciti, non razionali, e che viene elaborata prevalentemente per se stessi. Così se per noi la foto che ci è stata scattata è orribile, perché ad esempio mostra con chiarezza un invecchiamento che non accettiamo, per un nostro amico, abituato a vedere gli effetti dell'invecchiamento sul nostro corpo, la stessa foto apparirà bella e veritiera.

Il modo di considerare se stessi, sia per quanto riguarda l'identità personale che per quella sociale, influenza le emozioni che proviamo rispetto agli oggetti moda. Le **emozioni** sono infatti provocate dalle valutazioni cognitive di oggetti e eventi che sono rilevanti per il *Sé*: così proveremo una emozione positiva per un abito che ci fa sentire appartenenti ad un gruppo, ed una negativa per uno che ci fa sentire fuori moda e inadeguati. Saranno queste emozioni a dirigere il nostro comportamento verso uno scopo, e ci porteranno ad esempio ad acquistare il capo che ci fa sentire bene e a relegare in soffitta quello che ci fa sentire a disagio. Possiamo parlare in questo caso di *Sé* **in azione**; scegliamo l'abbigliamento che comunica agli altri chi siamo, a quale gruppo apparteniamo e quali sono i nostri valori e le nostre capacità.

Nella **autoespressione** tendiamo a mostrare ciò che siamo: scegliamo comportamenti e azioni che esprimono il concetto di sé. L'abbigliamento rifletterà in questo caso le nostre idee e i nostri valori. Nella **autopresentazione** tendiamo invece a mostrare gli aspetti che pensiamo gli altri vogliano vedere (sono come tu mi vuoi) e scegliamo l'abbigliamento che pensiamo crei negli altri l'impressione più adeguata. Cerchiamo di acquisire tutte le informazioni necessarie a fare una buona impressione sia per essere accettati e approvati che per conquistare potere, ma mentre ci caliamo in una parte e la interpretiamo finiamo per influenzare sia gli altri che noi stessi, in un processo a catena. Così ci vestiamo per piacere ad un gruppo e per dare una immagine di noi, e finiamo per convincerci che siamo proprio così come appariamo e come gli altri ci vogliono. Indossiamo la maglietta di *Superwoman* o *Superman* per piacere agli altri e fornirgli l'immagine che pensiamo si aspettino, e nello stesso tempo ci convinciamo di essere proprio una persona *super*, senza un briciolo di debolezza!

LE VARIE IDENTITÀ DI MADONNA
Un caso interessante di presentazione di sé è quello della rock star Madonna, che nella sua carriera iniziata nel 1983 ha cambiato più volte identità passando da interpretare una *material* girl vestita di pizzi, con guanti traforati e ciondoli a chili, fino ad arrivare alla diva sofisticata con abiti fascianti, passando attraverso varie trasformazioni, sempre fedelmente copiate dai *fans* adoranti, con body, abiti in pelle e crocifissi vari.

Ci sono due personalità diverse che portano a due tipi di autopresentazione. Le personalità caratterizzate da **alto automonitoraggio** variano le loro presentazioni in base alle diverse situazioni e alle attese degli altri. Le personalità caratterizzate da **automonitoraggio basso** cercano coerenza tra i propri atteggiamenti, valori e comportamenti e non sono influenzati dal parere degli altri o dal mutare delle situazioni sociali.

"Tra gli aspetti che contribuiscono maggiormente all'autopresentazione vi sono l'abbigliamento, il modo di porsi e di parlare, la mimica facciale e la postura. Attraverso l'abbigliamento si comunicano ad esempio informazioni circa il proprio status sociale, il ruolo rivestito, le proprie preferenze ideologiche, l'accettazione o meno di certe regole sociali, il grado di definizione sessuale. Si tratta ovviamente di aspetti legati alle varie situazioni sociali e alle diverse epoche storiche: si pensi ad esempio che negli anni immediatamente successivi al 1968 gli abiti eleganti erano stati, in alcuni strati sociali, banditi. Tuttavia, almeno nella nostra società si riscontra per quanto concerne l'abbigliamento una gamma di variabilità molto spiccata tra le diverse persone. Così ognuno fornisce agli altri delle precise indicazioni su chi è, su come vuol essere trattato, determinando precise aspettative. Altri aspetti come la postura (eretta o accasciata) o la mimica facciale, pure essendo soggetti a cambiamenti nel corso della vita (si pensi ad esempio a come certi adolescenti caricano determinati atteggiamenti posturali, mimici, lessicali ecc.) possono determinare tratti permanenti dell'autopresentazione. Un classico esempio di ciò è costituito dalle rughe di espressione" (Castelli, Quadrio, Venini, 1994, p. 194).

L'identità ci serve quindi per guidare le nostre azioni ma anche per interpretare le reazioni degli altri, e costituisce un bene importante che merita di essere difeso: quando, infatti, ci sentiamo minacciati dagli eventi o dalle risposte negative degli altri, difendiamo tenacemente il nostro senso di identità con **strategie di reazione** che vanno dalla fuga, alla distrazione o alla minimizzazione. Acquistare abiti e accessori può costituire una strategia di distrazione dalla minaccia, ma anche un modo per minimizzarla dedicando la nostra attenzione ad aspetti positivi come le nostre passioni, i nostri interessi e gli ambienti nei quali ci sentiamo bene. L'abbigliamento ci aiuta anche a reagire con **azioni focalizzate sul problema**: cambiando il nostro abbigliamento e il nostro aspetto esteriore possiamo infatti cambiare la nostra autopresentazione e fornire sia a noi che agli altri una immagine diversa e più efficace.

INTELLETTUALE O GHEISA?

In *L'amore ha due facce* (1996), dopo il matrimonio con Gregory, Rose vive una discrepanza tra *Sé reale* (una intellettuale intelligente ma poco desiderabile), il *Sé ideale* (una donna intelligente bella e seduttiva) e il *Sé imperativo* (tutto testa, niente corpo). Il suo *Sé reale* nasce dal rifiuto e dall'opposizione con il ruolo della madre, bella, vanitosa, continuamente preoccupata della sua immagine, desiderosa di stare sempre al centro della scena, poco materna ed accogliente e apparentemente superficiale, tanto da andare al matrimonio della seconda figlia vestita in modo talmente appariscente (con un abito di paillettes azzurre ed un teatrale mantello viola) da rubare la scena ai protagonisti: "non sei il numero di apertura – le dirà la sposa – stai al tuo posto. Oggi è il mio giorno. Altrimenti per Natale manderò a tutti il tuo certificato di nascita!". Il confronto con il modello materno, che incarna l'eccesso di vanità, per Rose è inaccettabile e costituisce la fonte di innumerevoli conflitti. Per reazioni Rose punterà su un *Sé imperativo* molto sobrio, tutto cultura e niente vanità, ma gli eventi della vita porteranno a galla le sue emozioni: sentirsi inadeguata è una sofferenza. La totale mancanza di desiderio del marito, frustrerà la sua autostima e le farà desiderare di avvicinarsi al modello materno. La minaccia alla sua identità di donna le farà elaborare una strategia di reazione e cercare la complicità della madre esperta in estetica. Così passerà da una autoespressione di sé caratterizzata prima da un abbigliamento informe, essenziale e mascolino e poi da un abbigliamento seduttivo e morbido. E passerà anche da una autopresentazione dove mostrava gli aspetti intellettuali che pensava gli altri volessero vedere (sono come tu mi vuoi), a una autopresentazione dove l'abbigliamento e i comportamenti sono scelti in base al modello della seduttività e dell'attrattività, per creare negli altri l'impressione di essere una donna seducente che ha anche cervello e professionalità. Mettere insieme i diversi *Sé* le permette di fornire agli altri una buona impressione e di acquisire padronanza, per essere accettata e approvata e per conquistare potere sessuale sul marito. Rose passa anche da una personalità caratterizzata da automonitoraggio basso, dal cercare coerenza tra i propri atteggiamenti e valori e i propri comportamenti, senza essere influenzata dal parere degli altri (la sorella, la madre) o dal mutare delle situazioni sociali (il matrimonio), a un automonitoraggio alto nel quale la presentazione di sé varia in base alle diverse situazioni e alle attese degli altri, e contempla l'essere desiderabile, elegante, curata e nello stesso tempo professionale e competente.

3.2 L'armadio come specchio dell'identità

Avete mai pensato all'importanza che riveste l'armadio nel rapporto con noi stessi? Avete mai riflettuto su quanto tempo passiamo a riordinarlo, e sui sentimenti che proviamo quando ci guardiamo dentro?

L'armadio ha indubbiamente a che vedere con la nostra identità e contiene, ordina e protegge, le varie parti del nostro *Sé*. Noi conosciamo noi stessi in una ampia gamma di situazioni, di ruoli, di relazioni interpersonali, e più raccogliamo informazioni su di noi, più ci rendiamo conto di possedere una **molteplicità di** *Sé* che si esprime anche attraverso diversi stili di abbigliamento. I vari *Sé* sono il frutto dagli aspetti di noi che sviluppiamo nelle diverse situazioni di vita, nei diversi ruoli sociali che ricopriamo, nelle diverse relazioni interpersonali che intessiamo. Ma come facciamo a ricomporre questa complessità in un insieme coerente? Se consideriamo l'abbigliamento come un mezzo per dare espressione ai vari *Sé*, il guardaroba può darci un grande aiuto come contenitore e ordinatore. Possiamo dire che l'armadio ci permette di costruire un quadro di insieme e di salvaguardare la coerenza nella conoscenza di noi. Non importa avere un guardaroba come quello che Big fa costruire per Carrie in *Sex and the City The movie* (2008), qualsiasi armadio, piccolo o grande che sia, svolge la sua funzione di contenitore di identità.

L'ARMADIO DI CARMEN

"Tomas Rojas aveva disegnato per lei un guardaroba spazioso, a mano a mano che gli impegni sociali della moglie aumentavano. L'ho visto con i miei occhi, Georgina mi ci aveva portato. Da una parte c'erano appesi i vestiti eleganti, i tailleur, i tre pezzi e le gonne, talmente ben stirati e inamidati che se un uccellino ci fosse finito in mezzo sarebbe volato via terrorizzato. Di fronte, i vestiti etnici, come li chiamava il suo amico scrittore: caffettani marocchini, huipiles (le tuniche ricamate guatemalteche), sari indiani, kimono giapponesi. Al ritorno da un qualche impegno dove aveva dovuto indossare gli abiti che appartenevano alla prima sezione del guardaroba, si svestiva in fretta e furia e li sostituiva con quelli della seconda, mi aveva spiegato Georgina. Quando stava in casa non li teneva mai addosso, un cambio fugace, foulard, capi firmati, abiti interi, via la disciplina dell'eleganza, la libertà è lì, a portata di mano, nella seconda sezione del guardaroba. Il passaggio dall'una all'altra – dall'abito occidentale severo e articolato alla tunica morbida e vaporosa – la trasformava. La maschera... rapidamente il suo corpo selvaggio si costringe, si conforma e ora, oppressa, soffocata, si trasforma nella moglie del rettore. La partecipazione all'evento di quel giorno, come a quello di un altro giorno, di qualunque altro giorno, la fa sentire una volta di più inadeguata. Ha il sospetto che l'orlo della gonna sia troppo lungo o troppo corto, i tacchi delle scarpe siano troppo bassi o troppo alti, le giarrettiere le segnino la pelle, il tessuto non cada bene e non fluisca mai naturale come le onde dell'oceano, come una sorgente di acqua fresca. Mai, o sono i seni o i maledetti fianchi, qualcosa trattiene il tessuto facendo si che la donna che le sta accanto le sembri più adeguata, più elegante, più a posto, e la differenziazione, quanto temuta nell'infanzia, quanto benedetta nell'età adulta, alla fine gioca contro di lei" (Serrano, 2002, pp. 51-52).

Attraverso la strategia di separare i diversi stili di abbigliamento in parti diverse, l'armadio ci permette di rendere accessibile alla nostra mente l'aspetto del *Sé* che desideriamo far emergere. Aprendo un settore per volta possiamo rendere accessibile solo quella parte della nostra identità adeguata alla situazione per la quale ci stiamo preparando. In alcuni armadi c'è una parte destinata agli abiti da lavoro, una all'abbigliamento informale e sportivo, una agli abiti eleganti, da sera o per gli eventi. Andate a correre nel parco, a fare una passeggiata con il cane, al parco giochi con i bambini? La parte della propria identità adeguata al ruolo di sportiva/o, di amante degli animali, di genitore giocoso, sarà contenuta in quella parte dell'armadio riservata all'abbigliamento confortevole e informale, una parte di identità assolutamente inadeguata a contesti diversi, come quello della competizione lavorativa o sessuale.

Nel nostro armadio ci sarà sempre posto per i capi che mostrano la **coerenza** del nostro *Sé*, anche se non li indossiamo più, mentre verranno sistematicamente eliminati quelli che contengono tracce di **incoerenza** e ci ricordano momenti della nostra vita che preferiremmo cancellare. Quando la nostra identità cambia, troviamo intollerante mantenere i segni della vecchia identità nell'armadio e li eliminiamo senza pietà in un rito catartico che provoca senso di liberazione e benessere. Ma nello stesso tempo proviamo un certo piacere a mantenere un posto nell'armadio per quei capi che contengono parti della nostra storia che desideriamo ricordare: come l'abito indossato ad una festa nella quale ci siamo sentiti importanti, o i jeans che ci ricordano un particolare evento. L'armadio ci permette di focalizzarci su un **tratto chiave** delle nostre caratteristiche personali, contenendo abiti e accessori sia del presente che del passato. Così teniamo capi che pur non indossando più, ci ricordano ruoli, eventi e relazioni importanti per la nostra identità.

ABITI DA GETTARE

Nella stagione 6 di *Sex and the City* (2004), nell'episodio "Il post-it si attacca sempre due volte", Charlotte guarda il suo armadio per decidere cosa indossare all'inaugurazione di un nuovo locale di tendenza e si accorge che nel suo guardaroba tutto si intona al suo nuovo anello di fidanzamento (con lo stesso taglio di quello che Richard Burton ha regalato a Liz Taylor!) fuorché il suo vecchio abito da sposa. La presenza di quell'abito, testimonia il fallimento del suo precedente matrimonio con Trey Mc Dougall, ed è quindi incompatibile con la sua nuova identità di fidanzata di Harry Goldenblatt, perciò deve essere velocemente rimosso per salvaguardare la coerenza nella conoscenza di sé.

UN ARMADIO DA VUOTARE

Blanca, in seguito ad una serie di eventi personali e a una malattia che le rende difficile comunicare, decide di cambiare vita: chiude la casa in città e va a vivere in campagna. Della sua vecchia vita si porta dietro solo pochi oggetti coerenti con la sua nuova identità. Decide di destinare le varie parti della sua identità passata, contenute nell'armadio, e ormai incoerenti con il suo nuovo *Sé*, alle persone a cui vuole bene, come in una sorta di testamento. "Ho imballato tutto. Il modo più chiaro per dire: il dado è tratto. (...) Apro il mio enorme guardaroba. Mi distrae star lì a decidere a chi destinare ogni capo. Faccio tre mucchi: uno per Pia, uno per Sofia e uno per Victoria. Alle mie cognate non lascio niente. A Juana una cosa sola, ma consistente: l'orologio d'oro che ricevetti in dono per i quindici anni di matrimonio. (...) Tiro fuori tutte le mie collane, i bracciali, gli anelli e i gingilli vari: tutti per Victoria. Le staranno bene con quei suoi capelli neri. Mi tuffo nell'universo femminile che è il mio armadio. I miei maledetti tailleur per le cene importanti con i banchieri. Tocco quello grigio, taglio perfetto e ottimo tessuto, eppure quando lo indossavo sembravo una maestra di campagna. E tante scarpe, con i tacchi alti, di canneté, a punta. Le prendo e le lancio tutte sul tappeto con un misto di fastidio e piacere e con i piedi ne faccio una montagna. Pia porta il mio stesso numero le saranno utili. Sospiro, mai più tacchi alti, mai più collant, che se mi andavano bene di vita non mi andavano di gambe; ne ho un sacco ancora chiusi nella loro busta, color carne, colorati, a fiori... mai più. Osservo il mio armadio straripante. (...) Riempio una grossa scatola di cosmetici, creme sofisticate, profumi... via tutto. Finalmente. Vorrei la nudità assoluta. Tutto quello che deve calzare a pennello va a Pia. I capi casual e un po' abbondanti a Sofia – roba da hippy dice Honoris che ha una concezione un po' antiquata del vestire. Le cose più sexy a Victoria. Prendo la pelliccia di tigre. Quante volte l'avrò messa? Tre? Come se la riderebbero le anatre: la donna tigre tra i boschi in collina. Victoria penserà di essere Sonia Braga quando la indosserà e si sentirà bellissima. Poi quella di volpe, poco ecologica ma lunga e preziosa, con le maniche a mantella, enorme. Trinidad si era spaventata la prima volta che mi aveva visto con quella pelliccia. La seconda volta mi si era buttata tra le braccia e non la smetteva più di accarezzare il pelo. Ci si era affezionata e da allora ci sprofondava dentro ogni volta che la vedeva pensando che fosse un leone. Adesso è di Sofia, diceva sempre che era stupenda. Trovo la camicia color malva, quella di seta italiana. La sfioro e la sua sensualità mi turba. Il giorno che lo conobbi. Quando il Gringo mi prese al laccio come un cowboy. Scelgo un cappotto blu marino, sobrio e fine, e lo metto da parte per la signora Yolanda. (...) È tutto pronto. (...) "Tutto" significa alcuni oggetti della cucina a cui io e Honoria siamo legate, un minimo di vestiti, i giocattoli di Trinidad. Anche la collana di perle che mi ha regalato mia madre, voglio portarmi qualcosa di lei. Una foto di mio figlio e una del Gringo. Le medicine. (...) La mia musica. (...) Un paio di libri. (...) Ho bisogno di così poco. Come ho fatto a vivere per così tanto tempo immersa nel superfluo? Né il mio corpo, né il mio spirito hanno bisogno di niente che non si trovi nel piccolo spaccio in paese" (Serrano, 1998, pp. 202-205).

Per molti il rapporto con l'armadio è strettamente personale, e tocca corde profonde, proprio perché riordinarlo comporta contemporaneamente agire sull'abbigliamento e sulla identità. Cambiamo gli abbinamenti dei capi, ne togliamo alcuni e ne aggiungiamo altri, mescoliamo i pezzi per ottenere nuovi effetti e rendere nuovo il vecchio, e questo ci fa sentire diversi. Poiché una parte della nostra identità è determinata dal possesso degli oggetti talvolta ci piace osservare i capi acquistati, anche senza bisogno di indossarli all'esterno.

IL BELLO DEL POSSESSO

In Her Shoes (2005), quando la sorella Maggie apre l'armadio di Rose e si trova davanti le numerose scarpe che fanno mostra di sé ordinate per colore e per tipo, osserva con fare riprovevole: "Guarda qua! Tutte queste scarpe non le hai mai messe. Scarpe simili non dovrebbero rimanere in un armadio. Dovrebbero vivere scandali passionali, essere scopate in un vicolo da un miliardario, mentre la sua frigida moglie aspetta in limousine pensando che sia andato al bar a riprendere il cellulare! Se non le metti, perché te le compri? Sono sprecate! Lasciale a chi le sa apprezzare!". "Le so apprezzare credimi – risponde Rose – quando mi sento depressa mi faccio dei regali. I vestiti mi stanno male, il cibo mi fa ingrassare: mi compro delle scarpe!" È evidente che il significato che rivestono le scarpe è molto diverso per le due sorelle: per una hanno un valore simbolico e sono parte della propria identità anche se rimangono dentro l'armadio, per l'altra sono un bene strumentale e hanno un contenuto sessuale solo se vengono usate.

Normalmente decidiamo personalmente cosa rimane (vive) e cosa esce (muore) dal nostro armadio, e non tolleriamo facilmente che altri gettino via per noi parti della nostra identità e della nostra storia, o ci costringano a farlo. Una persona diversa di noi può giudicare irrazionale occupare spazio con oggetti che non vengono più usati, proprio perché li considera solo come oggetti, mentre per noi è inaccettabile separarsene proprio perché li consideriamo parti dell'identità.

L'ARMADIO COME CONTENITORE DI IDENTITÀ

Nella stagione 4 di *Sex and the City* (2004), nell'episodio "Manie da single", Carrie deve fare spazio nel suo appartamento al suo compagno Eiden che è andato a vivere con lei, con il cane Pete, portandosi dietro i suoi oggetti dentro degli scatoloni. Sono in attesa di ampliare l'appartamento con quello adiacente che stanno ristrutturando. La vita in casa è diventata difficile: un vero e proprio slalom tra scatoloni strapieni di roba. Quando Eiden le propone di riordinare la cabina-armadio liberandosi di scarpe e abiti che non mette più, Carrie va letteralmente nel panico! La richiesta le appare intollerabile perché ad ogni abito è attaccata un po' di storia e una parte di identità di cui non vuole liberarsi. Con il fare agitato e preoccupato di chi è costretta a far maneggiare ad altri oggetti personali estremamente importanti, intima ad Eiden: "Ascoltami bene! Ho messo sul pavimento degli asciugamani puliti, prendi con attenzione le mie scarpe e appoggiale lì." "Ma di quante scarpe hai bisogno? – risponde Eiden – e guarda qui quanti vestiti, dovresti buttarne via un po'." "Alcuni non li ho ancora indossati, ma un giorno lo farò!" risponde Carrie. "Guarda questo" dice Eiden prendendo un abito "non te l'ho mai visto indosso. Dimmi quando lo hai messo, o quando avresti intenzione di indossarlo?" "Non farlo Eiden" risponde Carrie, con il tono di chi è stato ferito: "non prenderti gioco di me! È un abito di Cavalli a cui tengo molto! L'ho indossato a Union Square nel 99!" Ma poi sembra convincersi che non è il caso di perdere una relazione per un abito di Cavalli, e così accetta di buttarlo, ma proprio in quel momento si accorge che Pete sta distruggendo uno dei suoi preziosi sandali turchese! È un dramma: erano del 1996 e quindi non potrà mai ricomprarli e inoltre costavano ben 380 dollari! Essere separata da quelle scarpe, e dall'abito di Cavalli rappresenta un vero e proprio attacco alla propria identità! La lite infuria e quando Carrie tocca degli oggetti per la cura personale di Eiden anche lui risponde "Queste sono le mie cose. Non mi piace che si tocchino le mie cose!" Scatole e armadi sono luoghi privati che contengono i propri molteplici *Sé*. Guai a non rispettarli!

UN ARMADIO DA RIORDINARE
Yohanan Rivlin è un meticoloso professore universitario di Storia Mediorentale ed è sposato con il magistrato Haghit. Alla vigilia di un viaggio di lavoro di lei, il marito è ben determinato a far sì che mantenga una vecchia promessa fatta all'inizio dell'anno: riordinare il grande armadio e buttare il superfluo. Dato che Haghit fatica a separarsi dai vecchi vestiti, che sente parte di sé, tra loro divampa subito un diverbio. "Innanzitutto, questo! Rivlin prende un cappotto grigio e sbiadito, con un grande collo di pelliccia, come se avesse acciuffato un accattone mangia-pane-a-tradimento nell'armadio. L'ultima volta che lo volevo buttare mi hai promesso che mi avresti dato la prova di averne ancora bisogno. Non l'ho avuta. Per due anni questo cappotto ha continuato ad ammuffire e a essere mangiato dalle tarme, trasmettendole agli altri vestiti. E colpa mia se per due anni non c'è stato un inverno come si deve? Non lo avresti indossato comunque. Un cappotto con un collo di pelliccia era superfluo fin dall'inizio. Ma a me piace. E un amore platonico. Perciò è arrivato il momento di separarvi. Arriveranno ancora giornate fredde e ci pentiremo di averlo buttato. Addio, cappotto. Rivlin lo piega. E ora, prima di qualsiasi altra cosa, forse è arrivato anche il momento di separarci dalla gonna di lana di tua madre, dieci anni dopo la sua morte. Non azzardarti a toccarla! Ma perché? Non l'hai mai messa e nemmeno la metterai mai. (...). Ecco, per esempio, questa camicetta blu ricamata. E davvero stupenda e ha fatto il suo dovere. Adesso ci scoppi dentro. Ti ricordi dove l'abbiamo comprata? A Zurigo. No, a Ginevra. In un negozietto sul lungo lago. Costava un occhio della testa e tu non ne volevi sapere. Non è che non volessi. Ero indeciso... Sono passati così tanti anni da allora e guarda come il ricamo viola è rimasto fresco e vivace. E quante volte l'ho indossata. Come l'ho sfruttata... Si, ha avuto l'onore di essere inclusa tra le tue «uniformi». Allora teniamola. Per una camicia come questa vale persino la pena di dimagrire. Lo sai, Haghit, che non dimagrirai mai. E arrivato il momento di separarti da lei. Addio, camicia. Grazie, camicia. Anch'io ti ho amata. Ora

vattene, per favore. Sono tristi gli addii. Adesso, Haghit, guarda questo completo marrone e di' la verità. Non lo tocchi da cinque anni. Non è vero. L'ho indossato alla festa in tuo onore, alla società orientale. Però la cosa è finita li. Non ci saranno più feste in mio onore. Che ci posso fare se non è più di moda? Questo l'hai detto subito dopo averlo comprato. Magari tornerà di moda. Non questo completo. (...) Questo completo se lo godrà una donna povera che può permettersi di non dipendere da nessuna moda e che indosserà anche questi vecchi pantaloni di velluto... Non loro... Ma hanno un grosso strappo! Allora li metterò solo in casa. Con lo strappo? E in onore di chi? (...) Così, stremato, frastornato da emozioni vecchie e nuove, dopo mezzanotte torni a frugare tra abiti vecchi, gonne e camicette, e alla luce rossastra del lumino acceso tra i due piani sfiori il velluto logoro, tocchi il bel ricamo, accarezzi un completo di lana leggero e fiuti le scarpe rosse col tacco ancora nuove «scarpe da sgualdrina», le avete chiamate così, perché solo dopo averle comprate avete capito quanto fossero provocanti e come avrebbero potuto causare imbarazzo a imputati e pubblici ministeri. Eppure sono continuate a passare da una scarpiera all'altra, da un armadio all'altro, da un appartamento all'altro, provocanti con i loro legacci aperti e la loro scollatura, finché la sera prima sono state catturate e aggregate al resto degli abiti, per essere consegnate a un'organizzazione di beneficenza" (Yehoshua, 2003 pp. 163-166).

Gli oggetti contenuti nel nostro armadio sono un po' come le risposte del *Twenty Statements Test* (Kuhn, McPartland, 1954), un reattivo che permette di indagare la conoscenza dei nostri molteplici *Sé*. Il test propone di descrivere se stessi rispondendo in 20 diversi modi: i risultati ottenuti mostrano come le persone tendono a descriversi inizialmente ricorrendo a categorie di appartenenza sociale bene definite (come la condizione professionale o l'appartenenza ad un gruppo) e solo successivamente con caratteristiche soggettive.

"Risposte fornite da una studentessa universitaria al *Twenty Statements Test*: Sono una donna. Ho venti anni. Provengo da ...

> Ho due genitori. La mia è una famiglia felice. Io sono felice. Ho frequentato quattro college. Otterrò la laurea il ... Ho un fratello. Appartengo all'Associazione studentesca ... Faccio parte della squadra di nuoto universitaria. Adempio ai miei obblighi religiosi. Ho una vita normale. Mi interesso di sport. Frequento la facoltà di ... Sono attraente. Ho elevati principi morali. Sono ben adattata. Appartengo alla classe media" (Secord, Backman, 1971, p. 926).

È abbastanza facile immaginare come l'armadio di questa studentessa contenga tracce dei diversi Sé mostrati nel test, con capi che mostrano l'appartenenza ad un gruppo: vi troveremo probabilmente abiti decisamente femminili e giovani, la divisa dell'associazione studentesca, la felpa della squadra di nuoto, costumi olimpionici, abbigliamento sportivo, abiti sobri adatti alle funzioni religiose, forse una sciarpa dell'associazione studentesca del fratello, qualche golf colorato, o foulard, indice del suo buonumore e abiti classici e non estrosi da persona ben integrata nella sua classe sociale. Il TST (*Twenty Statements Test*) di Kuhn e McPartland è molto utile per analizzare l'identità attraverso auto-definizioni. Il test è stato rielaborato negli anni successivi alla sua prima edizione. Nel 1965 nella revisione del manuale sul test, McPartland ha individuato 4 categorie nelle quali si possono raggruppare le 20 descrizioni di sé:

Fisico – le caratteristiche del corpo (sono magra);

Sociale – i ruoli sociali (sono una avvocata);

Riflessivo – le descrizioni che definiscono le qualità (sono una persona creativa);

Oceanico – quelle generiche (sono un essere umano).

Il test è stato poi completamente rivisto nel Manuale del 1973 di Spitzer (*et al.*), *The Assesment of the Self.* Secondo Spitzer, 7 intervistati su 10 potrebbero essere caratterizzati da auto-definizioni che ricadono principalmente in una sola categoria.

Una delle caratteristiche interessanti del rapporto con l'armadio è il **cambio di stagione**: come in un vero e proprio **rito di passaggio** attraverso un insieme di atti codificati dalla nostra personale abitudine celebriamo, ogni stagione, la nostra rinascita in forma nuova. I riti di passaggio studiati dagli antropologi (cfr. Van Gennep, 1985) si svolgono in occasione dei cambiamenti importanti nella vita di ogni persona, come la nascita, il raggiungimento dell'età adulta, l'iniziazione al lavoro, il fidanzamento, il matrimonio, la morte. Nel corso dei riti di passaggio gli individui lasciano il vecchio stato sociale e ne acquisiscono uno nuovo attraverso tre fasi: **separazione, transizione, reintegrazione**. Nel cambio dell'armadio lasciamo uno dei nostri molteplici *Sé* e ne acquisiamo un altro. Ci separiamo ad esempio dal nostro *Sé* serioso e dall'immagine del nostro corpo nascosto dagli abiti pesanti dell'inverno o dei nostri piedi calzati negli stivali, e attraverso la transizione offerta dal tirare fuori e provare gli abiti leggeri e colorati, i sandali fantasiosi, reintegriamo un diverso *Sé*, più libero e trasgressivo e più seduttivo. Spesso completiamo questo rito con l'acquisto di capi e accessori nuovi, o con la ricerca di idee sulle riviste di moda. Le caratteristiche fondamentali del rito che ritroviamo sono: la convenzionalità attraverso la quale si ripetono gesti e atti; la ripetitività nel tempo; e l'efficacia nel modificare qualcosa nello status o nell'identità delle persone. Il rito ha una funzione rassicurante di fronte alle paure dei cambiamenti della vita grazie a comportamenti standardizzati e ripetuti.

La forma socialmente condivisa di questo rito ricorrente di passaggio viene anticipata dalle **sfilate di moda**, vere e proprie celebrazioni che rendono reali le prescrizioni e i miti del *fashion system*, e servono a comporre il dilemma tra dimensione individuale e dimensione sociale, fornendo regole e definendo stili, stabilendo cosa è di moda e cosa non lo è. Come in ogni rituale nelle sfilate non c'è distinzione tra attori e spettatori, perché si condividono credo e pratiche. Tutti si sentono investiti dal rito. Come nei riti di passaggio stagionale (festività, carnevale) gli spettatori vengono transitoriamente "elevati di rango": tutti possono sentirsi attraenti e alla moda, salvo poi ritornare alla realtà del proprio peso (spesso inesorabilmente diverso da quello delle modelle) o del proprio portafoglio (talvolta poco adeguato a comprare certi capi da sogno)! Per dirla con l'antropologo Turner, le sfilate possono essere considerate come la fase di transizione del rito, un "luogo spazio temporale, situato in una posizione intermedia tra due contesti di significato e di azione. È quando l'individuo non è più quello che era e non è ancora quello che sarà" (1986, p. 200). Osservare le sfilate, informarsi attraverso le riviste sulle nuove tendenze, riordinare periodicamente l'armadio, ci permettono di progettare il nostro cambiamento e di rinnovare ciò che è vecchio, in un ciclo continuo tra i significati simbolici della morte e della vita.

3.3 Conoscere se stessi come appartenenti ad un gruppo

L'identità sociale è costituita dagli aspetti del concetto di sé che derivano sia dalla appartenenza ad un gruppo, che dal riferimento ad un gruppo desiderato. Dobbiamo infatti distinguere tra il gruppo al quale effettivamente apparteniamo e quello al quale ci riferiamo quando valutiamo noi stessi e ci confrontiamo con gli altri.

Secondo Tajfel, tutti noi tendiamo ad aderire a quei gruppi che ci permettono di valorizzare e mantenere una identità positiva. L'identità sociale è costituita da "quella parte dell'immagine di sé di un individuo che deriva dalla sua consapevolezza di appartenere ad un gruppo sociale (o a più gruppi), unita al valore e al significato emotivo attribuito a tale appartenenza" (Tajfel, 1985, p. 314).

Attraverso la **categorizzazione sociale** tendiamo a semplificare la complessa realtà per avere un più sicuro orientamento ai comportamenti interpersonali. Per sentirci più sicuri e decidere come muoverci, raggruppiamo persone, oggetti e eventi in categorie e per semplificare ulteriormente, tendiamo ad accentuare le somiglianze tra gli elementi che costituiscono una categoria e a enfatizzare le differenze con categorie diverse. Quando categorizziamo noi stessi come appartenenti ad un gruppo ricorriamo a valutazioni più positive per il nostro gruppo di quelle che utilizziamo per gli altri gruppi e in questo modo facciamo crescere la nostra autostima e costruiamo una identità sociale positiva. Possiamo allora dire che l'identità sociale nasce dal **confronto con gli altri** gruppi, ma che per non compromettere la nostra autostima preferiamo confrontarci con le persone simili a noi e appartenenti al nostro gruppo e in questo modo differenziarci dagli altri. Si tende così a distinguere il *Noi*, il gruppo interno, quello al quale si appartiene e ai cui valori ci si riferisce, dal *Loro*, i gruppi esterni ai quali non apparteniamo e dai cui valori ci differenziamo.

Poiché l'abbigliamento è una forma di espressione di valori, attraverso abiti e accessori possiamo esprimere sia la nostra appartenenza ad un gruppo che la differenza dagli altri gruppi. Seguire le regole sull'abbigliamento ci fa sentire dentro ad un gruppo. Ci adeguiamo alle varie mode, espressione dei gruppi, per acquisire una identità. Questo fenomeno mette in luce come non ci sia una sola moda, ma varie mode espressione dei vari gruppi e della loro realtà.

È abbastanza interessante, come cadiamo nel tranello della categorizzazione in base all'abbigliamento anche senza essere degli inguaribili ingenui. Spesso le persone fanno entrare a casa loro persone con una divisa, perché le categorizzano immediatamente come appartenenti ad un gruppo che difende l'ordine e la sicurezza, senza verificare le loro caratteristiche personali. In autobus o in metropolitana, tendiamo a sospettare di chi è vestito male, mentre i borseggiatori vestono accuratamente proprio per essere categorizzati come appartenenti al gruppo di chi lavora, anziché di chi ruba.

MOGLI E PROFESSIONISTE

"Dopo cena gli uomini si riunivano attorno al camino con i liquori a discutere di politica. (...) Le signore, invece, si raccoglievano dalla parte opposta della casa, con i bicchierini di cristallo colmi di liquore alla menta, a sbirciare i vestiti delle altre. A questo genere di serate partecipavano due tipi di donne, assolutamente diverse fra loro: le professioniste e le mogli. Le professioniste erano l'epitome della nuova donna turca, idealizzata, glorificata e portata a esempio dall'élite riformista; erano giuriste, insegnanti, giudici, dirigenti d'azienda, studiose, accademiche. Contrariamente alle loro madri, non dovevano più trascorrere l'esistenza confinate in casa ma avevano la possibilità di farsi strada nella vita sociale, economica e culturale del Paese, a patto che lungo il percorso si liberassero completamente della loro femminilità. Di solito indossavano tailleur due pezzi marroni, grigi o neri, i colori della castità, della modestia e

> del rigore. Portavano i capelli corti, niente trucco, niente accessori: sembravano asessuate. Ogni volta che le mogli ridacchiavano in quell'odiosa maniera femminile, le professioniste stringevano più forte le borsette di pelle, come se contenessero segreti di Stato da proteggere a ogni costo. Le mogli, al contrario, si presentavano in abiti di seta bianchi, rosa confetto e celeste pastello, le sfumature della femminilità, dell'innocenza e della vulnerabilità. Non amavano le professioniste, considerate più «camerate» che donne; a loro volta, le professioniste non avevano simpatia per le mogli, considerate più «concubine» che donne. Alla fine, sembrava che le une e le altre si giudicassero reciprocamente non abbastanza «donne». Ogni volta che la tensione fra camerate e concubine s'intensificava, Petite-Ma, che non si identificava con nessuno dei due gruppi, segnalava discretamente alla domestica di servire il liquore alla menta nei bicchierini di cristallo e i dolcetti di mandorla sui vassoi d'argento. Quell'abbinamento, aveva scoperto, era l'unica cosa capace di placare i nervi di ogni invitata, indipendentemente dalla fazione nella quale militava" (Shafak, 2007, pp. 158-159).

Le caratteristiche dei membri del gruppo esterno (quelli diversi da noi) vengono percepite come uniformi e omogenee (sono tutti uguali) in senso negativo. Quanto più sentiamo le differenze degli altri come minaccia alla nostra autostima, tanto più proviamo sentimenti negativi, e poiché spesso la percezione della differenza parte proprio dall'aspetto esteriore, sono proprio l'abbigliamento e gli accessori che fanno crescere di intensità le emozioni negative.

La nostra **autostima** è determinata anche da ciò che proviamo nei confronti dei gruppi ai quali apparteniamo. Chiaramente identificarci con un gruppo che valutiamo di successo fa crescere in modo esponenziale la nostra autostima: ci percepiamo con un valore maggiore dovuto al riflesso del valore degli altri, ci sentiamo compresi dagli altri e affini a chi stimiamo. L'abbigliamento ci permette di rendere visibile questa identificazione.

L'identità sociale ci aiuta quindi a piacerci di più a "sentirci bene nella nostra pelle": questo è il motivo per cui attribuiamo grande importanza a certi gruppi, e non ad altri. Cialdini (1976) e i suoi collaboratori in una ricerca sul comportamento degli studenti di sette università, hanno rilevato che quando la squadra di football vinceva gli studenti indossavano il giorno dopo un maggior numero di capi con il logo dell'università (felpe, magliette, cappelli, sciarpe, borse) rispetto a quando la squadra perdeva. Identificarsi con la squadra vincente fa bene all'autostima e un capo di abbigliamento come la felpa di una università rappresenta un mezzo per affermare l'appartenenza. La ricerca dimostrò anche che gli studenti che avevano conseguito risultati negativi in un test mostravano un maggior bisogno di identificarsi con squadre vincenti per ristabilire una considerazione positiva di sé (cfr. Smith, Mackie, 1998, p. 191).

Così quando la nostra autostima scende ed è compromessa da frustrazioni o fallimenti nella vita di lavoro o sentimentale, il nostro bisogno di identificarci con un gruppo vincente sale, e l'abbigliamento può aiutarci a ristabilire una considerazione positiva di noi, mostrando sia a noi che agli altri, la nostra appartenenza ad un gruppo positivo e desiderabile. Così un abito diventa sia un segnale di appartenenza ad un gruppo che di identità sociale.

L'appartenenza ad un gruppo permette, inoltre, di soddisfare contemporaneamente il bisogno di sentirsi **unici** e diversi dagli altri (il gruppo esterno) e quello di essere somiglianti agli altri (il gruppo interno). Due bisogni che sono sempre in dialogo nella nostra mente, e che spesso costituiscono un vero e proprio dilemma che l'abbigliamento ci aiuta a coniugare: ad esempio indossiamo un tailleur di stile manageriale come se fosse una divisa che ci fa sentire appartenente al gruppo di chi svolge lavori prestigiosi, e uguali ai manager di successo; e nello stesso tempo ci sentiamo speciali per la fattura e lo stile del capo, e diversi da chi fa parte del gruppo degli impiegati o dei dipendenti pubblici. Il piccolo gruppo, garantisce l'equilibrio ottimale tra unicità e affinità perché "quando ci identifichiamo con piccoli gruppi non ci consideriamo del tutto unici né il gruppo risulta tanto grande e generico da annullare la nostra individualità" (Smith, Mackie, 1998, p.192). Naturalmente ognuno di noi è pronto ad abbandonare un gruppo e a sceglierne un altro percepito come più attraente e adatto a costruire una identità positiva e a soddisfare i bisogni. La paura di non essere accettati in un nuovo gruppo, ci porta a modificare abbigliamento e immagine, per essere meglio integrati. Quando l'abbigliamento non rispetta i canoni della moda condivisi in uno specifico gruppo, si subisce con più facilità il giudizio degli altri, mentre quando li si rispetta è più facile far apprezzare le competenze possedute.

DALLE SCARPE ERGONOMICHE AGLI STIVALI DI CHANEL

Il diavolo veste Prada (2006), il film tratto dal romanzo di Lauren Weisberger (2004) assistente personale di Anna Wintour (la mitica direttrice di *Vogue* America) racconta la carriera di Andrea nella rivista di moda *Runway*. Il suo abbigliamento, fin dall'inizio, la fa notare da tutti per la sua evidente comunicazione contro-moda. Andrea mostra con fierezza, l'appartenenza al gruppo di chi disprezza la moda come apparenza e predilige l'impegno intellettuale e l'abbigliamento povero. Con questo tipo di abiti esprime i suoi valori e segna la differenza con chi non li condivide. Per il primo colloquio (nel libro) setaccia dal suo armadio un completo nel quale giacca e pantaloni non sono nemmeno lontanamente compatibili, accompagnato da coda di cavallo, camicia blu e ballerine dalle punte graffiate e da un consunto porta documenti in pelle. Il pensiero che le attraversa la mente è: "Tutti sanno che l'abito non fa il monaco. Non sarà certo il modo in cui mi sono vestita a decidere del mio futuro" (ivi, p. 26). Il suo abbigliamento è naturalmente molto diverso da quello dei protagonisti del sistema moda nel quale inizia a muoversi: "fin dall'istante in cui l'ascensore mi aveva depositato al piano di Runway avevo sentito di non appartenere a quel mondo. Giacca e capelli erano sicuramente sbagliati, ma, più ancora, era il mio atteggiamento ad essere fuori posto. Non sapevo nulla di moda e me ne fregava assai poco. E proprio per queste ragioni il posto doveva essere mio (ivi, p. 37)." Dopo un primo approccio nel quale la differenza ha creato distanza e reciproci giudizi ironici, Andrea comincia ad apprezzare il gruppo dei modaioli e desidera sempre più farne parte. Il primo segnale di appartenenza al nuovo gruppo è quando calza un paio di scarpe di Jimmy Choo e fa sparire i propri comodi, ergonomici e inguaribilmente brutti mocassini. Successivamente l'intero *look* subirà una trasformazione: trucco, pettinatura, abiti, scarpe, cinture e borse. Quando si presenterà ad un appuntamento con il fidanzato con il suo nuovo stile, calzando un paio di stivali di Chanel, lui stenterà a riconoscerla, mentre nell'ambiente di lavoro inizieranno a guardarla con approvazione e a riconoscerla come parte del gruppo. Si distanzia da un gruppo e dalla sua cultura, e si avvicina ad un altro.

La consapevolezza di appartenere ad un determinato gruppo può essere attivata da stimoli diretti, come un abito o un accessorio, che richiamano immediatamente alla mente il gruppo. Vedere indosso a qualcuno la maglietta di "Corri la Vita" la gara podistica organizzata dalle associazioni per la lotta ai tumori al seno, fa ricordare la propria appartenenza al gruppo di chi ha impegni sociali ed è sensibile alla raccolta di fondi per la ricerca; indossare un camice fa sentire la propria appartenenza al gruppo delle professioni sanitarie, la felpa di una università l'appartenenza ad una istituzione formativa. Anche un colore particolare può rendere evidente l'appartenenza ad un gruppo, pensate all'arancione della sciarpa dei monaci buddisti, o al nero del *burqua*, che identificano gruppi religiosi, o ai colori del tartan dei *kilt* che identificano un clan.

DALLA DIFFIDENZA ALL'ATTENZIONE
Nel Messico post rivoluzionario degli anni 30, Catalina gioca la carta dell'abbigliamento, per aiutare il marito, il generale Andreas Ascencio, che si appresta a tenere un comizio a Coetzatlan, in una piazza quasi vuota. Al loro arrivo tutti li avevano guardati con diffidenza e Catalina cerca di rimediare. "Organizzai che tutte noi ci vestissimo come loro. Dona Remigia, la moglie del delegato locale del partito, ci aiutò a trovare gli indumenti e a vestirci. Le gonne erano sue e delle sue sorelle, come pure i fili di lana per i capelli. Persino per Verena mi diedero un *huipil* bianco. Tornammo nella piazza dove Andreas stava per iniziare un discorso per i pochi curiosi che c'erano andati. Camminavamo a fatica, era difficile tenere dritta la testa piena di fili di lana, avevamo un'aria strana, ma alla gente piacemmo. Cominciarono a seguirci quando attraversammo il mercato. Quando arrivammo in piazza avevamo portato al generale

Ascencio, tre volte più pubblico di quanto erano riusciti a trovare i suoi banditori" (Mastretta, 1999, p. 44).

A rendere accessibile alla mente il proprio gruppo può essere anche la presenza di persone esterne, che per mezzo della differenza del loro abbigliamento, ci ricordano i valori e le regole del nostro gruppo.

LE TACCHETTINE
Così, vedere l'abbigliamento di Andrea (ne Il *diavolo veste Prada*, 2006), con gonne fuori moda, golfini infeltriti e scarpe antidiluviane, rende ancora più evidente l'appartenenza dei nuovi colleghi della casa editrice al gruppo dei sofisticati frequentatori dei templi della moda. Mentre la presenza delle "tacchettine" – come le chiama con sdegno Andrea – che corrono incessantemente sui loro altissimi tacchi e non mangiano per entrare nei costosissimi abiti taglia 38, rende per lei evidente l'appartenenza al gruppo degli intellettuali che disprezzano l'apparenza e prediligono la sostanza.

SHOPPING IN RODEO DRIVE
In *Pretty Woman* (2001), quando Vivian deve procurarsi un abito per accompagnare Edward ad una cena di lavoro, non sa assolutamente dove andare e chiede suggerimenti alla sua amica "di strada". Quando percorre Rodeo Drive con i suoi negozi lussuosi e sfavillanti, è molto evidente la sua diversità. Le persone che frequentano Rodeo Drive condividono un abbigliamento elegante e ricercato, oggetti come il cellulare o macchine costose. Vivian è vestita in modo completamente diverso, con stivali di plastica, tenuti su da graffette e riparati con il pennarello, una gonna cortissima da grande magazzino e una giacca di alcune taglie superiore alla propria che probabilmente arriva da una bancarella dell'usato, e rappresenta con il proprio abbigliamento e il proprio incedere sguaiato, un membro esterno al gruppo che rende ancora più forte, per contrasto, l'identità del gruppo dei vincenti che frequentano la zona. Le commesse del negozio dove Vivian entra per comprare un abito, interpretano il suo abbigliamento "da lavoro" come una minaccia alla pro-

pria identità sociale. La presenza di una persona apparentemente così diversa da loro le fa immediatamente coalizzare per buttarla fuori preoccupate che possa compromettere l'immagine di tempio del *glamour*. Provano antipatia e disprezzo e non riescono neppure per un momento, prese come sono dalla difesa del proprio gruppo e dalla differenziazione con gli altri, a perseguire l'obiettivo per cui sono pagate. Vivian, per l'appunto, chiede proprio di cambiare la propria immagine e di acquisire uno stile adeguato a Rodeo Drive e a chi lo frequenta!

LE GIACCHE COME IDENTITÀ

In *American Gigolò* (1980), le giacche indossate da Julian Kay sono disegnate da Armani e rappresentano l'appartenenza ad un gruppo. Sono delle vere e proprie protagoniste del film, quasi come avessero una propria identità. Quando Julian le indossa ha l'immagine adeguata per frequentare i luoghi dei potenti ed acquisisce una identità adatta a loro. Ricordate la famosa scena della vestizione quando, movendosi con la musica di *Love and Passion* abbina pantaloni, giacca, camicia, cravatta e scarpe, costruendo la sua immagine ideale? Nella realtà Julian è un gigolò che si mantiene accompagnando signore sole e insoddisfatte e passa da fare lo chauffeur di una ricca signora, a fare l'accompagnatore della moglie trascurata di un potente imprenditore. Per svolgere il suo lavoro è in grado di conversare in diverse lingue, conosce l'antiquariato e le buone maniere, veste abiti eleganti, abita in un bel residence, guida una macchina sportiva e frequenta i luoghi alla moda. Quando indossa gli abiti giusti è accettato e riconosciuto come un frequentatore abituale sia nei ristoranti di lusso che alle aste di mobili d'epoca, come se appartenesse al gruppo dei vincenti del quale non fa assolutamente parte nella realtà della vita. Quando in un periodo difficile (è stato incastrato da una persona che procura lavoro ai gigolò ed è ingiustamente sospettato per il delitto di un cliente), veste in modo meno curato, e si preoccupa meno del suo aspetto, verrà percepito come una persona diversa. La sua identità è cambiata. Non più uno dei nostri, ma bensì uno dal quale prendere le distanze. Quando cercherà di entrare in camicia con le maniche arrotolate, nel ristorante "Da Pierino" che prima frequentava abitualmente, verrà fermato all'ingresso e

> pregato di indossare qualcosa di più adeguato. Quando poi entrerà e si siederà al tavolo della sua "procacciatrice di affari" lei noterà con fastidio il suo abbigliamento e i suoi capelli poco pettinati "Come ti sei combinato? Se ti presenti così non vorrà portarti a letto neppure una serva!" La persona è la stessa, ma la sua immagine è cambiata. Da frequentatore delle mogli degli uomini di successo, a persona poco interessante anche per le domestiche. L'abbigliamento, e la cura personale, sono in questo caso il segno di appartenenza al gruppo di potere. Attraverso l'abito si può essere riconosciuti come appartenenti ad un gruppo ed avere accesso ai luoghi frequentati da chi ha potere. Senza quell'abito si è percepiti come inerenti al gruppo dei perdenti.

Anche quando si è in minoranza tra molte persone diverse da noi, la consapevolezza del gruppo al quale si appartiene è forte, e lo è ancora di più quando c'è conflitto o rivalità con gli altri. Così essere vestiti secondo le ultime tendenze moda in un ambiente di persone con abiti pratici e senza tempo, rafforza il nostro senso di appartenenza al gruppo delle persone di mondo e sofisticate e la differenza con quello delle persone modeste, semplici e con poche pretese. Nello stesso modo le magliette della squadra universitaria concorrente, quando siamo ospiti in quella università, ci ricordano con forza l'appartenenza al nostro gruppo sportivo, anche se fisicamente lontano. Naturalmente non tutti i gruppi sono uguali, né rappresentano gli stessi valori. Possiamo usare due dimensioni che alternano il focus dall'individualità alla gruppalità, per individuare due diversi tipi di gruppi:

- l'**individualismo** è caratterizzato da una cultura di gruppo che enfatizza la competizione, le conquiste individuali e l'indipendenza del soggetto dal proprio gruppo di appartenenza, nella moda vengono privilegiate l'originalità e l'innovazione;
- **il collettivismo** è caratterizzato da una cultura di gruppo che enfatizza la cooperazione tra i membri del gruppo, i risultati comuni, la compattezza dei legami e la condivisione di

valori, atteggiamenti e opinioni. In questo caso il gruppo esprime uno stile condiviso con veri e propri capi *cult* e accessori prediletti.

La valutazione dei risultati che il proprio gruppo raggiunge può essere influenzata da due orientamenti:

- **relazionale**, basato sulla valutazione dei risultati, sia propri che del proprio gruppo, in relazione con i risultati raggiunti da altri gruppi;
- **autonomo**, basato sul confronto con criteri astratti o con i propri risultati nel passato.

La valutazione dell'abbigliamento è in un caso influenzata dalle mode espresse dai vari gruppi, dagli stili dei personaggi significativi, dai leader, dalle regole e dalle norme, nell'altro segue parametri originali del tutto personali e individuali, che sfuggono il confronto con gli altri, e spesso li sfidano. In questo ultimo caso si crea una propria moda, scegliendo e abbinando capi e accessori, o una moda fuori da ogni canone stilistico, una **contromoda**, senza sentire l'influenza degli altri e senza soprattutto confrontarsi con i dettami del Sistema Moda. La definizione di ciò che è di moda cambia moltissimo in base sia alle due dimensioni che ai due orientamenti: in un caso è la dimensione individuale ad essere più importante, nell'altra è quella intragruppale o intergruppale.

Per comprendere il cambiamento delle mode come fenomeno di gruppo, espressione dei cambiamenti di cultura, di motivazioni e valori, è interessante l'esempio della nuova moda del *vintage* occidentale anni 70, dilagata recentemente tra i giovani giapponesi. Espressione della crisi, ma forse anche di bisogno di cambiamento e di anticonformismo, dopo un periodo di uniforme adesione al dogma del tutto firmato (che ha portato fino a fenomeni di prostituzione funzionali all'acquisto di capi griffati) si è passati al *cheap and chic* fatto di gonne a fiori, miniabiti a disegni geometrici, scialli della nonna, camicie scozzesi, scovati in catene dell'usato e del *remake* come Hanijro. Il giorno dell'inaugurazione del ventesimo punto vendita di questa catena giapponese, migliaia di giovani si sono messi in fila per comprare una maglietta da 3 euro in edizione limitata!

Secondo Descamps (1981) ci sono 4 gruppi con atteggiamenti diversi verso la moda:

- i **lanciatori**: eccentrici che voglio essere all'avanguardia, cercano di essere in anticipo e di farsi notare e talvolta creano una antimoda;
- gli **imitatori:** persone che mutano abbigliamento tempestivamente per essere alla moda. Amano la moda e la seguono per distinguersi dalla massa, ma non apportano innovazioni e non impongono una nuova moda. Confermano una moda limitandosi a scegliere ciò che è all'avanguardia, si sentono appartenenti ad una élite;
- i **classici**: coloro che mutano abbigliamento solo perché sono costretti, scelgono capi per non farsi notare, per essere come gli altri, prediligono ciò che è abbastanza classico da durare, e sono in ritardo rispetto alle tendenze che non li interessano;
- i **fuorimoda**: si rifiutano di seguire la moda, indossano con continuità abiti tradizionali e classici. Seguono una moda che evolve lentamente (cfr. Descamps, 1981, pp. 28-30).

3.4 I luoghi della moda come identità

Abbiamo visto quanto l'abbigliamento, come espressione dell'identità sociale, sia influenzato dall'appartenenza ai gruppi che determinano le diverse mode. Uniamo adesso a questo concetto quello di **identità di luogo** (creato alla fine degli anni 70 da Proshansky), e parliamo di appartenenza a luoghi fisici, espressione di mode, come fonte di identità.

Il mantenimento di una autostima positiva, che impegna gran parte della nostra attività cognitiva, può essere ottenuto anche attraverso la frequentazione di un ambiente, come un negozio di moda, frequentato da gruppi sociali per noi attraenti. I luoghi della moda possono costituire punti di riferimento della identità, trasmettendo valori e messaggi che ci rappresentano.

L'INIZIAZIONE DA PRADA
Nella stagione 6 di *Sex and the City* (2004), nell'episodio "Donne al comando", Carrie anziché portare il nuovo fidanzato Bergen a conoscere la sua famiglia (uno dei riti di presentazione della propria identità sociale) lo porta da Prada, dove Carrie si sente a casa e viene riconosciuta come parte di un gruppo (gli adepti di Prada). Così, Bergen prenderà un aperitivo, non con i genitori di Carrie, ma con i bravissimi commessi di Prada! E proverà il normale imbarazzo che un giovane fidanzato sperimenta conoscendo abitudini e tradizioni diverse da quelle del proprio gruppo familiare, non in relazione alla famiglia di Carrie, ma al gruppo dei modaioli che frequentano Prada.

Una prima definizione della relazione tra *Sé* e ambiente, precedente a quella di identità di luogo, è quella del *Me materiale* (James, 1909) che considera l'identità influenzata dagli oggetti. La casa, con tutti gli oggetti che contiene, riveste un ruolo importante per questa teoria, e non c'è dubbio che sentirsi a casa propria sia una delle caratteristiche che ci fa preferire certi luoghi, rispetto ad altri, certi negozi rispetto ad altri. Normalmente ci sentiamo molto meglio in luoghi esteticamente belli, dove siamo riconosciuti, dove possiamo muoverci a nostro agio, dove sentiamo di avere padronanza, dove vengono soddisfatti nostri bisogni e stimolate emozioni positive, rispetto ad ambienti nei quali ci sentiamo estranei, o giudicati come diversi, o che percepiamo come esteticamente inadeguati o freddi.

Secondo Mead (1972) l'ambiente fisico non è neutro e acquisisce valore e struttura in base ai significati che gli vengono attribuiti dalle persone. Così i luoghi della moda si rivestono di emozioni e significati importanti rispetto all'identità: "frequento quel negozio e quindi possiedo i valori di quel marchio; appartengo al gruppo di chi ha successo, di chi sa come vivere; stare in quel negozio mi fa sentire a mio agio"! Poiché abbiamo visto che le persone desiderano far parte di un gruppo che aumenti la connotazione positiva della propria identità, possiamo capire come desiderino anche frequentare i **luoghi simbolo** dell'appartenenza a quel gruppo. Quando questi luoghi sono dei negozi di moda, frequentarli abitualmente permette di aumentare il proprio valore. Nello stesso tempo poiché ogni gruppo tende ad aumentare la propria specificità per differenziarsi dagli altri gruppi, frequentare un ambiente serve anche a marcare la differenza con chi non lo frequenta. È come dire: "noi che frequentiamo questo negozio abbiamo delle caratteristiche distintive rispetto agli altri, siamo migliori degli altri". Esiste quindi uno stretto rapporto tra la preferenza di un ambiente e il gruppo sociale che lo visita, e tra la frequentazione di un ambiente che fa appartenere ad un gruppo e la contemporanea differenziazione dagli altri gruppi. Per questo motivo scegliamo accuratamente i negozi da frequentare per non mettere in pericolo la nostra identità.

Quando, ad esempio, sono stati aperti i primi *discount* alimentari, nei quali era possibile trovare, in ambienti non curati dal punto di vista estetico, prodotti di sottomarche a prezzi vantaggiosi, capitava di vedere clienti che si aggiravano tra le pile di merce negli scatoloni quasi di nascosto, con fare furtivo, e che se per caso incontravano dei conoscenti cercavano di coprire il disagio con giustificazioni del tipo: "sono venuto solo a vedere di cosa si tratta, ero curioso". Frequentare ambienti esteticamente brutti, dove si andava solo per risparmiare, era vissuto da alcuni come una minaccia all'identità: "se frequento questo luogo penseranno di me che appartengo al gruppo dei perdenti". Oggi ormai il termine *discount* è entrato nel lessico quotidiano e l'abitudine a frequentarli è più diffusa e indubbiamente vissuta come meno rischiosa per l'identità.

Anche il fenomeno degli *outlet* è interessante a questo proposito. I primi *outlet* aperti in Italia, diversi anni fa, erano spesso dei magazzini polverosi con luci a neon e merce accatastata, e sembravano rispondere all'imperativo: "se vuoi risparmiare accontentati! Compra velocemente e poi vai via!" Negli USA, invece, la musica è stata diversa fin dall'inizio, e ormai lo è anche da noi: gli *outlet* ricostruiscono piccoli villaggi, con luci romantiche e scorci pittoreschi, dove si possono trovare luoghi di svago oltre che negozi, e il ritmo di vita è tranquillo e rilassato. Il focus non è più solo sul risparmio, ma sull'esperienza positiva di frequentare un luogo esteticamente piacevole, dove si passa bene il tempo in compagnia, e che costituisce una meta desiderata e ambita, per trovare begli oggetti per di più a prezzi interessanti. Sono luoghi dove si possono soddisfare tutte le passioni dello *shopping* (cfr. Hine, 2004): scegliere tra molte offerte, avventurarsi alla scoperta di occasioni, sentirsi al centro dell'esperienza, ma soprattutto partecipare attivamente, essere attori del consumo.

È facile capire come un luogo bello e desiderabile, dove si fanno esperienze positive e vengono soddisfatte le nostre motivazioni, possa farci sentire bene e costituire una fonte di identità, mentre un luogo sgradevole, freddo, distaccato o monotono sia percepito come un pericolo o una deprivazione, e ci faccia sentire a disagio.

La Teoria della **categorizzazione di sé** (Turner, 1985) spiega come un insieme di persone arrivi a sentirsi un gruppo e come l'appartenenza influenzi i comportamenti dei singoli, attraverso i meccanismi cognitivi che presiedono al formarsi dell'identità sociale. Secondo questa teoria il motivo per cui percepiamo un ambiente come diverso da un altro, è determinato da quanto quel luogo renda evidenti le categorie sociali: tanto più queste sono visibili e salienti, tanto più sarà in grado di attivare una categorizzazione sociale del *Sé* e quindi promuovere identità. "Il luogo in questo processo può agire non solo come una categoria sociale in grado di fornire in sé e per sé una identità: esso può anche svolgere una funzione paragonabile a quella di un "grilletto" in grado di attivare le identità" (Bonaiuto, Twigger-Ross, Breakwell, 2004, p. 294). I luoghi vengono quindi scelti per le caratteristiche dei gruppi sociali che li frequentano così come possono servire a rendere evidenti le molteplici identità di una persona (palestra, ufficio, negozio di tendenza, negozio di sport, outlet, casa). Identità diverse possono essere rese salienti anche da diversi tipi di negozi: alcune persone non entrano nei negozi griffati delle strade centrali delle città perché li vivono come una minaccia alla propria identità, mentre si sentono assolutamente a proprio agio nei *corner* delle stesse griffe di un grande magazzino come Rinascente o Coin, o negli outlet. C'è chi non comprerebbe mai un capo al mercato e chi è deliziato dall'arte del comporre e si sente assolutamente a suo agio sia tra i banchi dell'usato *vintage*, che nei negozi di lusso. C'è chi si sente a suo agio solo nei negozi di lusso e nelle strade del lusso delle città.

CAFFÈ DA TIFFANY
In *Colazione da Tiffany* (1961), la commedia tratta da un racconto di Truman Capote, Holly è una ragazza newyorkese, elegante ma senza una lira, che sogna di sposare un milionario ed è assolutamente innamorata del negozio Tiffany. Tiffany rappresenta per lei una esperienza trasformativa: il luogo la fa sentire migliore, protetta e sicura e assolutamente a suo agio (pur non avendo la possibilità di comprare alcunché). Frequentare Tiffany le permette di rafforzare la sua identità sociale, di fantasticarsi come appartenente al gruppo di chi ha successo e denaro. «Non è divino? – chiede ad un amico che entra per la prima volta nella celebre gioielleria – niente di brutto può accaderti qui... te lo avevo detto che è un luogo delizioso!». L'esperienza Tiffany è così tanto ricca di sentimenti e pensieri positivi da farla tornare lì ogni volta che ha bisogno di sentirsi meglio e di incrementare la propria autostima, perfino facendo colazione con caffè e brioche proprio davanti alle sue vetrine, come nella celebre scena di inizio del film.

Un negozio, come abbiamo visto, incarna simboli sociali e riveste significati, sia per i ricordi personali che per i ricordi di gruppo e le storie condivise, e come ogni luogo, accumula anche i segni delle persone e che lo hanno frequentato scrivendone la storia.

IL MURALES DI JAM
"Come esempio di luogo che accumula i segni e le tracce di chi lo frequenta è interessante Jam il *concept store* di Rinascente (aperto diversi anni fa a Roma e adesso chiuso) che offre a chi si sente giovane, un luogo di riferimento nel quale incontrarsi, e divertirsi. Un laboratorio creativo. Un luogo nel quale sembra di essere a Londra, anziché a Roma. Ebbene per verificare quanto tutto ciò sia presente nell'immaginario giovanile, e quanto questo luogo sia fonte di identità per i giovani basta guardare il

muro, al piano terra del grande magazzino romano, sul quale, come in un grande murales, in modo assolutamente spontaneo i visitatori hanno iniziato ad apporre firme o a scrivere messaggi, occupando ormai tutto lo spazio disponibile. Un modo per dire "io ci sono stato". Pensate che qualcuno arriva persino con il bianchetto, o il pennello intinto di colore bianco per cancellare qualche scritta sottostante e poter aggiungere la propria! Non c'è dubbio, si tratta proprio di un bell'esempio di luogo dei desideri e una bella fonte di identità" (Pizza, 2008, p. 20).

Secondo la teoria del **processo di identità** (Breakwell, 1986) c'è una continua interazione tra identità personale e sociale, e questa interazione crea valori e guida l'identità verso stati positivi di benessere. I negozi sono luoghi dove i **valori** trovano espressione visiva e raggruppano le persone per il senso di continuità (la sensazione di essere gli stessi nonostante i cambiamenti psico-fisici), la distintività (essere considerati unici e diversi dagli altri), l'autoefficacia (capaci di realizzare i propri scopi), l'autostima sentirsi persone di valore. Così alcuni negozi rappresentano il valore della continuità e ci fanno sentire sempre uguali nonostante che il tempo passi e che gli eventi della vita si susseguano; altri quello delle distintività, e ci fanno sentire migliori, diversi dagli altri e un po' speciali; altri ancora quello dell'auto-efficacia e ci fanno sentire competenti e capaci di fare scelte eccellenti e di perseguire obiettivi sfidanti; e infine ci sono negozi dove il valore dell'autostima è più evidente e che ci fanno sentire persone importanti e vincenti che si meritano gratificazioni. Ad ognuno il proprio luogo della moda come fonte di identità!

"L'**identità di luogo** è concettualizzata come una parte unica della identità di sé, e in particolare essa rimanda a quelle dimensioni del *Sé* che definiscono l'identità personale dell'individuo in relazione all'ambiente fisico attraverso un complesso sistema di idee, credenze, preferenze, sentimenti, valori e mete consapevoli e inconsapevoli unite alle tendenze comportamentali e alle abilità rilevate in tale ambiente" (Proshansky, 1978, p. 155).

Le emozioni provate in un negozio di moda sono relative all'opportunità che l'ambiente ci offre di perseguire il nostro scopo: migliorare la nostra autostima e la nostra identità sociale.

Per questo nell'arredamento e nella progettazione degli spazi, è bene non dimenticare chi dovrà frequentarli e sentirsi a proprio agio, condividendone i valori. Talvolta troppa algida bellezza ha solo la funzione di non creare identità di luogo!

3.5 Psicologia della vita quotidiana con la moda: i diversi modi di comunicare l'identità

Quando comunicare l'identità è difficile

Mentre coloro che hanno un rapporto positivo con la moda (Flügel li definiva "sublimati") riescono a esprimere chi sono con abiti, accessori e colori e hanno un armadio che rispecchia i loro diversi *Sé*, per altri comunicare l'identità attraverso l'aspetto esteriore è più difficile. O perché non hanno perfettamente chiaro chi sono (soprattutto gli adolescenti) o perché non riescono a comunicare la loro identità attraverso la moda, o perché decidono di vestire un solo aspetto di sé.

Mi è capitato più volte di rilevare queste difficoltà nei colloqui con le clienti. Partendo dalle descrizioni di sé (raccolte con il *Twenty Statements Test*) e confrontandole con gli abiti, gli accessori e i colori presenti nell'armadio, scopro, talvolta, che non c'è sinergia tra come la persona si conosce e il suo modo di presentarsi agli altri. Spesso si decide di far prevalere con l'abbigliamento un solo aspetto identitario, sacrificando tutti gli altri. Vediamo qualche esempio:

- una cliente che si identifica soprattutto con il ruolo di compagna e moglie, ma che si veste prevalentemente con abiti sportivi. Nel suo armadio non c'è posto per nessun capo che parli di seduzione;
- un'altra si descrive come creativa e innovativa, ma poi ha un armadio senza colore, con abiti classici e un solo accessorio dal taglio particolare, come se le caratteristiche usate per de-

scriversi non fossero frutto delle proprie capacità riflessive, ma piuttosto delle proprie aspirazioni e del proprio *Sé ideale*, spesso lontano dal *Sé reale*;

- talvolta nell'armadio delle clienti sono presenti solo abiti da lavoro. È come se "indossassero" il loro ruolo lavorativo in ogni contesto senza riuscire a trovare altri modi per raccontarsi;
- quando l'identità lavorativa è prevalente talvolta il disagio emerge per la difficoltà a esprimere sia il ruolo che le competenze di ruolo. Ricordo in particolare il caso di una cliente che per descriversi metteva al primo posto il suo ruolo lavorativo in campo artistico, e che desiderava molto esprimere la propria competenza ed esperienza in quel ruolo. Aveva un armadio prevalentemente composto da abiti molto giovanili, corti, svolazzanti, a fiori, con colori tenui, poco congruenti con il suo progetto identitario. Quello che emerse nel colloquio, era che nella scelta degli abiti cercava di uniformarsi alla parte più giovane dei suoi interlocutori, mossa più dalla paura di non piacere, che dall'obiettivo di mostrarsi competente ed esperta (e quindi un modello per loro). Acquisendo consapevolezza della distanza tra il proprio progetto identitario e la comunicazione attraverso l'aspetto esteriore, cambiò stile, prediligendo abiti particolari e di tendenza con un forte contenuto stilistico e con colori decisi, e accessori originali (molto adatti alla particolarità del suo ruolo).

Il cambiamento che porta ad una armonia tra identità, progetti, obiettivi e aspetto esteriore, serve sempre a migliorare l'autostima e l'empowerment.

Gli imperativi estetici mettono a dura prova l'identità

Da un sondaggio effettuato da IoDonna su 2000 lettrici emerge un contrasto tra accettarsi e rifiutare il proprio corpo vissuto come difettoso. Le intervistate dichiarano di condividere sul piano individuale la *body positivity* e di volersi bene (anche se non accennano al rispetto del corpo degli altri, vero significato del movimento), ma quando viene loro chiesto su cosa si appunta con più facilità la critica, il 91 % risponde il peso, indicato dalla maggioranza come l'aspetto più difficile da accettare. Tra le parti del corpo vissute con insoddisfazione ci sono il sedere, il seno, le gambe e le cosce. Lo sguardo degli altri conta molto per il 40% delle intervistate e solo il 20% afferma di non preoccuparsi del giudizio altrui (cfr. Salemi, 2023).

Essere persone belle, magre, toniche, giovani e di successo sono imperativi dei nostri tempi. Ma ciò rende molto difficile accettare i cambiamenti del corpo che è una fonte primaria di identità. L'invecchiamento della pelle è contrastato con creme, interventi estetici; la perdita di tonicità del corpo e il peso, con diete, ginnastica, chirurgia plastica. Sui social o in tv si ricorre poi alla "chirurgia virtuale" con filtri che tolgono magicamente rughe e difetti della pelle. Ma è soprattutto l'abbigliamento che permette di sentirsi giovani ad ogni età, regalando un aspetto più scattante e al passo con i tempi. Seguire le tendenze, rinnovandosi continuamente, è un modo per contrastare la paura della morte con una continua rinascita. Il problema sorge quando le persone anziché cercare di valorizzarsi, mascherano la realtà del proprio corpo. Quando dimenticano chi sono e puntano tutte le energie su una immagine falsa di sé. Quando cadono nella fantasia onnipotente di darsi un corpo nuovo, anziché accettare quello che hanno ricevuto dalla madre, alla nascita.

L'indecisione identitaria

Alcuni autori parlano di una "terza nascita" per enfatizzare il momento della **nascita sociale** (*Sé sociale*) nel quale gli adolescenti trovano il loro posto nel mondo e un modo di presentarsi agli altri come persona originale e unica. Si tratta di un compito evolutivo al centro del processo di crescita. Ma non per tutti questo compito è facile nella società post narcisista (cfr. Lancini). Per alcuni adolescenti è ancora difficile rispondere alla domanda "Chi sono"? Alcuni sperimentano una sensazione di vuoto identitario che cercano di colmare attraverso un iper adattamento agli altri con processi di imitazione, emulazione e identificazione. Così, ad esempio, anziché trovare un modo originale per esprimersi attraverso abiti, accessori, trucco, capelli, costruendo in modo creativo la presentazione di sé, preferiscono uniformarsi agli altri e vestirsi come loro, seguendo la moda del gruppo. Dietro a questo c'è la paura della solitudine, che l'appartenenza al gruppo mitiga. E c'è anche il timore di essere percepiti come inadeguati, non di successo, non abbastanza attraenti, se non ci si conforma all'estetica dominante, se non si indossa un determinato paio di scarpe, un certo tipo di pantaloni o di felpa, se non si acconciano o colorano i capelli in un certo modo, se non ci si trucca secondo le regole del gruppo.

Alcuni rispondono a questa indecisione identitaria con il fare della **bruttezza** la propria identità.

"Ho conosciuto ragazzi – scrive Gustavo Pietropolli Charmet – che invece di soffrire e vergognarsi di vedersi brutti, hanno deciso di andare a nozze con la bruttezza e di farla diventare la loro caratteristica dominante, radicalmente identificandosi con le sue ragioni e il suo strano potere. Ragazzi (e anche ragazze) esagerati che intonano l'inno della bruttezza, che sconcertano per l'ostentazione della trascuratezza priva di grazia e seduzione, solo scostumata e irriverente, ricoperti di stracci a cipolla, uno sull'altro, con i capelli lasciati a sé stessi (...) ragazzi quindi travestiti da giovanissimi *clochard* metropolitani" (2013, p. 15). Si oppongono alla moda e alla bellezza con atteggiamento di sfida: è come se con il loro aspetto esteriore dicessero al mondo: *se vi aspettate che mi adegui alle vostre aspettative di bellezza e sfili per voi in passerella, vi siete sbagliati.* Con il loro comportamento anticipano il rifiuto sociale cercando di renderlo più accettabile.

Alcuni, non solo giovani, reagiscono all'imperativo estetico della bellezza ad ogni costo, mettendo in scena il suo esatto contrario e legittimandosi con una posizione antimoda, anti bellezza, come nel caso della *Goblin Mode.* Questa tendenza consiste nel vestirsi in modo trascurato, senza curarsi del proprio aspetto. Se da un lato esprime una protesta verso uno stile troppo perfezionistico e uniformante, dall'altro comunica malessere e disagio per la vita sociale. Appare anche come una rinuncia a comunicare la propria identità e a dialogare con gli altri.

Per alcuni l'incertezza identitaria si esprime con l'accettazione dell'identità assegnata loro dagli altri. È il caso di quelle ragazze e ragazzi che continuano a vestirsi con gli abiti scelti per loro dalla mamma. Incarnano il progetto identitario che genitori fragili (che infantilizzano i figli e non sono in grado di vederli) hanno scelto per loro. Ragazzine vestite da brave bambine, come se fossero una bambola o con la replica del look materno, ragazzini lindi e pettinati vestiti da piccoli uomini, ancora incapaci di separarsi dai genitori e di differenziarsi a partire dall'aspetto esteriore.

Il processo di **individualizzazione**, normale momento della crescita, consiste spesso in uno smarcamento dal look dei genitori con abiti, accessori, modi particolari di indossarli, tagli e colori dei capelli, piercing e tatuaggi che segnano la differenza e trasgrediscono alle regole.

Identità in lutto

Un look che mi sembra esprima in particolar modo la sofferenza identitaria è quello che possiamo definire "identità in lutto", con il **nero** che prevale su ogni cosa dalla punta dei capelli, allo smalto sulle unghie, dall'ombretto al rossetto, dagli abiti, agli accessori. Un nero che rifiuta e copre le emozioni negative, che si oppone a tutto con un "no" preventivo, che rinuncia a partecipare.

"Ho conosciuto – scrive Gustavo Pietropolli Charmet – maschi e femmine in lutto strettissimo, nere anche le labbra, le ciglia, le occhiaie e i capelli corvini destinati ad occultare un occhio, a volte anche con i guanti neri per non parlare dei pastrani di pelle fino alle caviglie: dei corvi, dei becchini rivolti alla morte, ai cimiteri, il medaglione con il teschio, senza età e senza l'ombra della vitalità (...) ragazzi e ragazze devotissimi al culto del funerario, capaci di occultare il corpo giovane appena avuto in dotazione da madre natura sotto i paramenti funerari, quasi dovessero celebrare il funerale del proprio corpo infantile, invece che festeggiare l'avvento del corpo erotico" (2013, pp. 16-17).

Identità fluide

Nella società post moderna, che Bauman ha definito liquida, anche le identità di genere possono essere fluide, e naturalmente la moda rappresenta uno strumento per vestire queste identità.

Secondo l'immagine molto intuitiva del *Genderbread Person* (adattata dall'artista ed educatore Sam Killermann), le componenti dell'identità sessuale sono quattro:

- **genere assegnato** alla nascita – chi sono sul piano biologico;
- **identità di genere** – a quale genere sento di appartenere;
- **orientamento sessuale** – da chi sono attratta/attratto;
- **espressione di genere** – come esprimo la mia appartenenza di genere.

È proprio su questo quarto punto dell'espressione di genere che entra in gioco la moda, proponendo abiti fluidi dalle line **agender**, indossati da modelle/modelli con corpi androgini, che non richiedono una scelta tra maschile e femminile e superano il modello binario, accanto ad abiti con design, materiali e colori che esaltano la femminilità o la mascolinità.

4. L'ABBIGLIAMENTO COME FONTE DI CONOSCENZA SOCIALE

La tendenza a giudicare gli altri è la più grande barriera alla comunicazione e alla comprensione.
Carl Rogers

Possiamo avere tutti i mezzi di comunicazione del mondo, ma niente, assolutamente niente, sostituisce lo sguardo dell'essere umano.
Paulo Coelho

4.1 La costruzione della realtà: processi cognitivi e sociali

Come conosciamo gli altri e noi stessi? Siamo influenzati dall'abbigliamento? Come contribuiscono gli abiti e gli accessori alla creazione della realtà condivisa in un gruppo?

La **conoscenza sociale** serve ad orientare le relazioni interpersonali: cerchiamo di accumulare informazioni per poter padroneggiare l'ambiente e poterci muovere con sicurezza tra gli altri. Conoscere, come afferma Fiske (1992) serve per agire, per pianificare il proprio comportamento e prevedere quello altrui, per comprendere e soddisfare le aspettative degli altri, e per interpretare la realtà e dare un senso alle cose, nello stesso identico modo degli appartenenti al nostro gruppo.

Gli oggetti di moda costituiscono una fonte privilegiata di conoscenza sociale: ci permettono di dare agli altri le notizie di noi che più desideriamo per farci apprezzare, e di acquisire dagli altri le informazioni necessarie a muoverci in un ambiente e a integrarci in un gruppo. Ci aspettiamo molto dal potere informativo degli oggetti di moda, che sono facilmente visibili e creano in noi delle **prime impressioni** da cui traiamo inferenze, in base agli schemi di riferimento che possediamo. Questi schemi definiscono cosa è di moda e cosa non lo è, cosa è elegante e cosa è *trash*, cosa è considerato esteticamente bello e gradevole e cosa è considerato brutto e sgradevole nel nostro gruppo di riferimento. C'è uno schema generale che è quello creato dal sistema moda con l'alternarsi delle collezioni e degli stili, e tanti schemi particolari creati dai vari gruppi sociali e dalle loro "norme vestimentarie" (cfr. Ricci Bitti, Caterina, 1995). Tendiamo, ad esempio, ad aspettarci che lo status e il ruolo di una persona siano immediatamente riconoscibili dagli abiti, dagli accessori che indossa, dall'auto che guida, dagli strumenti tecnologici che usa, dall'arredamento e dalla localizzazione del suo ufficio. Osserviamo se le persone che incontriamo in una struttura sanitaria indossano o no il camice prima di chiedere informazioni, cerchiamo di individuare una targhetta o un logo per capire se la persona che ci sta di fronte è un venditore al quale possiamo chiedere informazioni, osserviamo il taglio della giacca prima di decidere se la persona in corridoio sia, o non sia, il manager che dobbiamo incontrare. Niente ci imbarazza di più che non possedere le informazioni necessarie a muoverci con disinvoltura e sicurezza in mezzo agli altri: temiamo di fare una brutta figura, di apparire ridicoli ed essere considerati socialmente incompetenti.

CAMICI E PIGIAMI

In *Camici e pigiami*, un libro di denuncia su "le colpe dei medici nel disastro della sanità italiana", l'autore (rimasto anonimo per la propria e altrui privacy) usa l'abbigliamento come chiave di lettura del potere nelle organizzazioni sanitarie. "In ospedale ognuno è distinguibile dall'abito che porta. Chi indossa un qualunque tipo di camice gode di qualche privilegio o ne va alla ricerca. Chi gira sicuro con giacca e cravatta è un dirigente amministrativo, se staziona vicino al bar è un sindacalista. Chi ha il pigiama è semplicemente uno sfigato. (...) Vestiti con gli abiti di tutti i giorni, i visitatori si rivolgono con aria dimessa a chiunque abbia una divisa bianca, verde o celeste con il fatidico "scusi dottore..." senza considerare che i non laureati sono la grande maggioranza dei dipendenti ospedalieri. (...) Chi lavora dentro l'ospedale indossa una diversificata serie di indumenti

> colorati che vanno dal bianco al celeste, dal verde al giallo (le maestre elementari negli ospedali pediatrici) o al rosa e si spingono fino al nero dei bidelli, dei tecnici universitari o dei magazzinieri. Colori e fogge definiscono ruoli e mansioni. Più eleganti i camici dei medici, meno quelli degli infermieri, ambigui quelli dei biologi, dietisti, farmacisti, diversificati secondo le varie tradizioni quelli delle infermiere. (...) Chi indossa un tipo di camice all'inizio della propria carriera può aspirare a indossarne uno di foggia migliore, corrispondente ad uno stipendio migliore, con il passare degli anni. (...) Lo stesso vale per il personale amministrativo, che senza cambiare camice, ma limitandosi a mettere una cravatta o indossando un tailleur viene riqualificato sul campo. (...) Indossare qualunque tipo di camice significa appartenere a un gruppo di persone che esercitano nell'ospedale il potere di essere sani e di condizionare la salute degli altri. Indossare qualunque tipo di pigiama significa essere in rapporto di dipendenza, cioè sfigati" (Medicus medicorum, 1999, pp. 3-6).

Lo studio dei processi cognitivi e sociali che stanno alla base della conoscenza è oggetto della *social cognition,* uno degli approcci emergenti della psicologia sociale. Le radici di questo approccio risalgono alla filosofia di Kant che considerava la conoscenza come un fenomeno altamente soggettivo, nel quale la mente umana contribuisce a dare un senso alle informazioni raccolte al di là della loro realtà oggettiva. Parafrasando Kant possiamo dire che la mente umana dà un senso agli oggetti che costituiscono l'abbigliamento al di là della loro realtà oggettiva e della loro dimensione razionale: non è tanto il singolo capo a costituire una fonte di informazione, quanto la qualità dei tessuti, la marca, la combinazione tra elementi, gli abbinamenti di colore e di accessori, l'aspetto di chi li indossa. Osservare una giacca non costituisce una fonte affidabile di conoscenza sociale: dipende da che significato riveste la giacca nel nostro gruppo di riferimento (segnala appartenenza o estraneità), dal tessuto (pregiato o dozzinale), dalla fattura (curata o trasandata), dallo stile e dal colore (di moda o no), dalle combinazioni (è indossata con pantaloni o con bermuda, con una camicia di tendenza o con una t-shirt consunta, con accessori in colori coordinati o con tinte stridenti), come sono i capelli (taglio alla moda o trascurato), il trucco (leggero o pesante) e le scarpe (infradito in plastica colorata o scarpe in cuoio).

Questo approccio **olistico** raggruppa i singoli elementi che costituiscono l'insieme in un solo significato. Guardare l'abbigliamento è come osservare un quadro: se ne ricava una sensazione e una emozione che è molto di più che la somma dei vari elementi che lo compongono. È l'insieme che fornisce una emozione e incanta. Nei confronti dell'abbigliamento degli altri proviamo sensazioni e emozioni, ed elaboriamo pensieri che derivano dalla immagine globale (come appare) che troviamo attraente e gradevole, o respingente e sgradevole. È l'arte di abbinare i capi e gli accessori che definisce lo stile e l'eleganza di una persona, non tanto la qualità di un singolo elemento. Conoscere la moda o le regole di stile e di eleganza dominanti in un determinato ambiente sociale ci aiuta a pianificare il comportamento in funzione dei nostri obiettivi e a valutare quello altrui. Se abbiamo chiare le informazioni su come ci si veste ad un determinato evento, ad esempio una prima teatrale, ed altrettanto chiaro il nostro obiettivo (integrarsi con il gruppo dei frequentatori abituali ed esserne apprezzati), sceglieremo abiti e accessori adeguati, avremo un comportamento sicuro e verremo percepiti come persone in sintonia con il contesto e conformi al gruppo dei frequentatori. Viceversa se non possediamo le informazioni rischieremo di scegliere abiti poco adatti (ad esempio eccessivamente eleganti o semplici) e di apparire impacciati e fuori luogo.

Anche gli altri saranno valutati sulla base delle stesse informazioni e il nostro comportamento interpersonale ne sarà una conseguenza. Ad esempio tenderemo ad avvicinarci e a sorridere agli intervenuti vestiti con il nostro stesso stile, e a tenerci lontani da quelli con uno stile smaccatamente diverso.

Abbigliamento e accessori influenzano la conoscenza attraverso l'interazione tra processi sociali e processi cognitivi:

- **pensieri** e **credenze**: alcuni, ad esempio, credono che per essere eleganti occorrano pelliccia e gioielli, altri che l'anima dell'eleganza sia la semplicità, alcuni pensano che se non si è notati per un abito o un accessorio non si è nessuno, altri che le persone eleganti e di successo non hanno bisogno di farsi notare;

- **percezioni**: alcuni amano determinati colori e ne detestano altri, un abito ampio può renderci più visibili, un cappello più alti;
- **emozioni**: ci si può sentire in preda alla gioia indossando un bell'abito da sera, o in ansia per un tacco rotto o per una macchia sulla camicia;
- **motivazioni**: un abito può aiutarci a valorizzare noi stessi facendoci sembrare più magri o dei sandali con il tacco alto farci sentire più alti e più sicuri, un abito particolare può contribuire a farci percepire come una persona di successo o aiutarci a vincere una competizione, una felpa può farci sentire appartenenti ad un gruppo sportivo;
- **ricordi**: spesso un abito porta con sé un ricordo, ad esempio l'abito da sposa, quello della tesi di laurea, o l'abito da sera indossato al primo ballo;
- **influenza** degli altri: i dettami della moda, le proposte dei negozi che riteniamo facciano tendenza, le scelte dei personaggi per noi significativi, dei leader dei gruppi ai quali apparteniamo, influenzano le nostre scelte. Talvolta siamo semplicemente influenzati dalla moda di strada: osserviamo una persona che ci piace molto per come è vestita, per come si muove e per l'effetto che provoca negli altri al suo passaggio e desideriamo possedere un abito simile ed abbinarci gli stessi accessori;
- **confronto sociale**: poiché ci confrontiamo continuamente con gli altri, l'abbigliamento può farci uscire vincenti da un confronto e più sicuri;
- **gruppo di appartenenza**: l'abito comunica con grande velocità l'appartenenza ad un gruppo, così una giacca può farci sentire e sembrare più manageriali di un semplice golf.

Il modello del conoscitore che viene più utilizzato in psicologia sociale per spiegare la dinamica della conoscenza (dopo alterne focalizzazioni sui fattori cognitivi o i fattori motivazionali), è quello del **tattico motivato** (cfr. Palmonari, Cavazza, Rubini, 2002): "un pensatore sociale impegnato che possiede molte strategie cognitive e che le utilizza sulla base dei propri scopi, motivi e bisogni, resi salienti dalle diverse situazioni in cui vive. Questo pensatore è capace di elaborare le informazioni in maniera accurata e di soppesare con precisione le evidenze che raccoglie nella realtà, altre volte invece pensa e agisce rapidamente scegliendo strategie cognitive che gli permettono di difendere la sua autostima." (ivi, pp. 18-19) Questo tattico motivato si muove nella moda elaborando strategie che gli permettono di cercare, scegliere e abbinare capi per perseguire motivazioni come l'appartenenza, la realizzazione, il potere, la valorizzazione, in base ai diversi contesti nei quali si trova (lavoro, tempo libero, affetti). Come ogni buon tattico sa agire sia accuratamente che velocemente. Può essere guidato dal **bisogno di cognizione** (cfr. Petty, Cacioppo) che porta ad elaborare molto attentamente le informazioni prima di arrivare alla conclusione e vagliare attentamente abiti e accessori, provando e riprovando diverse combinazioni e diversi effetti, oppure dal **bisogno di chiusura** (cfr. Kruglanski) che porta a rifuggire l'ambiguità e a cercare risposte chiare e definitive velocemente (per caratteristiche di personalità, fretta o stanchezza). Ognuno di noi raccoglie informazioni sia come attore del comportamento sociale, che come osservatore di quello proprio e altrui, in base a due fonti: la realtà oggettiva e il particolare e soggettivo modo di percepirla, che spesso la modifica e la distorce. Quello che per noi è elegante, non necessariamente è oggettivamente riconosciuto come elegante da tutti. Ciò che per noi è alla moda, non necessariamente è alla moda per tutti. Quello che è curioso però è che pur interpretando le informazioni in modo squisitamente soggettivo, siamo assolutamente convinti che si tratti di realtà oggettiva!

L'ABITO TAPPETO
Ricordate "l'abito tappeto" che la madre ha preparato perché Bridget sia attraente alla festa di inizio anno, nella scena iniziale del film *Il diario di Bridget Jones* (2001)? Quello stesso abito che per la madre è elegante e rappresenta un possibile strumento di attrazione, per Bridget e per l'avvocato londinese che dovrebbe conquistare è goffo, provinciale e antiquato ed è quanto di più lontano ci sia dalla seduttività. Il dato oggettivo è rappresentato dalle caratteristiche dell'abito: il tessuto spesso, i colori e le fantasie dei tappeti, la forma squadrata, la lunghezza al ginocchio. Ognuno ha però il proprio modo di percepirlo che va dall'elegante all'orripilante!

Questa costruzione di significati avviene in base agli **schemi**, delle vere e proprie strutture cognitive formate da pensieri, credenze, aspettative, ricordi su un oggetto di conoscenza, che si trovano già depositati nella memoria. Sono gli schemi che definiscono il concetto di eleganza, e conseguentemente il nostro rapporto con gli oggetti della moda. Gli schemi ci aiutano a muoverci nel mondo sociale con maggiore sicurezza, attingendo, per interpretare persone od eventi, da informazioni che già possediamo.

SCARPE AZZURRE PER ESSERE FELICI
La signorina Makutsi è l'efficiente e occhialuta assistente della signora Precious Ramotswe fondatrice della Ladies' Detective Agency n. 1, donna rassicurante ed affidabile e inguaribilmente sovrappeso. Dopo una giornata intensa di lavoro decidono di prendersi una pausa durante la quale emergono le loro idee contrastanti sulle scarpe. "La signora Ramotswe guardò la vetrina, c'erano dei saldi in corso con grossi ribassi, almeno a quanto proclamavano le scritte (...) ma non erano le scarpe in saldo che avevano bloccato la signorina Makutsi, erano gli articoli a prezzo pieno, ben disposti su uno scaffale, ed etichettati come modelli esclusivi, indossati a Londra e a New York. "Vede quelle scarpe laggiù? – disse la signorina Makutsi indicando la vetrina – Vede quel paio azzurro?" Lo sguardo della. signora Ramotswe seguì la direzione del dito della signorina Makutsi.

Lì, separate dagli altri modelli esclusivi, ma pur sempre nella categoria delle esclusive, c'era un paio di eleganti scarpe azzurre, con sottili tacchi alti, e molto appuntite, come il muso di un aereo supersonico. Da dove erano loro era difficile vedere l'interno, ma mettendosi in punta di piedi e allungando il collo la signorina Makutsi fu in grado di riferirne il colore. "Fodera rossa – disse, emozionata – sono foderate di rosso, signora Ramotswe." La signora Ramotswe fissò le scarpe. (...) Guardò la signorina Makutsi, che le fissava in uno stato di semirapimento. Sapeva che la signorina Makutsi nutriva un particolare interesse per le scarpe, ed era stata testimone del grande piacere che aveva tratto dalle sue nuove scarpe verdi con la fodera azzurro cielo. Aveva avuto dei dubbi anche sulla comodità di quelle particolari scarpe, ma in confronto al paio in vetrina, quelle verdi le sembravano il massimo della praticità. Fece un gran sospiro. (...) "Sono molto carine – disse cauta la signora Ramotswe – sono di un bellissimo colore, questo è sicuro, e...", "E la punta!" la interruppe la signorina Makutsi "vede come sono a punta? Guardi". E si lasciò scappare un fischio di ammirazione. "Ma nessuno è fatto così" obiettò l'altra. "Non conosco nessuno che abbia i piedi a punta. Se lei avesse i piedi così a punta, avrebbe un dito soltanto." Si bloccò, non sapendo bene come la signorina Makutsi avrebbe preso questi commenti; era difficile dirlo. "Forse sono scarpe per donne con un dito solo. Scarpe ortopediche." Rise del proprio commento, ma la signorina Makutsi non la imitò. (...) "Naturalmente, è bene tener presente che, se abbiamo piedi di forma tradizionale, ci conviene restare fedeli alle scarpe di forma tradizionale". Nonostante il frastuono che le circondava, per un attimo ci fu un silenzio agghiacciante. La signorina Makutsi lanciò un'occhiata ai piedi della signora Ramotswe. Vide le scarpe piatte e larghe, con le loro solide fibbie, molto simili alle scarpe che la signora Potokwane indossava all'orfanotrofio (anche se forse non così malridotte). Poi si guardò i piedi. No, non c'era possibilità di confronto, e in quel momento decise che doveva avere le scarpe azzurre. Doveva averle, stop. Entrarono, la signorina Makutsi davanti, e la signora Ramotswe che la seguiva passivamente. Durante la conseguente transazione, la signora Ramotswe tacque. Osservò la signorina Makutsi indicare la vetrina. Osservò la commessa prendere una scatola da uno scaffale e tirar fuori un paio di quelle scarpe azzurre. Non disse nulla mentre la signorina Makutsi, seduta su uno sgabello, strizzava il piede in una delle scarpe, incoraggiata dalla commessa che spingeva e strattonava il suo piede con grande energia. E restò in silenzio mentre la signorina Makutsi prendeva il borsellino e pagava un anticipo perché le tenessero da parte le scarpe; la vide posare sul bancone quei preziosi biglietti della Banca del Botswana che si era faticosamente guadagnata (...) Uscendo dal negozio, la signora Ramotswe si fece perdonare dicendo alla signorina Makutsi che in realtà anche lei trovava magnifiche le scarpe azzurre. Non aveva senso continuare a criticare un acquisto una volta avvenuto (...). In seguito fece notare alla signorina Makutsi che non indossava le nuove scarpe azzurre. Le lasciava riposare un po'? (...) La signorina Makutsi sorrise. Era imbarazzata, ma nell'intimità del camion (...) sentì che poteva esprimersi liberamente sull'argomento scarpe. "Mi stanno un po' piccole – confessò – credo che avesse ragione lei. Ma ero veramente felice quando le ho messe, e non me lo dimenticherò mai. Sono talmente belle." La signora Ramotswe rise. "Bé, l'importante è questo, giusto? Conoscere la felicità, e poi ricordarla." (McCall Smith, 2006, pp. 177-235).

In questo dialogo è molto evidente come i due personaggi facciano riferimento a schemi molto diversi che portano a una differente cognizione delle scarpe. I pensieri, le credenze, le aspettative, i ricordi sulle scarpe, che si trovano già depositati nella memoria delle due signore sono discordanti. Quello che per l'una sono solo oggetti comodi per camminare bene, per l'altra sono la fonte della felicità: non importa quanto scomode possono essere, ciò che conta è quanto siano belle, eleganti e simili a quelle indossate nelle grandi città. Il prezzo viene percepito in modo molto diverso, e la forma a punta che per una è il segno della distinzione, per l'altra è il segno della irrazionalità.

TACCHI SOLIDI O A SPILLO?
Helene è la terza moglie di Stefan Blau partito alla volta dell'America da una cittadina sul Reno e diventato proprietario di un ristorante nel New Hampshire. Cercando di bilanciarsi tra le due culture Helene si prende cura, non senza difficoltà, di Stefan e dei suoi figli. "Per Helene vivere in America era una altalena continua di scoperte e perdite. (...) Decise che le scarpe americane non erano abbastanza robuste e, anche se la fabbrica principale della cittadina era un calzaturificio che spediva merce in tutto il paese, lei ordinava le scarpe per la famiglia in Germania" mentre l'amica americana Pearl, con gusti decisamente diversi, predilige i tacchi a spillo e non condivide la sua austerità: "Dolcezza le mie scarpe non sono fatte... per camminare sulla neve". "Io mi romperei il collo. La mia figliastra però, le adorerebbe. Non le piace portare le scarpe che ordino in Germania". Pearl contemplò i piedi di Helene: pelle nera e solida, allacciata alle caviglie. Tacchi grossi. "Tu sei una donna molto indipendente" le disse. Quando dopo molti anni Helene si trova a ripensare alle sue scelte in fatto di calzature si rende conto di avere sbagliato e di aver impedito sia a Grete che a se stessa dei momenti di felicità fuori dalle regole. "Helene si sdraiò sul letto, tenendo le scarpe ai piedi, anzi guardando il cuoio robusto delle scarpe, lì in fondo alle gambe, i lacci che si infilavano su cinque coppie di buchi, le piccole cuciture ad arco sulla punta, e pensò alle scarpe che piacevano a Yvonne – fasce sottili e tacchi a spillo – e desiderò averne posseduto un paio." (cfr. Hegi, 2000a, pp. 104-337).

Il significato delle scarpe per i protagonisti delle pagine di questo romanzo va dalla solidità alla seduttività. Per una devono essere solide (come la propria patria e i propri valori) e svolgere la funzione pratica di non far cadere e di sostenere il piede, l'estetica non conta e vale solo la funzionalità. Per le altre il valore è la seduttività, poiché i tacchi alti contribuiscono a rendere il movimento provocante, l'estetica è determinante e la comodità non è importante: le scarpe sono considerate un oggetto di desiderio e non un supporto ortopedico! Sempre di scarpe si tratta, ma la loro rappresentazione cognitiva, ossia la conoscenza accumulata nella memoria dei diversi soggetti, è molto diversa.

Gli schemi influenzano il modo di raccogliere, decodificare, interpretare, completare e memorizzare le informazioni sulla moda. Gli **schemi di persona** contengono le informazioni che ci servono per descrivere gli individui in base ai tratti di personalità e alle motivazioni. In questo caso l'abbigliamento e gli accessori ci possono far pensare a persone socievoli, simpatiche, amichevoli, oppure aggressive, antipatiche, distaccate. Poiché gli esperimenti dimostrano che ricordiamo con più facilità le informazioni congruenti con lo schema, se la giacca di Armani ci ha fatto venire in mente lo schema delle persone di successo, tenderemo a ricordare e a notare anche altre informazioni congruenti con lo schema, per esempio un tono di voce sicuro, un incedere veloce, una particolare esperienza di lavoro.

IL PAPILLON

Nel film di Frank Oz *In e out* (1997), il prof Howard Brackett insegna arte drammatica in un liceo di Greenleaf, una piccola cittadina dell'indiana. La sua vita viene completamente stravolta quando in diretta televisiva, durante la consegna degli *Oscar*, Cameron Drake, un suo ex allievo diventato famoso per aver interpretato la parte di un soldato *gay*, lo ringrazia pubblicamente dichiarando che anche il professore è *gay*. Nonostante la dichiarazione sia falsa, si attiva nella mente di chi ascolta lo schema dell'omosessuale e improvvisamente le persone che conoscono il professore iniziano a notare elementi congruenti con il nuovo schema che prima non avevano considerato: ad esempio il fatto che curi molto l'abbigliamento, che porti spesso un papillon, che ami la poesia, che il suo fidanzamento duri da troppo tempo. E perfino che "è leccato, ben vestito, pulito, ama Shakespeare, usa i tovaglioli e ama i film di Barbara Streisand". Loro stessi vanno a cercare elementi che confermano uno schema a cui prima non avevano mai pensato, e tutti gli elementi congruenti con quello schema diventano importanti e lo rafforzano.

Gli **schemi di sé** fanno sì che interpretiamo molti aspetti della realtà in base alla nostra esperienza, ai nostri pensieri, alle nostre preferenze. Le informazioni che possediamo su di noi, e i nostri tratti peculiari, formano uno schema con il quale interpretiamo velocemente sia le informazioni che ci riguardano, sia quelle che riguardano gli altri. Così, ad esempio, se uno dei tratti che ci contraddistinguono è quello della eleganza, tenderemo a renderlo prioritario e a considerarci eleganti anche se indossiamo una semplice maglietta bianca, e nello stesso tempo ad applicarlo anche nella valutazione degli altri.

Gli **schemi di ruolo** ci aiutano a predire il comportamento delle persone che rivestono un ruolo sociale. Così, ad esempio, da un esperto di moda ci aspettiamo che sia elegante sia negli abiti che nel comportamento.

Gli **schemi di eventi** sono formati dalle regole e dai codici di comportamento relativi alle diverse culture. Su questi schemi adattiamo la nostra condotta e valutiamo quella degli altri: sappiamo, ad esempio, come vestirci ad un matrimonio e come ad una lezione universitaria, riconosciamo ciò che è adeguato e ciò che non lo è. Nell'esempio tratto dal film *L'amore ha due facce*, ad esempio, abbiamo visto come le figlie giudichino inadeguato l'abbigliamento della madre, un lungo e fasciante abito di paillettes azzurre, abbinato con una teatrale mantello a balze di *shantung* di seta color melanzana, considerato adatto ad una prima donna al centro della scena, e non alla madre della sposa!

4.2 L'abbigliamento come forma di conoscenza degli altri

Quanto contribuisce l'abbigliamento nel creare le **prime impressioni**? L'aspetto di una persona, o determinati suoi comportamenti, richiamano immediatamente nella mente una rappresentazione cognitiva, uno schema che contiene la conoscenza accumulata nella memoria. L'aspetto fisico offre molti indizi sulla personalità, sulle preferenze e sui ruoli, che vengono raccolti e interpretati sulla base delle precedenti convinzioni.

Si discute molto sulla importanza dell'immagine: c'è chi sostiene che "l'immagine è fondamentale" e chi la liquida come "sovrastruttura". Probabilmente, visto che avete comprato un libro sulla moda, siete più propensi a sostenere la prima tesi che non la seconda. È anche la mia tesi e vi spiegherò perché! Come propongono Smith e Mackie (1988), nel loro manuale di Psicologia sociale, cercate di rispondere ad alcune domande relative alla Fig. 5: "chi tra loro ha maggiori probabilità di preferire i Litfiba a Mozart? Chi leggerebbe più volentieri le opere filosofiche di Jean-Paul Sartre anziché i romanzi gialli di Gorge Simenon? Chi preferirebbe un abbonamento alla stagione operistica del Teatro Comunale e chi un abbonamento allo stadio? Probabilmente siete in grado di rispondere con prontezza e con una certa sicurezza a queste domande, ma come si sono formate le impressioni che vi hanno indotto a dare determinate risposte? Le materie prime delle impressioni sono il modo di apparire e il modo di agire degli altri. Tuttavia questi indizi danno delle informazioni solo perché riteniamo che l'aspetto e il comportamento riflettano le caratteristiche della personalità, le preferenze personali e lo stile di vita" (Smith, Mackie, 1988, p. 57).

Il motivo per cui rispondete con prontezza alla domanda è che osservate l'abbigliamento e gli accessori dei quattro personaggi, la loro postura e il loro orientamento e che questi indizi fanno immediatamente scattare nella vostra memoria delle rappresentazioni cognitive.

Fig. 5 – Persone sulla panchina (*Fonte*: Smith, Mackie, 1988, p. 58).

Cominciamo dal primo personaggio a sinistra. Una ragazza abbastanza giovane, con i lunghi capelli scuri e la bocca truccata, ha un cappotto nero, una gonna fantasia di forma ampia, un cappello decorato con un girasole e una chitarra dentro ad una custodia. Da sola occupa una gran parte della panchina. È seduta sulla spalliera ed ha un piede appoggiato sulla chitarra stesa sul sedile. Guarda di fronte a sé.

Accanto a lei un signore un po' stempiato, dai capelli neri, di media età, magro, che legge un giornale appoggiato sulla sua gamba. Ha un paio di pantaloni senza piega, una giacca un po' vissuta, camicia bianca, cravatta con un nodo stretto e un golf. È orientato verso il giornale e gira un po' le spalle al signore seduto accanto a lui.

Il vicino sbircia il suo giornale, ha le spalle un po' reclinate, le gambe divaricate, i capelli bianchi e sembra più anziano degli altri e un po' sovrappeso. In una mano ha un bicchiere di carta con un probabile caffè e nell'altra mano un sacchetto di plastica forse con la spesa. Ha un golf con una scritta, un giubbotto aperto, dei jeans e scarpe allacciate un po' informi.

La ragazza seduta al lato destro della panchina è giovane, ha i capelli biondi, mossi e indossa un cappello sportivo con la tesa girata sulla nuca e un lungo cappotto nero, abbraccia un grande ombrello a spicchi. E reclinata sul libro che sta leggendo e volta le spalle agli altri tre occupanti delle panchine.

Come abbiamo visto le prime impressioni sono determinate dal modo di apparire e di agire delle persone e attivano degli schemi della nostra mente in base ai quali associamo una caratteristica fisica ad uno stile di vita, a un tratto di personalità, a un ruolo sociale, o all'appartenenza ad un gruppo.

Così ad esempio il cappello con il girasole può richiamare lo schema dell'estrosità e della creatività, che unito al trucco, allo strumento musicale e alla postura trasgressiva può farci pensare ad una arista. In questo caso la rappresentazione cognitiva che si attiva contiene convinzioni del tipo: gli artisti sono persone creative, vestono in modo estroso e teatrale, usano il trucco con disinvoltura, sanno suonare e cantare. "È una artista di strada" sostengono con certezza gli studenti a cui faccio vedere la foto!

Nello stesso modo l'abbigliamento formale, ma un po' stropicciato fa pensare che il signore che legge tranquillamente il giornale sia alla fine della giornata di lavoro e appartenga al gruppo degli impiegati o degli insegnanti, piuttosto che a quello dei dirigenti. Per un dirigente, o un giovane rampante, tendiamo ad aspettarci un abbigliamento più curato e alla moda e un comportamento più attivo, con cellulare e borsa da lavoro.

La poca cura dell'abbigliamento, il caffè in mano e la busta della spesa fanno propendere per il gruppo dei pensionati o dei disoccupati nel caso del signore che sbircia il giornale del vicino.

L'ultima ragazza della fila si fa notare per il tocco sbarazzino del cappello indossato all'inverso, e poiché è talmente immersa nel libro e distaccata dagli altri da abbracciare il suo ombrello, fa pensare ad una studentessa impegnata nella preparazione di un esame.

Come raccogliamo gli indizi e come li interpretiamo? Ad attrarre la nostra attenzione sono gli elementi che si differenziano dalla norma e che sono **salienti** rispetto ad un determinato contesto. Così in un contesto come quello della foto, una panchina in una piazza probabilmente vicina alla fermata del tram, non ci colpisce certo il fatto che le persone siano sedute una vicino all'altra, né che stiano leggendo o sbirciando il giornale o un libro. Senz'altro ci colpisce di più il cappello con il fiore, o la postura trasgressiva della prima ragazza, che ci fanno pensare ad un ruolo diverso dalla norma rappresentata da impiegati, pensionati e studenti.

Il **contesto** è sempre un elemento determinante sia per la raccolta che per l'interpretazione degli indizi. Immaginate di vedere una foto che ritrae un uomo di circa 30 anni, vestito con giacca blu, camicia Oxford, cravatta *regimental*, pantaloni grigi, scarpe nere allacciate. Con una mano tiene una borsa da lavoro di cuoio, con l'altra un passeggino con un bambino di un anno. La foto lo ritrae mentre sta entrando ad una riunione di direzione della sua azienda. Cosa vi colpisce? Cosa pensate di questa persona? Che caratteristiche ha? Qualsiasi sia la vostra risposta sono certa che l'elemento saliente da cui partirete è il passeggino con il bambino. Se nella vostra mente, in base all'abbigliamento e al luogo, si è attivato lo schema del lavoro manageriale, darete interpretazioni influenzate dalle vostre rappresentazioni cognitive della managerialità. Così chi ritiene che il lavoro di un manager sia fatto di impegno, organizzazione, raggiungimento degli obiettivi e sacrificio del tempo libero, tenderà a interpretare l'indizio come una mancanza di organizzazione (ad esempio non si è ricordato di prenotare una babysitter); chi ritiene importante che nel lavoro ci sia spazio per le emozioni e la vita privata, dirà che è un padre amorevole e coraggioso; chi ritiene che con il potere si può fare tutto penserà che solo un uomo potente può permettersi di portare il figlio ad una riunione di lavoro senza conseguenze. C'è chi pensa alla presentazione di una campagna pubblicitaria con un bambino come testimone! Le possibilità sono varie, tanto quanto sono varie le convinzioni che compongono le rappresentazioni cognitive, ma tutte partono da un indizio!

Immaginate di cambiare foto: c'è lo stesso uomo, vestito nello stesso modo (giacca, cravatta, borsa di cuoio), con il bambino nel passeggino, ad una festicciola nel giardino dell'asilo nido frequentato dal figlio. Provate a rispondere alle stesse domande di prima. Qualsiasi sia la risposta a cui state pensando questa volta l'elemento saliente non è certo il passeggino con il bambino, elemento assolutamente scontato in una scuola materna, ma probabilmente l'abbigliamento formale del padre che a seconda dello schema che si attiva nella vostra mente vi porterà a dire che è un buon padre che trova tempo per il figlio nonostante i tanti impegni di lavoro (un manager lavora molto e ha molti impegni e responsabilità); oppure che è un padre rigido che non sa giocare e rimane sempre con la testa al lavoro anche quando è con il figlio (se fosse un padre affettuoso e coinvolto si sarebbe tolto la giacca e avrebbe lasciato borsa e cellulare in macchina).

Ad essere importanti quindi, non sono tanto gli indizi, quanto le conoscenze accumulate da ogni persona, collegate all'indizio e facilmente riattivabili nella memoria: cambiando le conoscenze cambiano anche le interpretazioni.

Un ruolo importante nell'interpretazione è giocato dalle **associazioni** tra due, o più, rappresentazioni cognitive legate tra loro.

Ad esempio: una persona vestita elegantemente fa pensare subito al successo. Le conoscenze sull'eleganza si associano con facilità ai tratti competenza, professionalità o riuscita, che vengono attivati nella mente per similarità di significato. Per spiegare il ruolo delle associazioni possiamo usare come esempio un esperimento citato da Argyle (1978) nel quale veniva mostrata una persona prima vestita in modo informale con jeans, giubbotto, maglietta bianca, occhiali da sole e giornale in mano e successivamente in modo formale e curato, con giacca e pantaloni neri, bombetta, borsa da lavoro e ombrello. Ogni volta veniva chiesto di indovinarne il lavoro. Le risposte fornite hanno mostrato l'influenza dell'abbigliamento sulla percezione di status e di ruolo lavorativo: in base ad una associazione tra abbigliamento e professione/lavoro il ruolo attribuito è stato di tipo manuale nel primo caso e manageriale nel secondo. La cosa interessante è che la persona ritratta è la stessa e si trova nello stesso luogo. L'unica cosa che cambia è l'abbigliamento.

Ad influenzare l'interpretazione degli indizi è anche l'**accessibilità**, cioè la facilità e la rapidità con cui una rappresentazione cognitiva ci viene alla mente e viene usata. L'accessibilità è influenzata delle aspettative, dalle motivazioni, dal contesto, dall'umore, e dall'uso frequente o recente della rappresentazione. Così, ad esempio, se ci aspettiamo che tutti i francesi siano eleganti, incontrando un collega francese saremo più propensi a notare abiti e accessori e a trovarli di buon gusto.

Il contesto e la situazione ci aiutano sempre ad interpretare un comportamento soprattutto quando è ambiguo, così un abito nero è un segnale di lutto ad un funerale e di eleganza ad una serata mondana.

ABBIGLIAMENTO E COMPETENZA

In *Erin Brockovich* (1999) il film di Steven Soderbergh con Julia Roberts ed Albert Finney, Erin, bella, magra, alta, affascinante, vestita alla moda tanto da mettere in evidenza il suo bel corpo, brillante, tenace e determinata, trova lavoro, per la sua intraprendenza, in uno studio legale. I suoi colleghi hanno uno stile un po' diverso, sono quasi tutti sovrappeso, non molto alti e vestiti in modo antiquato: si va dagli abiti etnici, agli *chemisier* informi di maglina, alle camicie a fiori a mezze maniche fino alle orrende cravatte dell'avvocato Ed Marsy che dirige lo studio. L'abbigliamento e l'aspetto di Erin, così diverso dalla norma dello studio, diventano subito un elemento saliente, scatenando rappresentazioni cognitive, e dando luogo a inferenze e interpretazioni. All'inizio, quando Erin chiede supporto ai colleghi per svolgere il lavoro, ottiene rifiuti "dovresti sapere da sola come fare", e l'ostilità cresce man mano che il tempo passa. Con molta determinazione, capacità, intraprendenza e intelligenza, Erin scopre che dietro una pratica archiviata come immobiliare c'è in realtà un gravissimo caso di inquinamento da cromo esavalente, messo in atto da una azienda chimica, che ha provocato tumori negli abitanti della zona. Dopo aver chiesto l'autorizzazione al capo, Erin indaga come le sembra normale fare. Prende la macchina e va a cercare le informazioni da chi ce l'ha: le persone che si sono ammalate, l'azienda, l'università, l'archivio. Per questo motivo sta ovviamente fuori dall'ufficio e quando torna, dopo aver svolto un proficuo lavoro, scopre di essere stata licenziata. Quando l'avvocato capirà la reale importanza del lavoro di indagine svolto da Erin, la riassumerà, e a quel punto a Erin sarà svelato il vero motivo del licenziamento: il suo aspetto fisico! Il suo abbigliamento, il suo aspetto, i suoi accessori l'hanno fatta percepire come una persona inaffidabile, che preferisce svagarsi anziché impegnarsi, e perciò visto che non si era presentata in ufficio, durante le ricerche, tutti hanno pensato che fosse andata a divertirsi. Potere della salienza, delle rappresentazioni cognitive e della interpretazione degli indizi! Nella realtà Erin non si diverte affatto: ha due figli da mantenere, non ha denaro e talvolta rinuncia a mangiare per dare un pasto ai bambini, per lavorare deve organizzarsi cercando qualcuno che badi ai piccoli, e a casa, dopo aver giocato con loro, continua a lavorare sui documenti del caso che le è stato affidato. Ma la salienza dell'abbigliamento e dell'aspetto esteriore attiva immediatamente una associazione che porta ad interpretare il comportamento. Lo schema che si attiva è: "le persone troppo belle e vestite in modo provocante, sono poco professionali e affidabili, danno più importanza al divertimento che all'impegno". Dall'associazione tra queste rappresentazioni cognitive e l'interpretazione del comportamento (non è venuta in ufficio oggi) il passo è breve: "da una persona vestita così non ci si può aspettare niente di buono".

L'inferenza è un processo in base al quale caratterizziamo qualcuno come dotato di un tratto di personalità (nel caso di Erin superficiale e inaffidabile) in base all'aspetto (Erin è bella e veste in modo provocante), alla comunicazione non verbale (con tacchi alti e abiti aderenti si muove in modo sinuoso, guarda gli altri diritto negli occhi e sovrasta molti di loro con la sua altezza) e al comportamento osservato (svolge l'indagine sul campo, e non dall'ufficio come fanno i mediocri colleghi). Come abbiamo visto lo stesso comportamento può dare origine a diverse inferenze a seconda di quali rappresentazioni cognitive siano accessibili a chi osserva.

4.3 L'abbigliamento come forma di conoscenza di noi stessi

Dall'età di due anni abbiamo iniziato a riconoscere la nostra immagine allo specchio e ad elaborare pian piano una conoscenza basata sull'interpretazione delle informazioni raccolte. Seguendo un processo identico a quello della conoscenza degli altri, inferiamo le nostre caratteristiche dall'osservazione dei nostri comportamenti, dai nostri pensieri e sentimenti, dalle reazioni altrui, e dal confronto con gli altri. Naturalmente, pur seguendo lo stesso processo, la conoscenza di noi stessi è più profonda e variegata rispetto a quella degli altri.

Come abbiamo visto, aspetto fisico, comunicazione non verbale e comportamenti, sono basilari per il formarsi delle prime impressioni e per attivare rappresentazioni cognitive di noi stessi. In questo processo, abbigliamento, accessori, cosmetici e cura del corpo sono fondamentali. Secondo un processo di **percezione di sé,** osserviamo il nostro aspetto e il nostro comportamento e ne deduciamo informazioni. Così se la nostra pelle è curata, i nostri capelli sono ben tagliati e hanno un bel tono di colore, indossiamo un abito elegante, calziamo delle favolose scarpe, portiamo uno strepitoso gioiello, come possiamo non dedurne di essere una persona vincente e speciale? Come abbiamo visto l'umore influenza le associazioni, e naturalmente è molto più facile che ci vengano in mente pensieri positivi mentre indossiamo un abito bello, colorato o con un tessuto particolarmente morbido o cascante che ci avvolge. Secondo le leggi della percezione, ci sentiamo più alti indossando scarpe con tacco o portando un cappello dalla forma slanciata, più evidenti e presenti nello spazio con una gonna a ruota, più magri con un tubino nero.

Una ricerca condotta su un gruppo di studenti ha dimostrato come l'eleganza faccia sentire le persone più importanti (cfr. Bartoli, Bonaiuto, 1995, p. 32). Al gruppo sperimentale è stato chiesto di presentarsi in un'aula universitaria vestiti prima in modo curato e elegante, poi in modo trasandato, e ogni volta è stato chiesto loro di compiere una autovalutazione. I soggetti vestiti elegantemente si attribuivano il 20% in più di importanza, rispetto a quando erano vestiti in modo non curato. Inoltre veniva chiesto loro di valutarsi rispetto a tre rappresentazioni grafiche dell'importanza fenomenica del *Sé* (Fig. 6): una centrata sugli aspetti esteriori del *Sé* (1), una diffusa (2), e una concentrata sull'interiorità (3).

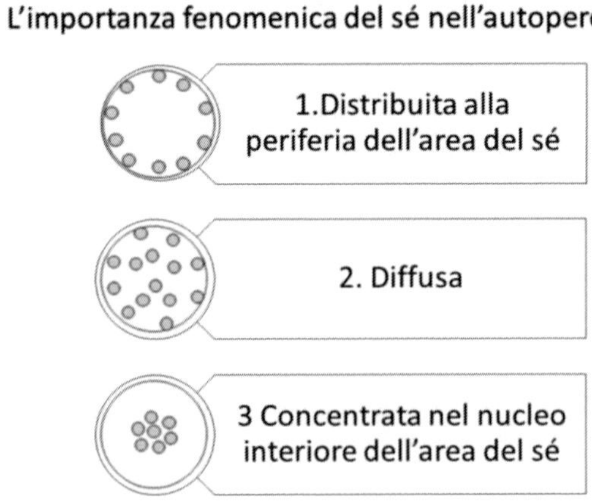

Fig. 6 – L'importanza auto-percepita (*Fonte*: Bartoli, Bonaiuto, 1995, p. 32).

Le donne con abbigliamento trasandato hanno scelto nel 54% la rappresentazione si sé concentrata sull'interiorità (3), mentre gli uomini hanno preferito quella diffusa (2). Le donne con abbigliamento elegante hanno preferito la forma diffusa (2) e quella distribuita sulla superficie (1) rispettivamente due volte e quattro volte di più rispetto all'abbigliamento trasandato. L'abbigliamento contribuisce quindi a far sentire le persone migliori, ma anche a farle percepire dagli altri come maggiormente importanti se sono vestite elegantemente!

È interessante sapere che la conoscenza di noi è influenzata anche dall'**immaginazione:** visualizzare, ad esempio, una prestazione positiva rende più accessibili pensieri di successo e migliora i risultati (Murphy, 1990). Così quando provando un abito in un camerino, ci immaginiamo nell'atto di camminare sicure o sicuri verso il podio, pronunciare un discorso e ottenere un applauso, prepariamo con la mente il nostro successo. Stessa cosa accade quando immaginiamo di indossare un abito visto su una rivista, o in una vetrina, e di sedurre, grazie a quell'abito, l'oggetto dei nostri sogni: l'atto di immaginare ci fa sentire più interessanti e seducenti. Nello stesso modo quando immaginiamo di scegliere un abito sfogliando una rivista, possiamo inferire la nostra capacità di essere eleganti e sicuri di noi, poiché, "pensare a comportamenti reali o immaginari accresce l'accessibilità di caratteristiche personali correlate" (Smith e Mackie, 1988, p. 96).

ABITI PER SENTIRSI SPECIALI

Ricordate l'episodio di *Sex and the City* (2004) "Sfide al femminile" dove Carrie sceglie abito e scarpe per sentirsi speciale e favolosa alla colazione delle "Donne nell'arte"? Immaginare se stessa con i sandali di Manolo Blahnik e l'abito rosso "che costa come un mese di affitto", le permette di costruire una rappresentazione di sé come donna assolutamente "favolosa", che può confrontarsi con altre donne favolose come Natasha che ha sposato il suo ex fidanzato. Provare abito, scarpe e pettinatura la fa sentire più sicura e vincente, e migliora il suo benessere.

C'è da dire poi, che uno dei motivi per cui ci piace molto fare riferimento al nostro abbigliamento e alla moda, è dovuto al fatto che preferiamo trarre informazioni su noi stessi da comportamenti che abbiamo scelto liberamente, guidati da una **motivazione intrinseca**, piuttosto che da quelli condizionati dagli altri o dal dovere e conseguenti ad una motivazione estrinseca. Il piacere di scegliere un abito dall'armadio o in un negozio durante un giro di *shopping*, rappresenta spesso una esperienza "di vacanza", in uno spazio mentale libero da responsabilità.

Pur seguendo lo stesso percorso cognitivo di quello degli altri, la conoscenza di se stessi presenta piccole differenze. Innanzitutto di noi stessi sappiamo più cose, ci osserviamo più spesso come attori nelle diverse situazioni e conosciamo i nostri sentimenti, ma la differenza più importante è che mentre tendiamo a mettere il nostro comportamento in relazione alle situazioni, interpretiamo il comportamento degli altri come conseguenza di caratteristiche di personalità. Così, ad esempio, se scendiamo in strada con una comoda e informe tuta da ginnastica spieghiamo questo abbigliamento in relazione ad un evento come dei lavori di manutenzione in casa, ma se osserviamo una vicina con un abbigliamento simile tendiamo a interpretarlo come un indice di trascuratezza e scarsa eleganza. Insomma due pesi e due misure!

4.4 Forme e strutture nella conoscenza di noi e degli altri

La forma di un abito, il suo colore, le dimensioni di un cappello, l'altezza di un tacco, il disegno di un tessuto o i suoi movimenti, influenzano la conoscenza di noi stessi e degli altri?

McLuhan (1967) definisce l'abbigliamento come una "**estensione della pelle**" e ci fa riflettere su come le sensazioni visive e tattili di abbigliamento e accessori ci facciano percepire il corpo come più alto, più magro o più visibile. Possiamo trovare una chiave di lettura alla conoscenza di noi stessi e degli altri attraverso l'abbigliamento e gli accessori, nelle leggi della **percezione sensoriale**. Tali leggi spiegano come i nostri organi di senso siano colpiti da molte sensazioni, ma tendano ad elaborarne alcune più evidenti, creando una figura e lasciando il resto sullo sfondo, oppure organizzando le informazioni rilevanti in una struttura che unifica i vari elementi. Andiamo per gradi e cominciamo a riflettere su come percepiamo le forme.

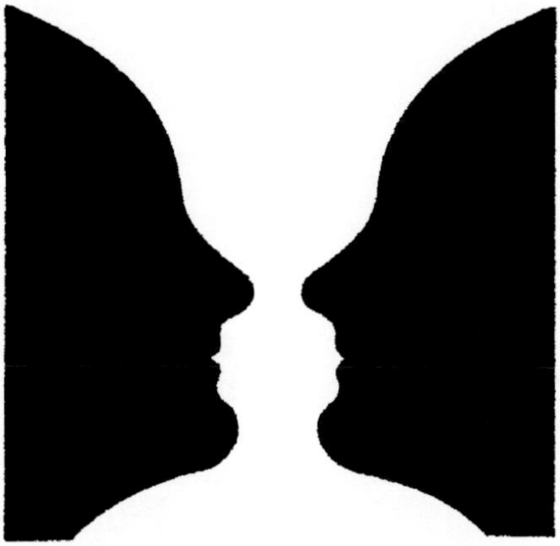

Fig. 7 – La figura di Rubin.

La figura di Rubin (Fig. 7) mostra chiaramente come le sensazioni visive facciano mettere a fuoco alcune caratteristiche di una immagine e non altre. Possiamo considerare il bianco come **figura** e vedere nettamente una coppa, mentre il nero resta come **sfondo** senza particolare rilievo nel nostro campo percettivo, oppure all'opposto possiamo vedere due profili che si stagliano su uno sfondo bianco. Secondo Rubin vediamo i profili o la coppa separatamente, ma non possiamo vederli contemporaneamente perché se una forma è figura l'altra è sfondo. Così un particolare capo di abbigliamento o un accessorio possono trovarsi a fuoco ed essere oggetto della nostra attenzione o perché lo stimolo è nuovo e inaspettato, o all'inverso perché e abituale, ma soprattutto perché attiva interessi o motivazioni, pensieri o emozioni.

PAPILLON E CORPETTI
Così il papillon e l'abbigliamento "leccato" del prof Howard Brackett in *In e out* diventano improvvisamente figura dopo l'esternazione di Cameron Drake in televisione, e lasciano sullo sfondo tante altre informazioni su di lui (come ad esempio il fatto che stia per sposare una collega) che improvvisamente perdono importanza. Nello stesso modo le gonne corte, i corpetti aderenti, i tacchi alti, l'andatura decisa di Erin in *Erin Brockovich* funzionano come figura, mentre sullo sfondo e senza importanza rimangono il lavoro brillante compiuto, il suo impegno come madre e molte altre informazioni.

È chiaro che poiché l'aspetto fisico di una persona e il suo abbigliamento sono spesso la prima cosa che notiamo e la prima impressione che ricaviamo, c'è una forte probabilità che questo stimolo colpisca i nostri organi sensoriali definendo la figura e lasciando altre informazioni sullo sfondo.

L'insieme delle sensazioni che costituiscono la figura, vengono percepite come parti di una **struttura**, costituendo una forma originale che è indipendente dagli elementi che la compongono e più evidente.

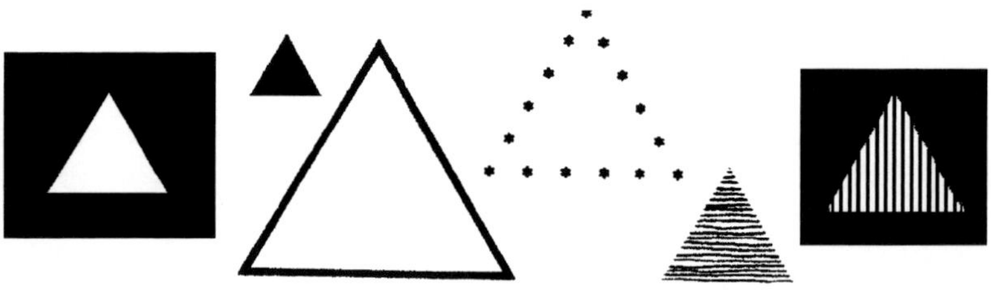

Fig. 8 – Triangoli.

Ad esempio tutte queste forme (Fig. 8) sono percepite come triangoli anche se gli elementi che le compongono sono molto diversi tra loro. Possiamo percepire come struttura l'eleganza, o l'estrosità, pur essendo molto diversi gli abiti, gli accessori, gli abbinamenti e i colori che compongono l'abbigliamento.

La **legge della dominanza** afferma che il tutto domina sulle parti: la struttura percettiva creata dall'abbigliamento può, quindi, cambiare l'immagine di una persona facendola per esempio percepire come più alta, più autorevole, più evidente. Avete presente gli effetti del "prima e dopo" in alcuni servizi fotografici in cui si prende una persona insignificante e si trasforma con trucco, pettinatura, abbigliamento e accessori in una persona interessante? La persona è la stessa ma la struttura percettiva è moto diversa e diventa prioritaria dal punto di vista almeno fenomenico! Nell'immagine "dopo la cura" non vediamo più la forma precedente!

Secondo la **tendenza alla chiusura** cerchiamo di dare ai singoli dati sensoriali un significato unitario.

Fig. 9 – Il cane.

Nella Fig. 9 vediamo ad esempio un cane e non un semplice insieme di macchie. Nello stesso modo, quando osserviamo una persona non vediamo tanto i singoli elementi dell'abbigliamento, ma diamo un significato all'insieme, considerando la persona di buon gusto, alla moda, originale, vincente oppure antiquata, perdente, volgare o scontata.

Vi sono poi dei casi, che possiamo definire come **illusioni ottiche**, nelle quali le percezioni risultano ingannevoli.

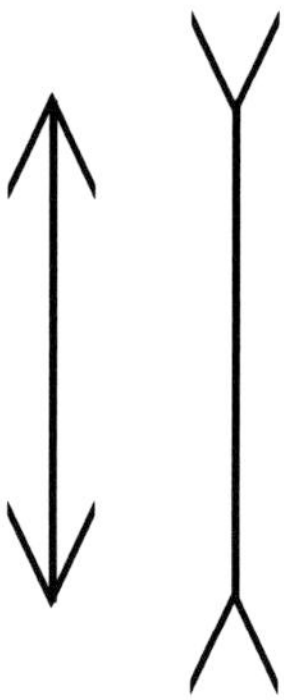

Fig. 10 – L'illusione di Muller-Lyer

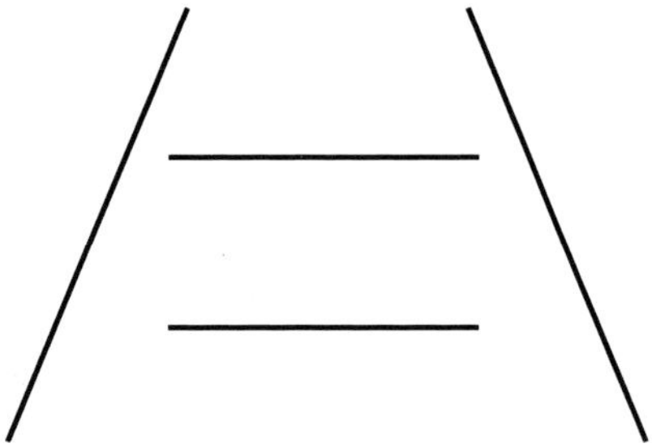

Fig. 11 – L'illusione di Ponza.

Nell'illusione di Muller-Lyer (Fig. 10) le due linee sono di uguale lunghezza ma quella di destra con le due v appare più lunga di quella di sinistra con le v capovolte. Nell'illusione di Ponza (Fig. 11) la linea orizzontale superiore appare più lunga di quella inferiore, pur essendo identica all'altra. È chiaro come le illusioni ottiche riescono a modificare l'immagine delle persone che indossano determinati capi o accessori. Pensate ad esempio come un cappello a cilindro possa far sembrare più alti o come lo stesso effetto possa essere raggiunto da un paio di sandali con il tacco alto accompagnati magari da un abito lungo o da una pettinatura elaborata, contribuendo, nello stesso tempo, a far sentire la persona come più forte, più potente, con un maggior valore, e in grado di ottenere più rispetto. Oppure pensate a come un capo con righe orizzontali faccia sembrare più grassi, o uno con linee verticali più snelli. Come la piega dei pantaloni renda più slanciati, contribuendo ad avvicinare la forma fisica al concetto di corpo ideale condiviso socialmente. Oppure come una gonna ampia possa renderci più evidenti nello spazio, così come il lungo strascico di un abito da sposa, o una borsa in mano possa estendere il nostro corpo e farci acquisire energia. Anche le spalle imbottite delle giacche contribuiscono a far percepire la postura come più eretta e quindi più autorevole e atletica, rispetto a quella intuita se indossiamo un golf ampio. La percezione del movimento è altrettanto interessante: dei lunghi capelli che si muovono intorno ad un volto, degli orecchini che oscillano o un pendente che ondeggia, una sciarpa che si muove al vento contribuiscono a dare armonia al movimento e a creare un ritmo. E poiché abbiamo visto che per la legge della dominanza il tutto predomina sulle parti, i singoli elementi dell'abbigliamento fanno percepire il corpo come cresciuto, più armonico, più evidente, a patto di non essere esagerati e di non creare un effetto carnevalesco. Anche le **sensazioni tattili**, oltre a quelle **visive**, possono contribuire alla percezione. Il vento che gonfia una gonna come nella famosa immagine di Marylin Monroe può far percepire un aumento di forza e di slancio. La morbidezza di un tessuto o il frusciare di una seta impalpabile può aumentare la sensazione di seduzione.

4.5 La musica dei colori

Anche la percezione del colore è importante. Come scrive Max Lüscher, l'autore del test dei colori "la sensazione delle note cromatiche viene percepita con grande precisione, in modo del tutto simile a quelle musicali. Come ogni mezza nota produce un effetto percepibilmente chiaro, allo stesso modo anche ogni colore suscita una sensazione ben definita. Come la musica è una espressione altamente differenziata delle sensazioni, così il linguaggio dei colori è una rappresentazione immensamente ricca ed esatta delle sensazioni e dei sentimenti" (Lüscher, 1997, p. 9).

Secondo questo autore ci sono due diversi approcci verso i colori: la **sensazione percettiva** determinata dalla percezione cromatica, e l'**emozione** legata alla simpatia o all'antipatia che genera in noi un colore. La preferenza per un colore e il rifiuto di un altro è determinata dallo stato psichico. Dietro alla scelta dei colori non c'è, quindi, solo l'influenza del sistema moda o di fonti autorevoli, ma ci sono anche le caratteristiche di personalità, i conflitti intrapsichici e le motivazioni. L'origine del significato dei colori viene fatto risalire al giorno e alla notte "il blu scuro del cielo notturno e il giallo lucente della luce del giorno. Il blu scuro è il colore della quiete e della passività, il giallo lucente il colore della speranza e dell'attività. L'azione dell'attacco e della conquista è rappresentata dal colore rosso, la difesa dal suo complementare: il verde" (Lüscher, 1976, p. 15). Per capire la fisiologia dei colori sono stati condotti esperimenti che hanno mostrato, ad esempio, come fissare il colore rosso produca "un effetto decisamente stimolante del sistema nervoso, aumenti la pressione arteriosa, la frequenza respiratoria e cardiaca. Il rosso è dunque un eccitante del sistema nervoso, soprattutto della funzione simpatica del sistema nervoso autonomo". Il colore blu scuro ha un effetto contrario "la pressione arteriosa diminuisce, come pure la frequenza cardiaca e respiratoria, è dunque calmante e agisce attraverso la funzione parasimpatica" (ivi, p. 16). Nella forma rapida del test sui colori (ne esiste anche una più complessa) viene chiesto di scegliere in ordine decrescente tra una tavola di otto colori, formata da quattro colori base: blu, giallo, rosso e verde; e da quattro colori ausiliari: marrone e viola, che risultano da combinazioni di colori di base; grigio, colore neutro; e nero, non colore.

L'interpretazione (fatta in base agli abbinamenti) permette di individuare caratteristiche di personalità e livello di stress. La prima scelta rappresenta il *modus operandi* della persona (nel caso della scelta del blu: la calma); la seconda scelta mostra l'obiettivo perseguito (nel caso del blu: la quiete); la terza e la quarta scelta indicano il modo in cui la persona si sente effettivamente; la quinta e la sesta rappresentano indifferenza (le qualità del colore non sono messe in pratica, ma tenute di riserva); la settima e l'ottava rappresentano qualcosa da cui si fugge. Vediamo quali sono i significati dei quattro colori di base:

Blu scuro: rappresenta profondità di sentimento, è egocentrico, passivo, eteronomo, sensibile, comprensivo, socievole, pre-

senta aspetti affettivi quali tranquillità, contentezza, tenerezza, amore e simpatia.
Verde-blu: rappresenta elasticità di volontà, è egocentrico, passivo, difensivo, autonomo, tenace, possessivo, immutabile, presenta aspetti affettivi quali persistenza, autoaffermazione, ostinazione, autostima.
Rosso-arancio: rappresenta forza di volontà, è estroverso, attivo, offensivo, autonomo, trascinante, competitivo, operativo, presenta aspetti affettivi quali desiderio, eccitabilità, dominio, sessualità.
Giallo brillante: rappresenta spontaneità, è estroverso, attivo, proiettivo, eteronomo, espansivo, ambizioso, investigatore, mostra aspetti affettivi quali variabilità, attesa, originalità, allegria. (Lüscher, 1976, pp. 25-27).

La scelta dei colori degli abiti e degli accessori e i loro abbinamenti possono contribuire, come nel test di Lüscher, a comunicare le nostre emozioni, le nostre motivazioni, le nostre caratteristiche di personalità e a fornire, a noi stesi e agli altri, indizi dai quali inferire informazioni in base ad un contesto. Il colore rosso di un abito a un funerale, verrà probabilmente considerato come un sintomo saliente e interpretato come offesa e mancanza di condivisione del dolore (che normalmente viene espresso con i colori scuri). Nello stesso modo un abito grigio ad un appuntamento galante può essere interpretato come distanza, freddezza o neutralità e mancanza di reale interesse (cfr. Pizza, Viero, 2023b).

4. 6 Psicologia della vita quotidiana con la moda: conoscere e conoscersi nell'era dei social

Il potere delle prime impressioni

Le prime impressioni che ricaviamo dall'abbigliamento sono importantissime proprio perché preparano la scena della conoscenza. Il nostro **primo biglietto da visita** è certamente l'apparenza: l'immagine, il volto, il trucco, i capelli, gli abiti, i colori, il modo di muoversi, il tono di voce.

Flügel ha messo in evidenza l'importanza delle prime impressioni offerte dal look: infatti "nel caso di un individuo che incontriamo per la prima volta gli abiti che indossa ci dicono subito qualcosa del suo sesso, della sua professione, della sua nazionalità, del suo livello sociale, e siamo così in grado di adattare il nostro comportamento nei suoi confronti, molto prima di quanto non potrebbe consentircelo un'approfondita analisi dei suoi lineamenti e del suo modo di parlare" (1974, pp. 27-28).

Alcuni considerano con attenzione il proprio aspetto esteriore, altri meno, ma in ogni caso l'abbigliamento "ha un potente effetto sulle percezioni e sulle reazioni degli altri. (...) I vestiti vengono usati per dare informazioni intorno alla personalità, allo status sociale, al gruppo di appartenenza di chi li indossa, ed anche sulla disponibilità sessuale, sull'aggressività e su altri atteggiamenti interpersonali" (Argyle, pp. 247-248).

Proprio perché le prime impressioni sono importanti, dobbiamo imparare ad usarle sapientemente per raggiungere i nostri obiettivi. Come influenziamo le prime impressioni che gli altri si fanno di noi? Il messaggio che diamo attraverso gli abiti è sempre sincero? È in sintonia con la nostra identità, con quella dell'azienda dove lavoriamo e con il contesto? Quando giudichiamo gli altri in base alle prime impressioni ricavate dal loro aspetto esteriore, siamo certi di essere accurati e privi di pregiudizi?

Quando l'immagine è falsa

L'immagine è quella parte di sé rivolta al mondo esterno, attraverso la quale forniamo la presentazione che ci sembra più adatta per essere accettati, amati, ammirati. Talvolta, però, nel tentativo estenuante di piacere agli altri dimentichiamo il nostro vero *Sé* e lo sostituiamo con un *Sé* falso che copre e nasconde le nostre reali emozioni, come quando ci si veste in modo aggressivo per coprire la timidezza e apparire più vincenti, o si usano filtri per nascondere rughe e età. In alcuni casi *il Sé reale* è sostituito con un *Sé imperativo* che costringe ad adeguarsi alle aspettative degli altri, percepite come soverchianti, ad esempio "sul lavoro devo vestirmi di nero o grigio, anche se sono colori che non amo, per non essere giudicata troppo frivola dai colleghi" o "per avere successo si deve essere giovani".

Chi è molto preoccupato di dare di sé un'immagine adeguata alle aspettative sociali di bellezza e successo, finisce per interpretare il ruolo in un personaggio ideale, per paura di non venire accettata/accettato. Ma qual è il prezzo psicologico di questa finzione? E perché la maschera dovrebbe piacere di più del *Sé reale*? Normalmente, quando nelle relazioni interpersonali si percepiscono segnali di bugia e falsità, nasce spontaneo il desiderio di allontanarsi per metterci al sicuro dalle manipolazioni di chi mente, piuttosto che avvicinarci per approfondire la conoscenza. Per non parlare poi del senso di inadeguatezza vissuto da chi sceglie questo stile. C'è una grande differenza tra usare l'abbigliamento e le cure estetiche per valorizzare la propria comunicazione identitaria, e sceglierli per coprire la propria vera identità, fingendo di essere diversi da come si è. Come scrive Lowen, talvolta "i sensi di colpa e di vergogna, obbligano la persona a sostituire i valori corporei con quelli egoici, la realtà con l'immagine e l'amore con l'approvazione" (1984, p. 173).

Il perfezionismo

Gli abiti, gli accessori e i colori, non servono soltanto a dare informazioni di noi agli altri, ma sono anche un modo per conoscersi. Il problema è che non tutte le persone sanno accettare il proprio corpo, alcune si muovono nella vana ricerca di una perfezione che non riusciranno mai a raggiungere.

Nonostante molti studiosi ci abbiano insegnato che non c'è pienezza psichica senza imperfezioni, o luce senza ombra (Carl Gustav Jung), o che siamo perfetti solo nelle nostre imperfezioni (Paul Hewitt), molti continuano a temere la fragilità del proprio corpo e cercano di controllarla in ogni modo.

Il bisogno di controllo è esercitato con regole ferree a cui attenersi, che riguardano sia le caratteristiche degli abiti da indossare, che quelle del corpo da mostrare, e con una valutazione ipercritica. Alfred Adler parlava di perfezionismo come di una forma di compensazione dei sentimenti di inferiorità, e come una spinta verso la superiorità attraverso il "lato superficiale della vita": l'inappuntabilità estetica. La fantasia è che la perfezione dell'immagine porterà a risultati interpersonali positivi e metterà al riparo da quelli negativi. I perfezionisti cercano quindi di controllare il proprio corpo e la propria immagine per scongiurare ogni possibile rivelazione di un *Sé* imperfetto, attraverso gli abiti, gli abbinamenti, i colori, gli accessori. Cercano anche di evitare il senso di inadeguatezza e la paura del fallimento, rappresentate da una immagine non curata nei dettagli e poco elegante.

Per Hewitt (2020) ci sono tre diversi tratti di perfezionismo:

- **perfezionismo autodiretto** – è il *Sé* che spinge ad essere perfetti, con affermazioni come: "*non pretendo niente di meno che la perfezione quando compongo il mio look*";
- **perfezionismo eterodiretto** – è il bisogno che anche gli altri siano perfetti: "*se chiedo ad un altro di fare qualcosa, mi aspetto la perfezione*";
- **perfezionismo socialmente prescritto** – è la credenza che siano gli altri ad esigere la perfezione: "*le persone che frequento da me si aspettano gusti perfetti e capi perfetti*".

Il perfezionismo influenza il modo di presentarsi agli altri e di farsi conoscere in tre modi:

- **autopresentazione perfezionistica** – la promozione attiva della propria presunta perfezione: "*mi faccio vedere con un look perfetto in ogni occasione*";
- **non esporre l'imperfezione** – cercare di non mostrare le proprie imperfezioni: "*preferisco rinunciare piuttosto che farmi vedere con un aspetto che non sia perfetto in tutti i dettagli*";
- **non svelare l'imperfezione** – non condividere mai le imperfezioni o le fragilità: "*non parlo mai della mia età o del mio peso con nessuno*".

Cosa cercano le persone perfezioniste? Di costruirsi uno scudo che protegga dalla **vergogna**, cioè "la sensazione o l'esperienza intensamente dolorosa di credere di essere difettosi e quindi indegni di amore e appartenenza" (Brown, 2017 p. 66). La vergogna è infatti l'emozione principale di coloro che temono di non essere abbastanza vincenti per guadagnarsi l'approvazione, l'accettazione e l'affetto dagli altri. La vergogna è una emozione di disagio verso il *Sé*. Le sue varianti sono: imbarazzo, umiliazione, mortificazione per aver esposto la propria imperfezione, sensazione di essere difettosi e vulnerabili. Altre emozioni provate dalle persone perfezioniste, sono il disagio per i complimenti, il rimprovero ostile, l'irritabilità e la limitata capacità di provare gioia o euforia.

"La moda in cui credo rifugge dal bisogno di perfezione e di controllo. È una moda centrata sulla persona e non sull'abito, una moda che rende liberi, che è insieme gioco, divertimento e piacere. Ritengo che sia infinitamente più importante essere felici con la moda, che non seguire i *dicktat* dei "si può" e "non si può", "si deve" e "non si deve". La moda ci affascina tanto proprio perché attualizza un transfert seduttivo. Se togliamo la forza dell'*Es* e della sessualità e la imbrigliamo nel controllo del *Super Io*, dove va a finire il piacere?" (Pizza, 2021a p. 30).

Conoscersi e conoscere attraverso i colori

Non c'è dubbio che i social presentino sia aspetti positivi che negativi. Tra quelli negativi c'è una certa predilezione per le **semplificazioni** e le scorciatoie mentali. Nel caso della moda sono emblematiche quelle sui colori. L'unico modo per considerare i colori dell'abbigliamento sembra attualmente quello dell'armocromia. Improvvisamente tutti sono esperti di armocromia e persino la pubblicità di un famoso ammorbidente ricorre a questo tema. L'argomento è diventato virale dopo che la segretaria del Pd Elly Schlein ha dichiarato a *Vogue* di vestirsi in base ai consigli di una armocromista. Persino le persone che non si sono mai occupate di moda hanno scoperto questa parola. Ma siamo sicuri che il meraviglioso e variegato mondo dei colori si esaurisca tutto nei colori in palette che donano al volto e che non ci sia altro oltre all'armocromia (che nasce da una intuizione del pittore Itten mentre lavorava con i suoi allievi)?

"I colori raccontano molte cose di noi. Quando scegliamo la tinta di un abito da indossare è il nostro inconscio che parla. A guidarci sono i legami profondi del **simbolismo dei colori** che ci portano ad amarne alcuni e a detestarne altri. Sono i nostri conflitti interni, le nostre emozioni, i nostri sentimenti, le nostre motivazioni che, come in un transfert, vengono spostati sui colori degli abiti e degli accessori. Un colore è in grado di farci stare bene o di bloccarci, di farci sorridere o deprimere, ma anche di dare agli altri una comunicazione molto netta di chi siamo e di quali siano i nostri atteggiamenti interpersonali. Questo è il motivo per cui chi si ferma ai colori che donano al fisico, ai colori di moda in un certo periodo, o ai pregiudizi sui colori si perde una parte fondamentale del loro potere comunicativo e terapeutico" (Pizza, Viero, 2023b, p.11).

La **psicologia del colore** è stata studiata da molti grandi psicologi, tra i quali Carl Gustav Jung e i suoi allievi e Max Lüscher, autore di un famoso test di personalità basato sui colori. Non tutti sanno, ad esempio, che una parte importante dell'interpretazione del test di Rorschach si basa sui colori. O che i colori tingono i nostri sogni più profondi. I colori sono stati studiati anche dagli antropologi, che ne hanno svelato la simbologia culturale, dai sociologi e dai linguisti. Ci sono quindi, molti studi scientifici sui colori, e per non perdere il loro significato più profondo e complesso è importante tenere conto di tutti i diversi angoli visuali, anziché banalizzarne l'uso (cfr. Pizza, 2023).

5. LA MODA E L'INFLUENZA SOCIALE

Non seguire i trend. Non lasciare che la moda ti possieda, sii tu a decidere chi sei, ciò che vuoi esprimere nel modo in cui vesti e il modo in cui vivi.
Gianni Versace

La moda consiste nel vestirsi secondo ciò che è di moda. Lo stile riguarda più l'essere se stessi.
Oscar de la Renta

5.1 La moda e il conformismo

Siamo influenzati dalle idee e dalle azioni degli altri nella scelta dell'abbigliamento? Il sistema moda ci condiziona? Come avviene il processo di influenza e chi ci influenza?

Le ricerche evidenziano come siamo influenzati dalle opinioni e dai comportamenti sia dei componenti del nostro gruppo che di quello al quale desideriamo appartenere. È questo desiderio a rendere influenti gli appartenenti ad un gruppo e a farci conformare alle sue norme (le convinzioni diffuse sul modo più opportuno di pensare, sentire e agire) poiché vogliamo, sopra ogni cosa, essere approvati e accettati, e temiamo di essere rifiutati. L'abbigliamento ci permette attraverso un processo di **conformità**, di adeguarci alle norme vestimentarie, e attraverso queste di adattarci alla cultura di un gruppo, alla forma estetica dominante, al concetto di eleganza. Questo processo può portare ad una **adesione interiore** quando ad esempio accettiamo "la moda" del gruppo perché ci piace, o le idee e i comportamenti del gruppo rispetto all'abbigliamento, perché le riteniamo appropriate, oppure al **conformismo** quando l'accettazione deriva dalla pressione reale o immaginaria che si subisce, e non dalla condivisione. Nel caso dell'adesione interiore prevale il piacere di adeguarsi ad una moda o uno stile, mentre nel caso del conformismo prevale la paura di non essere accettati.

Lo studio dei processi di conformità prodotti dall'influenza sociale "approfondisce le modalità con cui i processi mentali, le emozioni e i comportamenti degli individui (o dei gruppi) sono modificati dalla presenza (effettiva o simbolica) di altri individui o gruppi" (Mucchi Faina, 1996, p. 11).

Perché ci **conformiamo** alle idee degli altri sulla moda? Innanzitutto questa tendenza non ha sempre la stessa intensità: è particolarmente forte quando siamo in presenza dei membri del gruppo per noi significativo, o quando qualcosa rende accessibile nella nostra mente una norma di quel gruppo. Così ci si veste sportivi per andare a correre, sobri in chiesa; si grida allo stadio e si parla sottovoce in un ospedale, ci si veste eleganti ad una cerimonia e *casual* quando si va a fare una passeggiata in campagna. Perché lo facciamo? Fondamentalmente perché riteniamo giuste le norme, ma anche perché ci vengono in mente frequentemente e con facilità, e anche perché pensiamo che gli altri ci guardino e ci controllino. I gruppi hanno bisogno delle **norme** per il loro funzionamento e la loro sopravvivenza e quindi investono molto tempo a sanzionare i comportamenti avversi e a rafforzare quelli congruenti, anche rispetto alla moda. Talvolta accettiamo le norme solo per conformismo pubblico (ad esempio si veste eleganti ad una cena tra amici per essere adeguati, mentre vorremo indossare tuta e scarpe da ginnastica per stare comodi), ma più spesso le interiorizziamo e le facciamo nostre e le consideriamo dei mezzi per esprimere la nostra identità sociale. La condivisione delle norme sull'abbigliamento deriva dall'interazione con gli altri e dai processi di reciproca influenza attraverso i quali pensieri, sentimenti e comportamenti rispetto a ciò che è di "moda", tendono ad uniformarsi e a convergere. Queste norme servono contemporaneamente come guida di comportamento e come base di giudizio: rafforzano il senso di appartenenza al proprio gruppo e indicano la differenza con gli altri gruppi. Conformarci alle norme sull'abbigliamento ci permette di soddisfare sia il bisogno di **affiliazione** (so cosa fare per essere accettato e riconosciuto come parte di un gruppo), sia quello di **padronanza** (mi sento sicuro, so come comportarmi per ottenere riconoscimenti), che quello di **unicità** (sarò il migliore del gruppo e diverso dagli altri gruppi).

Come avviene l'**influenza sociale?** Come scrive Mucchi Faina l'influenza sociale è "un processo di tipo costruttivo nel quale il bersaglio reagisce alla sollecitazione proveniente dalla fonte sulla base delle informazioni di cui è in possesso, delle emozioni che prova e delle motivazioni che lo muovono (...) è l'effetto dell'incontro tra l'esperienza del bersaglio e lo stimolo a cui esso è esposto" (ivi, p. 19). La fonte può essere attiva e l'influenza diretta quando c'è l'intenzione di influenzare, o passiva e indiretta quando agisce semplicemente per la sua presenza senza avere intenzione di farlo.

Facciamo l'esempio dell'influenza che possiamo subire dalle informazioni ricavate da una rivista di moda: la pressione può essere diretta se si chiede di mettere in pratica un comportamento ("compra subito queste scarpe, o non le troverai più a questo prezzo e non avrai più l'occasione di sentirti speciale") o indiretta nel caso che si proponga uno stile di vita associato ad una marca o ad un prodotto (associazione marca = stile di vita di successo, oppure prodotto = stile di vita vincente) in questo caso non viene chiesto nessun comportamento, ma vengono semplicemente comunicati i vantaggi di immagine che derivano dal possedere il prodotto.

Non sempre siamo consapevoli di essere oggetti di influenza e poiché ammettere di essere stati condizionati mette in crisi la nostra autostima, spesso, per difenderci sottovalutiamo l'esperienza, sovrastimando la nostra autonomia di scelta.

IL GOLFINO CERULEO

Emblematica a questo proposito è la scena del golfino ceruleo, in *Il diavolo veste Prada* (2006), dove Miranda Priestly, direttrice di *Runway*, mostra ad Andrea, nuova collaboratrice, come il sistema moda abbia influenzato la sua scelta, anche se lei ritiene che il suo sia un comportamento indipendente. Mentre assiste alle proposte dei servizi e degli abiti da far indossare alle modelle, Andrea si lascia sfuggire una risata quando si discute della scelta tra due cinture che a lei sembrano uguali, mentre agli altri sembrano esprimere contenuti molto diversi. "Ti fa ridere?

> – chiede Miranda – ah! ho capito! Pensi che tutto questo non abbia a che vedere con te. Apri il tuo armadio e scegli quel golfino infeltrito per gridare al mondo che ti prendi troppo sul serio. Ma quello che non sai è che questo maglioncino non è azzurro, non è turchese, non è lapis: è ceruleo. E sei anche allegramente inconsapevole del fatto che nel 2002 Oscar de la Renta ha realizzato una collezione di gonne cerulee, e poi è stato, mi pare, YSL a introdurre giacche militari color ceruleo, e poi il ceruleo è comparso nelle collezioni di otto diversi stilisti, dopodiché è arrivato a poco a poco nei grandi magazzini e alla fine si è infiltrato in qualche tragico angolo *casual*, dove tu lo hai pescato dal cesto delle occasioni. Quel colore rappresenta milioni di dollari e innumerevoli posti di lavoro. E siamo al limite del comico, quando pensi di aver fatto una scelta al di fuori delle proposte della moda. Quindi, in effetti, indossi un golfino che è stato selezionato per te dalle persone qui presenti, in mezzo ad una pila di roba".

Il cambiamento provocato dai processi di influenza può avere diversa intensità e andare dall'apparenza, all'identificazione.

L'**interiorizzazione** è il processo più profondo di influenza, che porta ad apprendere un nuovo sistema di credenze e valori, riconoscendo alla fonte di influenza particolari capacità. Identificarci con la fonte ci porta a desiderare di assomigliargli sia nell'aspetto che nei comportamenti, e di mostrare a tutti di credere nei nuovi valori.

Come ci influenza **la maggioranza?** Quando è in azione l'influenza della maggioranza, le persone tendono ad aderire ad un comportamento anche quando questo non è coerente con i propri pensieri. Così ad esempio si può aderire ad una moda ampiamente diffusa e indossare capi di un determinato colore, anche se abbiamo sempre pensato che non ci doni.

Mentre prima della nascita della Psicologia sociale i fenomeni dell'influenza della maggioranza erano considerati come irrazionali e derivanti dalla suggestione o dall'istinto gregario, Asch (1951) ha mostrato nei suoi esperimenti come questi processi siano il risultato di scelte consapevoli. Tali scelte sono da ricondurre a tre motivi (Asch, 1968):

- **deformazione percettiva**, provocata, in pochi casi, da una percezione sbagliata;
- **deformazione di giudizio,** provocata dall'insicurezza per la propria scelta;
- **bisogno di uniformarsi** e non sembrare diversi, che porta a mimetizzarsi con il gruppo senza preoccuparsi di verificare se le scelte sono corrette.

Si accetta con più facilità il parere della maggioranza sulla moda quando si pensa di non essere particolarmente esperti in materia, ma anche quando scatta una elaborazione cognitiva basata su una scorciatoia mentale come **l'euristica del consenso,** secondo la quale "la maggioranza ha sempre ragione", oppure "se lo indossano tutti vuol dire che è bello": in questi casi ci si adegua per non sbagliare. Pensate ad esempio a come si diffondono periodicamente le mode dei colori che si spargono come un contagio per le strade in golf, borse, sciarpe, abiti, cappotti, monili, tutti del colore di tendenza viola, verde o rosso che sia. Oppure pensate alle giovani e meno giovani che si sono adeguate con passione alla moda della pancia scoperta, indipendentemente dalla loro massa corporea e dalle dimensioni delle loro "maniglie dell'amore". Inizialmente si accettano i gusti della maggioranza per apparire adeguati, ma poiché una volta che abbiamo adottato uno stile tendiamo inesorabilmente a mantenere la coerenza, anche una scelta compiacente può tramutarsi in stabile. Per alcuni adeguarsi alle mode preferite dalla maggioranza è un modo per salvaguardare il benessere emotivo, mostrando l'adesione e rifuggendo dalle occasioni di scontro o di giudizio negativo. Secondo la teoria **dell'impatto sociale** (Latanè, 1981) la forza dell'influenza deriva dallo status, dal potere e dalla competenza della fonte, nonché dalla sua vicinanza e dalla sua dimensione numerica.

IL FENOMENO DELLE *FASHION VICTIMS*

La moda per loro è una vera e propria mania e sono assolutamente dipendenti da tutto ciò che è griffato. Sono sia in balia del mercato della moda che dei pregiudizi sociali: gli abiti cari e

> di marca vengono considerati come segno di successo economico, e gli oggetti *cult* vengono mostrati con ostentazione per dimostrare di possedere le qualità e i valori impliciti nel marchio. Il bestseller di Sophie Kinsella *I love shopping* (2002) parla di loro, e in particolare di Becky, giornalista londinese e perfetta *schoppingalcholist,* con una irrefrenabile passione per la moda che le riempie l'armadio e le vuota il conto in banca!

Come ci influenza **l'autorità?** Non sempre è necessaria la presenza di un gruppo per essere influenzati, a volta basta anche un singolo individuo (o un piccolo gruppo) purché gli attribuiamo il potere dell'autorità, della competenza e dell'attrattività. Se la persona ricopre una posizione sociale per noi invidiabile, è stimata e suscita interesse da parte degli altri, ecco che diventa immediatamente per noi una fonte di influenza. Vogliamo parlare degli stilisti, o dell'influenza dell'abbigliamento di alcuni personaggi che costituiscono dei veri e propri ***opinion leader*** (o influencer per dirla in termini più attuali)? Non c'è dubbio che spesso tendiamo ad attribuire al sistema moda, e ai suoi personaggi, una autorità assoluta sul definire ciò che è bello e ciò che è desiderabile. Se non obbediamo alle indicazioni temiamo di subire sanzioni metaforiche (ed essere considerati non adeguati a frequentare chi ha successo), se ci adeguiamo pensiamo di ottenere ricompense ed essere riconosciuti come appartenenti al gruppo dei vincenti.

Mentre la **credibilità** degli *opinion leader* è un fattore di tipo cognitivo e riguarda i nostri pensieri, l'**attrattività** riguarda le nostre emozioni e i nostri sentimenti in relazione alle caratteristiche che gli attribuiamo, come la bellezza. Questo spiega perché un personaggio come una o un influencer, un'attrice o un attore, un modello o una modella, possa costituire una fonte di influenza rispetto alla moda. L'attrattività è anche legata alla simpatia, alla conoscenza, allo stile di vita. E poiché seguendo una veloce scorciatoia mentale pensiamo che le persone che ci piacciono abbiano opinioni corrette, o gusti impeccabili, tendiamo a seguirli soprattutto su quelle scelte di vita che ci coinvolgono superficialmente senza richiedere cambiamenti troppo pesanti, come la scelta di un abito o di un accessorio o di un vero e proprio stile.

IL DIAVOLO VESTE PRADA

Nel film (2006) Andrea Sachs, giovane brillante e intelligente con il sogno di fare la giornalista, è in cerca di un lavoro e spedisce molti curriculum. Riceve risposta dalla Elias Clarke che produce la famosa e patinata rivista di moda, *Runway*. Quando si reca al colloquio con Miranda Prisley, direttrice della rivista, che cerca una seconda assistente, è subito evidente la sua estraneità al mondo della moda. Non conosce il nome della direttrice, non ha mai letto la rivista, ed è vestita (nel film) con un improbabile e antiquato insieme di pantaloni neri, camicia bianca, golfino grigio e giacca sportiva beige, con scarpe basse e borsone informe stile hippy. Le persone che incontra la guardano con stupore, la prima assistente Emily dopo averla squadrata la ritiene "un caso disperato" e assolutamente inadatta: "alle Risorse Umane hanno il senso dell'humor!" dice, ma Miranda la assume comunque sperando che sia più intelligente delle collaboratrici precedenti, nonostante anche lei ritenga che non abbia "la minima idea dello stile e del senso della moda". Le colleghe giudicano il suo abbigliamento come irritante e comico: "cosa si è messa indosso la tovaglia della nonna?"; "non osare entrare da Miranda con quella borsa: è orrenda", "qui l'interesse per la moda è essenziale!"; "è qui per un servizio prima e dopo la cura?" sono alcune delle loro battute. Fino a che Nigel, uno dei colleghi, le porta un paio di scarpe suggerendole di indossarle. "Sei molto gentile – risponde Andrea – ma non credo di averne bisogno. Miranda mi ha assunta: lei sa come mi vesto". "E tu?" le risponde Nigel". Quando però Andrea si rende conto dello sguardo critico di Miranda fisso sulla sua gonna e sulle sue scarpe, le indossa immediatamente e subito diventa meno impacciata. "Capisco che il mio abbigliamento ti sembra orrendo, – dice Andrea a Nigel durante una pausa a mensa – ma perché dovrei cambiare tutto di me? Non rimarrò sempre qui." "È vero – gli risponde Nigel con sarcasmo – questa industria multimiliardaria gira intorno alla bellezza interiore!" Dopo una lunga serie di difficoltà, percependo la disapprovazione e la mancanza di accettazione da parte del gruppo, Andrea si rifugia da Nigel per chiedere comprensione: ma non è quello che trova! Viene anzi stimolata a impegnarsi di più: deve capire che per rimanere a lavorare alla rivista deve meritarselo e non deludere le aspettative, ne deridere i valori del gruppo. Nigel le fa capire, attraverso il suo esempio personale, come le persone che lavorano in quella rivista si sentano fiere di appartenere a quel mondo e condividano la passione della moda come valore. Per loro "non è una rivista ma un luminoso faro di speranza... personaggi leggendari sono passati su questa rivista!". Inizialmente Andrea non capisce cosa può fare per migliorare e impegnarsi di più: non riesce a pensare a niente altro che ad eseguire diligentemente i compiti che gli vengono affidati. Ma questo non basta certamente a farla accettare! Poi finalmente capisce: deve conformarsi allo stile di abbigliamento del gruppo per farsi accettare e dimostrare di condividere il valore della moda sul quale si fonda la vita del gruppo e della rivista. E così chiede a Nigel un aiuto per cambiare immagine e lo ottiene. Dopo un vorticoso giro tra i meandri del guardaroba della rivista colmi di abiti griffati, scarpe e stivali favolosi, borse da capogiro (ogni donna sogna di perdersi in un luogo del genere!), dopo una seduta dal parrucchiere, un taglio alla moda e un trucco sapiente, dopo aver indossato una bellissima giacca e un paio di stivali mozzafiato di Chanel, ecco che Andrea cambia immagine, diventa una del gruppo, e viene guardata con ammirazione (anche da Miranda che mostra di apprezzare il cambiamento). Inizialmente si fa guidare nella scelta, ma pian piano diventa più esperta e competente e riesce a scegliere e abbinare i capi, i trucchi, gli accessori, con innegabile successo e piacere, tanto da meritarsi anche i complimenti del super esperto Nigel!

Come ci influenza **la minoranza?** Anche una minoranza può costituire una fonte di influenza, quando pur mancando di potere, dà prova di consistenza con un comportamento tenace (Moscovici, 1981). Esercitando una influenza di tipo indiretto la minoranza attraverso i suoi comportamenti o le sue credenze provoca una **conversione**. L'avvicinamento alla minoranza avviene attraverso il modellamento al comportamento, applicato poi in altri contesti. Pensate ad esempio come la *kefiah* sia indossata come semplice sciarpa da alcuni giovani, anche in paesi lontani dalle rivendicazioni palestinesi o come il movimento femminista abbia fatto nascere un desiderio di autonomia, testimoniato anche da un abbigliamento più comodo come larghe gonne a fiori e zoccoli, o dall'assenza di biancheria contenitiva, anche in donne che ideologicamente non facevano assolutamente parte del movimento femminista. Pensate anche all'influenza della moda di strada, e a come ad esempio i pantaloni cascanti siano stati proposti anche nelle collezioni degli stilisti.

In presenza di una minoranza l'attività cognitiva prevalente è **divergente** e considera lo stimolo da molte prospettive diverse (mentre in presenza di una maggioranza è **convergente** e considera lo stimolo solo dal punto di vista della fonte). Così secondo il pensiero divergente si adotta un capo di abbigliamento non solo per i motivi per cui lo sceglie la fonte, ma anche per altre ragioni: si può, ad esempio, indossare la *kefiah* per testimoniare antiamericanismo, oppure simpatia per la comunità palestinese, per amicizia con una persona che la porta o per molti altri motivi ancora. La minoranza può esercitare influenza pur non avendo potere, a causa del fatto che le persone che resistono alle pressioni sociali, sembrano coraggiose e indipendenti. Ciò nonostante i sentimenti sono ambivalenti e possono oscillare tra **attrazione** e **repulsione**: la diversità ci piace, ma nello stesso tempo ci fa paura. Un aspetto interessante del rapporto tra minoranza e moda è il fenomeno dell'**antimoda**. Attraverso la creazione dell'antimoda, individui o gruppi cercano di uscire da ciò che è diffuso a spersonalizzato, con la creazione di uno stile individuale e originale, che sfida e disorienta: si va dalle creazioni personali, a quelle artigianali, dagli abiti folcloristici, a quelli palesemente vecchi e fuori moda, dagli abiti da lavoro, alle divise militari. In questo modo la minoranza crea e esibisce una nuova moda, che porterà poi all'imitazione da parte di altre persone e altri gruppi. Si comincia quindi con l'opporsi ai dettami del sistema moda vissuti come imposizione, e all'uniformità a ciò che è ritenuto comune e massificato, e si finisce per creare una nuova moda che sarà a sua volta oggetto di imitazione e di identificazione.

UNO STILE PERSONALE

"Naturalmente come Lan cambiò il suo aspetto, Lizzy e Wendy fecero altrettanto. Lizzy adottò un modo di vestire infantile, con un sacco di diverse tonalità di rosa. Poi fu la volta di uno stile che rifuggiva da qualsiasi offerta presente in commercio. Lizzy mi chiese di insegnarle a cucire e cominciò a farsi gli abiti da sé. La sua stanza un tempo vuota adesso era piena di ritagli di stoffa. Lasciò anche che le insegnassi a lavorare a maglia e all'uncinetto. A volte mi pareva che stesse trasformandosi nelle mie sorelle con quell'estetica utopistica. Le piaceva fare dei quadrati all'uncinetto, quelli che in genere vengono usati come presine in cucina, o uniti ad altri per fare coperte. Lei li trasformava in top. Dai top all'uncinetto era passata ai top a bandana, poi a quelli fatti di pezzi di stoffa ricavati da vecchie divise *scout*, o tute da benzinaio, o camicie da *bowling*. Nessun accostamento era azzeccato: faceva parte di quella estetica. (...) Come Lizzy, anche Wendy portava contemporaneamente gonne e pantaloni e le camicie sopra i maglioni. Copiava le combinazioni di colori di Lizzy: rosa e arancione bruciato, nero e tinte pastello. Portava cose ereditate da Lizzy, camicie con colletti alla Peter Pan o con le maniche a sbuffo. Al primo impatto le compagne di Wendy le trovarono assurde. Ma poi Elaine si mise a copiare Wendy, e ben presto si misero a copiarla anche tutte le altre. Wendy Bailey Wong, creatrice di tendenze. A Lan tutto questo sembrava molto strano. "Non vi piacciono le cose che ci sono nei negozi?" ha chiesto. "Di questi tempi tutto ha un marchio" ho detto io. "E noi odiamo i marchi", ha detto Wendy. "I marchi ti fanno sentire come se fossi proprietà di una multinazionale americana", ho detto io. (...) "Noi odiamo la moda", ha detto Wendy" (Jen, 2005, pp. 379-381).

L'influenza può essere anche **interattiva**. Quando si interagisce con gli altri in un gruppo è facile che il processo di influenza sia reciproco: influenziamo gli altri e ne siamo influenzati. Così quando frequentiamo un gruppo, ad esempio di volontariato ambientale, e ci rechiamo agli incontri di lavoro, siamo influenzati dal modo di vestire dei membri, soprattutto di quelli che hanno più potere e esperienza, e nello stesso modo il nostro abbigliamento influenzerà gli altri. Le informazioni su una nuova moda, una nuova tendenza, un nuovo stile, si diffondono velocemente creando dei processi di influenza a rete, che vanno dagli stilisti, dalle riviste di moda, dalle sfilate, alla televisione, ai negozi, alla strada e viceversa dalla strada agli stilisti creando **le mode.** Non una sola moda frutto dell'influenza dell'autorità o della maggioranza, ma tante mode frutto dell'interazione tra i membri dei gruppi e dai processi di esibizione e emulazione.

JIMMY CHOO PER H&M
Possiamo osservare un interessante fenomeno di influenza interattiva nell'evento Jimmy Choo proposto da H&M. Il marchio Jimmy Choo rappresenta per le giovani donne, seguaci della serie televisiva *Sex and the City* (2004), un modello di identificazione. Carrie, Samantha, Miranda e Charlotte hanno influenzato attraverso lo schermo una intera generazione. Sono le loro seguaci che si sono mobilitate quando hanno letto dell'evento proposto (e sapientemente preparato) da H&M. Sono loro che si sono messe in fila, elegantemente abbigliate, con il numerino al polso, per potersi contendere scarpe, bracciali, borse e abiti disegnati dallo stilista (in viola e nero) appositamente per H&M. In un vero e proprio fenomeno di contagio emotivo si sono contese gli oggetti del desiderio come se fosse questione di vita e di morte, e sono uscite mostrando fiere le *shopping bag* viola (appositamente create) come se fossero trofei. In poche ore la collezione è finita, per effetto di un processo di influenza su più livelli.

5.2 La valutazione della moda e il comportamento di acquisto

In che modo le persone valutano la moda e scelgono di acquistarla? Cosa ci rende sensibili ai messaggi persuasivi della pubblicità e più propensi agli acquisti? Come si formano gli atteggiamenti nei confronti della moda?

Per **atteggiamento** si intende una rappresentazione valutativa che svolge la funzione sia di padroneggiare l'ambiente che di esprimere (attraverso valori e opinioni) l'identità sociale. Per muoverci nell'ambiente abbiamo bisogno, infatti, di un orientamento valutativo che ci suggerisca cosa sentire, cosa pensare e cosa fare in relazione a un evento, una persona, un oggetto o una moda.

Quando viviamo una esperienza che riguarda la moda tendiamo a coglierne il senso e a valutarla in modo positivo (desiderio di avvicinamento), neutro (indifferenza), o negativo (desiderio di allontanamento). Oltre che diverse direzioni gli atteggiamenti possono avere anche diverse intensità (debole o forte).

Gli atteggiamenti sulla moda si formano attraverso l'apprendimento per:

- **esperienza diretta** (ricordo quando ho indossato ad una importante riunione di lavoro l'abito di uno stilista);
- **osservazione** della esperienza altrui (ricordo che mia madre nei momenti importanti ha sempre indossato capi firmati);
- **comunicazione** (il mio capo mi ha raccontato un episodio della sua carriera lavorativa dove una giacca lo ha aiutato a fare carriera).

Sono espressi attraverso pensieri, sentimenti e comportamenti e sono composti da:

- **informazioni cognitive**: notizie, credenze, fatti, convinzioni, esperienze (quello che so sulla moda);
- **informazioni affettive**: reazione emotiva, sentimenti suscitati (quello che provo nei confronti di abiti e accessori);
- **informazioni comportamentali**: azioni di avvicinamento, o allontanamento, interazioni passate, intenzioni comportamentali (quello che faccio, che dichiaro di voler fare, che ho fatto in relazione alla moda).

Per comprendere come è composto l'atteggiamento positivo verso uno stilista dovrò cercare di capire le caratteristiche che gli vengono associate (ad esempio: è lo stilista preferito di un noto personaggio politico, ha prezzi accettabili in relazione alla bellezza dei capi, sostiene progetti di prevenzione dell'Aids); la valutazione di queste caratteristiche e la risposta emotiva conseguente (ad esempio: piacere, entusiasmo, felicità, condivisione); l'intenzione comportamentale (ad esempio: ho acquistato capi di questo stilista in passato, possiedo una maglietta con il logo della campagna contro l'Aids, ho inviato il mio indirizzo e i miei dati per avere l'invito alle presentazioni delle nuove collezioni nel negozio).

Gli atteggiamenti sulla moda focalizzano l'attenzione e suggeriscono dove e cosa guardare, guidando il comportamento: "tendono a restringere il campo di attenzione delle persone, orientandole verso le informazioni che sono in linea con quanto già credono, ed escludendo le prove che contraddicono le loro convinzioni" (Smith, Mackie, 1998, p. 282).

Si può prevedere il comportamento a partire dall'atteggiamento? L'atteggiamento verso un marchio, verso il sistema moda, verso lo stile di abbigiamento del gruppo, può predire il comportamento di acquisto? Secondo la teoria della **pianificazione del comportamento** e **dell'azione ragionata** (Ajzen, Fishbein, 1977, 1980) i comportamenti sono frutto dell'intenzione di metterli in atto. È come dire che le persone ragionano prima di decidere se acquistare o indossare un capo, e tendono a cercare informazioni che confermano la direzione dell'atteggiamento preesistente. L'atteggiamento da solo non è sufficiente a predire il comportamento, servono anche altri elementi. In particolare l'intenzione di mettere in atto un comportamento di acquisto, o di scelta, di un abito o un accessorio, sarà determinato da:

- **credenze** sulle conseguenze del comportamento: ad esempio "acquistare abiti nuovi a prezzi contenuti non manda in rovina";
- **atteggiamenti** relativi al comportamento: ad esempio "mi piacciono molto gli abiti che trovo in questo negozio";
- **norme sociali** rilevanti in relazione al comportamento: ad esempio "gli amici si aspettano di vedermi cambiare gli abiti ogni tanto, anche loro comprano abiti nuovi";

- percezione del **controllo personale** esercitabile sul comportamento: ad esempio "mi sento competente nella scelta degli abiti. Ho buon gusto e so cosa mi sta bene e cosa no".

Gli atteggiamenti si formano, si rinforzano e si modificano attraverso la comunicazione **persuasiva**. Il passaggio da un giudizio di impulso a una opinione ponderata è determinato dal **percorso superficiale o sistematico** (cfr. Petty, Cacioppo, 1986) della persuasione. Quando siamo motivati a conoscere e abbiamo le capacità per farlo, siamo più attenti ai messaggi e ne approfondiamo il contenuto. In questo caso l'approccio alla moda sarà ragionato e gli acquisti saranno ponderati in base al confronto e alla ricerca attenta di informazioni e alla valutazione (elaborazione sistematica). Quando invece abbiamo poco tempo (ad esempio perché l'offerta dura per un periodo limitato, oppure perché i capi in vendita vengono sostituiti velocemente), quando non ci si sente particolarmente competenti, quando vengono stimolate (attraverso una pubblicità, un colore o una musica, un messaggio promozionale, una tecnica di vendita) emozioni, sensazioni, ricordi ed euristiche, l'elaborazione dei messaggi segue le scorciatoie della persuasione (elaborazione superficiale) e ci fa agire in modo quasi automatico. In questo caso l'approccio alla moda sarà emotivo e gli acquisti saranno fatti di impulso seguendo elementi di sfondo.

Le tecniche di **persuasione** (cfr. Cialdini, 1995) si basano su programmi quasi automatici di comportamento che sono attivati da regole psicologiche o da stereotipi appresi. Quando siamo influenzati da una di queste tecniche i nostri comportamenti di acquisto si basano su una elaborazione superficiale e sono caratterizzati da decisioni veloci e poco ponderate.

Tra le sei armi della persuasione individuate da Cialdini, cinque sono particolarmente interessanti per spiegare i comportamenti di acquisto di oggetti moda.

La tecnica dell **riprova sociale**, si basa sul decidere cosa sia giusto e adatto per noi, in base a ciò che fanno gli altri: sapere che molte persone che noi ammiriamo possiedono una borsa di Chanel ci può indurre a comprarla, vedere un abito indossato da un personaggio attraente può convincerci che è ciò che ci serve, così come vedere molte persone in fila, in attesa di entrare in un negozio (per i saldi, o per un evento), può spingersi ad entrare.

La tecnica dell'**impegno** si basa sul desiderio di essere coerenti con le nostre scelte, per cui una volta presa una decisione tendiamo a difenderla e ad armonizzare impressioni, convinzioni e informazioni: così, ad esempio, se decidiamo di metterci in fila, in attesa di entrare in un negozio, per coerenza con la decisione presa, con molta probabilità riterremo interessante l'offerta e compreremo qualcosa. Per coerenza con la nostra immagine, e con il nostro *Sé ideale* compriamo abiti che comunicano, a noi e agli altri, chi siamo, e ci lasciamo facilmente sedurre da quei messaggi che confermano la nostra identità.

La tecnica della **simpatia**, si basa sulla regola della familiarità e della gradevolezza che ci porta ad acconsentire con più facilità alle richieste di chi è attraente, simpatico e simile a noi per gusti e stile di vita: per questo motivo siamo particolarmente influenzati dalle associazioni proposte in pubblicità tra marchio e stile di vita e dagli *opinion leader* affascinanti.

La tecnica dell'**autorità**, ci rende sensibili alle richieste di una fonte autorevole. Così quando riconosciamo ad uno stilista, ad un venditore, ad un amico, una particolare competenza sulla moda, siamo indotti a credere che quel che dice sia vero, e convinti a comprare ciò che ci suggerisce.

La tecnica della **scarsità**, si basa sulla regola della desiderabilità di ciò che è limitato: per questo motivo compriamo di impulso un capo, per paura che qualcun altro possa portarcelo via, riducendo la nostra libertà di scelta. Per il meccanismo della **reattanza psicologica** (Brehm, Brehm, 1981) quando le nostre possibilità di scelta si restringono e la nostra libertà di azione è limitata (ad esempio perché solo quel giorno è disponibile quell'offerta, oppure perché il numero dei capi in vendita è limitato) desideriamo intensamente ripristinare la nostra libertà, e perciò siamo facilmente indotti all'acquisto. Quando pensiamo che la scarsità di un oggetto di moda sia dovuta alla pressione di una richiesta sociale, l'oggetto diventa immediatamente più prezioso, e acquista un ulteriore valore: "non solo desideriamo di più una cosa quando scarseggia, ma la desideriamo più che mai se dobbiamo competere con altri per averla, (...) la sensazione di competere per assicurarsi una risorsa scarsa ha proprietà motivanti di grande efficacia. (...) Nel desiderio di accaparrarsi un oggetto conteso c'è qualcosa di molto primitivo, quasi fisico. L'eccitazione delle clienti che si accalcano intorno ai banchi dei grandi magazzini durante le liquidazioni, lottando per aggiudicarsi articoli che in condizioni normali non degnerebbero di uno sguardo, fa venire in mente la frenesia del cibo che si scatena in certi branchi di animali, portandoli a divorare tutto in maniera indiscriminata" (Cialdini, 1985, pp. 205-206).

5.3 La reputazione in base all'abbigliamento

Come contribuisce l'abbigliamento a creare un giudizio valutativo su una persona e a formare la sua reputazione?

Asch (1946) si è occupato in particolare del processo che porta alla rappresentazione degli altri. Perché una persona mi sembra raffinata ed un'altra volgare, una creativa ed un'altra banale? Secondo la teoria del **modello configurazionale** ci formiamo prima una impressione globale, e poi facciamo rientrare le informazioni che si aggiungono all'interno di questa prima impressione (**effetto *primacy***). Gli abiti, gli accessori, il trucco influenzano la rappresentazione che ci facciamo degli altri e determinano una configurazione (ad esempio sofisticata o semplice, di successo o perdente) entro la quale vengono inseriti i tratti notati successivamente. La cosa più interessante da notare è che questa impressione è più forte e influenza tutte le altre: così se la prima impressione è positiva, una informazione negativa successiva sembrerà molto meno negativa che nella realtà. Ma se la prima impressione è negativa, e ad esempio proviamo immediatamente una immotivata avversione per una persona vestita in modo troppo appariscente, tenderemo poi ad andare a cercare le informazioni che confermano questa prima impressione: ad esempio quanto siano volgari le scarpe, quanto sia sguaiato o sgrammaticato l'eloquio, quanto sia antidiluviana la borsa, quanto sia sguaiato il modo di camminare.

Secondo Anderson (1965) il motivo per cui le **prime impressioni** sono più forti è che all'inizio l'attenzione è più alta e tende a diminuire nelle fasi successive. Questo modello algebrico sottolinea ancora di più l'importanza dell'aspetto esteriore, che normalmente è la prima cosa che notiamo, mentre l'attenzione verso altri fattori (probabilmente più predittivi) decresce. Dopo aver formulato la prima impressione, calcoliamo una sorta di media ponderata delle informazioni che abbiamo a disposizione e naturalmente, abbigliamento, accessori e oggetti posseduti (un palmare di ultima generazione, una determinata macchina, un tipo di auricolare ecc.) sono una ricca fonte di notizie.

Una integrazione tra i due modelli è quella proposta da Fiske e Neuberg (1990) secondo i quali i processi che guidano il giudizio sulle persone sono posti su un continuum che va dall'appartenenza categoriale (sesso, età, razza, livello sociale, adesione a stereotipi sociali) alle informazioni individuali.

Indubbiamente l'abbigliamento influenza moltissimo la collocazione degli individui in una categoria. Vedere una persona con abiti, accessori e taglio di capelli maschili, ci fa pensare subito ad un uomo prima ancora di cogliere segnali quali la levigatezza della pelle, l'assenza di barba o il punto vita stretto che sono tipici di una donna. Stessa cosa vale per l'età: a volte si rimane basiti quando quella che pensiamo come una giovane signora fasciata in un paio di pantaloni alla moda, con tacchi vertiginosi e una lunga chioma, si gira mostrando le rughe e i cedimenti cutanei di una sessantenne. Anche lo status è spesso attribuito in base all'abbigliamento, agli accessori e agli oggetti posseduti: così un capo di ottima foggia, la borsa indossata da tutte le star, un paio di sandali ammirati in un negozio di lusso, il cellulare più *trendy* del momento, ci fanno pensare immediatamente ad una persona di successo con ottime possibilità economiche. Quando non nutriamo un interesse particolare per le persone che incontriamo questa appartenenza categoriale ci è sufficiente. Quando invece siamo interessati a loro cerchiamo informazioni che confermano le prime impressioni.

Interessante è anche il modo attraverso il quale rappresentiamo la personalità degli altri. Le **teorie implicite di personalità** sostengono l'esistenza della tendenza a partire da certi tratti visibili, per inferirne poi altri. Ad esempio una ragazza bella e ben curata, ci farà pensare alla probabilità che abbia anche un carattere piacevole. Una persona abbigliata in modo estroso, ci farà pensare che sia creativa e flessibile. Una persona vestita con colori vivaci alla positività e al carattere allegro. Naturalmente non appena ci siamo formati la rappresentazione di una persona siamo disponibili a comunicarla agli altri, e quando non ne disponiamo ricorriamo agli altri, ascoltando il loro parere. È in questo modo, attraverso lo scambio di informazioni, che si crea la **reputazione** delle persone che appartengono ad un gruppo. Possiamo dire, quindi, che la reputazione è una forma di conoscenza mediata dall'esperienza degli altri, e che l'abbigliamento, pur non essendo l'unico elemento, contribuisce a creare quelle prime impressioni determinanti per la rappresentazione. Nel film *Erin Brockovich* (1992), abbiamo visto un caso di cattiva reputazione basata sull'aspetto fisico e l'abbigliamento.

Attraverso la reputazione controlliamo le relazioni evitando di avere scambi con le persone che riteniamo dannose, e incrementandoli con quelle positive che ci possono aiutare nel raggiungimento degli obiettivi. Certamente l'abbigliamento e la cura personale sono uno degli strumenti che abbiamo per gestire la nostra reputazione e mantenerla salda attraverso le azioni. Ad esempio: se vesto in modo stravagante ad un evento mondano, tenderò ad indurre l'impressione di essere eccentrica e creativa; se a quell'evento sono presenti persone che frequentano il mio ambiente di lavoro, probabilmente racconteranno di avermi visto e descriveranno il mio abbigliamento a qualche collega, il quale forse ricorderà di avermi visto con abiti estrosi in alcune occasioni e tutto ciò contribuirà a crearmi una vera e propria reputazione di persona eccentrica! Poiché la reputazione è una costruzione sociale che si basa sui modi di elaborare le informazioni e le azioni, e di attribuirgli un significato, tende ad essere costante, ma talvolta può cambiare in modo repentino per effetto di una fonte ritenuta autorevole.

5.4 La moda come rappresentazione sociale

Attraverso quali sistemi di comunicazione si attribuisce un significato e un valore alla moda? Come nascono le diverse mode?

Il concetto di **rappresentazione sociale**, frutto dei contributi della psicologia sociale europea e introdotto da Moscovici (1996), può aiutarci a capire come la moda acquisisca un senso che viene trasmesso di generazione in generazione, pur riferendosi a universi simbolici che cambiano, e come sia un fenomeno per alcuni versi stabile e per altri flessibile e mutevole.

Le rappresentazioni sociali sono modi di esprimere la conoscenza, di ricostruire la realtà, sono "teorie del senso comune" condivise da tutti i membri di un gruppo, che permettono di interagire in modo comprensibile da tutti. Permettono anche di interpretare le singole informazioni, svolgendo la fondamentale funzione di rendere familiare ciò che è estraneo. È proprio quello che succede con l'argomento moda: ognuno si sente a proprio agio con questo tema di conversazione: si parla di cosa è di moda e di cosa non lo è, e si giudicano gli altri in base alla moda, pur non essendo esperti, né stilisti. Basiamo le nostre informazioni su una rappresentazione della moda che ci permette di ancorare tutto quello che c'è di nuovo, a ciò che noi già conosciamo, a ciò che ci è noto.

Le forme di comunicazione attraverso le quali viene diffusa la rappresentazione sociale della moda, sono i social, le riviste (specializzate e non), le sfilate di moda, le trasmissioni televisive, la strada, i salotti, le vetrine, i negozi di moda.

La rappresentazione sociale della moda e la sua diffusione inducono all'azione attraverso **opinioni** (asserzioni valutative sulla moda), **atteggiamenti** (orientamenti valutativi positivi o negativi nei confronti della moda) e **stereotipi** (forme di semplificazione, valutazioni rigide). Attraverso il processo di **oggettivazione**, un concetto astratto come quello della moda, si trasforma nell'immagine di un abito, o di un accessorio, o di un colore, facilitando la comunicazione tra le persone. Attraverso il processo di **ancoraggio** incorporiamo qualcosa che non ci è familiare come una tendenza moda, in un quadro di riferimento noto (ciò che so sulla moda) per poterlo interpretare. L'ancoraggio, poiché si riferisce all'appartenenza a diversi gruppi sociali, a diversi modi di elaborare le informazioni, a diverse credenze e valori, porta ad elaborare diverse posizioni sulla moda e a creare **le mode.** La rappresentazione sociale della moda contiene infatti la presa di posizione di molte persone su abiti, accessori, colori e abbinamenti, la definizione di come si fa ad essere alla moda, e di come le persone dovrebbero vestirsi in base alle norme vigenti in un gruppo, di come dovrebbero valorizzare la propria immagine e soprattutto di cosa dovrebbero assolutamente evitare.

5.5 La moda come espressione di valori

I **valori** sono orientamenti valutativi verso una intera classe di oggetti, come la moda nel suo insieme. Spesso gli atteggiamenti sono influenzati da un sistema di valori. Possiamo intendere i valori anche come **credenze valutative** che influenzano il comportamento. Uno dei modelli che possono aiutarci a comprendere l'evoluzione dei valori espressi dalla moda è quello dei **valori universali** di Schwartz (1992), che individua dieci valori strutturati su due dimensioni bipolari: trascendenza da sé/importanza di sé (valori altruistici o egoistici) e apertura al cambiamento/conservazione (accettazione o rifiuto del nuovo) (cfr. Bonnes, Carrus, Passafaro, 2006).

POTERE
Descrizione: status e prestigio sociale, controllo e dominanza delle persone e delle risorse.
Valori collegati: potere sociale, autorità, benessere preservazione della propria immagine pubblica.
SUCCESSO
Descrizione: successo personale attraverso la dimostrazione di competenze secondo standard sociali.
Valori collegati: capacità, ambizione, influenza, successo.
EDONISMO
Descrizione: gratificazione di sé.
Valori collegati: apprezzamento dei piaceri della vita.

STIMOLAZIONE
Descrizione: eccitamento, novità e cambiamento nella vita.
Valori collegati: osare una vita varia ed eccitante.
AUTODETERMINAZIONE
Descrizione: indipendenza nel pensiero e nelle scelte di azione, creatività, esplorazione.
Valori collegati: libertà, curiosità, scelta indipendente dei propri obiettivi.
UNIVERSALISMO
Descrizione: comprensione, apprezzamento, tolleranza e propensione per il benessere di tutte le persone e la natura.
Valori collegati: apertura mentale, fiducia, giustizia sociale, uguaglianza, pace, amore per la natura, rispetto per l'ambiente.
BENEVOLENZA
Descrizione: conservazione e crescita del benessere delle persone con le quali si è in contatto.
Valori collegati: aiuto onestà, perdono, lealtà, responsabilità.
TRADIZIONE
Descrizione: rispetto, impegno e accettazione dei costumi e delle idee fornite da cultura e religione.
Valori collegati: umiltà, accettazione della propria posizione nella vita, rispetto per la tradizione, moderazione.
CONFORMITÀ
Descrizione: limitazione nello sviluppo di azioni, inclinazioni o impulsi in grado di sconvolgere o danneggiare gli altri violando le aspettative sociali e le norme.
Valori collegati: educazione, obbedienza, autodisciplina.
SICUREZZA
Descrizione: sicurezza, armonia e stabilità della società, delle relazioni e del sé.
Valori collegati: ordine sociale, pulizia, reciprocità.
(Adattato da: Bonnes, Carrus, Passafaro, 2006, pp. 57-58).

Possiamo ipotizzare (Fig. 12) che il comportamento verso le mode sia influenzato soprattutto dai valori compresi tra le dimensioni **apertura al cambiamento** e **importanza di sé.**

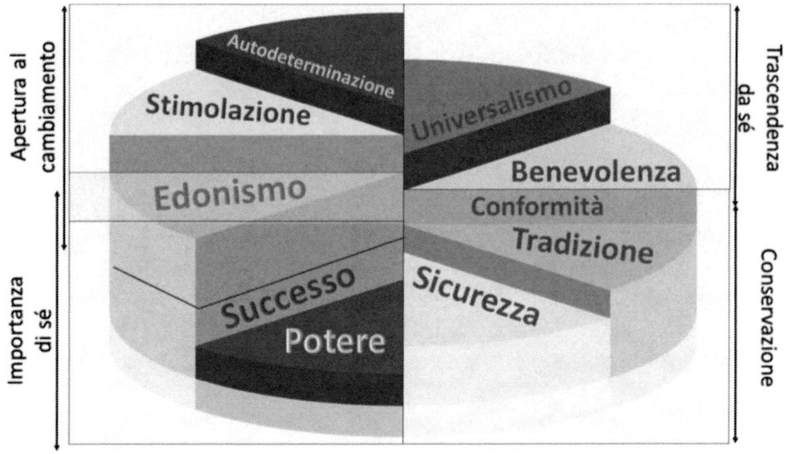

Fig. 12 – Relazione tra i 10 valori rispetto alla moda (adattato da Bonnes, Carrus, Passafaro, 2006, p. 59).

I valori cambiano, mutano e ritornano, con il passare degli anni: ad esempio negli anni '80 la moda ha espresso valori di prestigio sociale, negli anni '90 di affermazione personale e successo, nell'ultimo decennio il trionfo dell'edonismo e della gratificazione personale hanno portato al desiderio del lusso, o del cosiddetto **lusso accessibile** (un lusso percepito anche se i prezzi sono contenuti).

Al valore rappresentato dall'avventura, dalle esperienze insolite e coinvolgenti che provocano sensazioni si rivolgono le tecniche di *shopping experience* messe in atto da grandi magazzini e negozi di moda (cfr. Pizza, 2008). Se vogliamo poi cercare una spiegazione, in base ai valori, del successo di aziende come Zara o H&M, possiamo individuare il valore della novità (la velocità nel cambio delle collezioni), quello dell'indipendenza (che permette di creare un proprio stile abbinando capi e accessori in autonomia), e dell'esplorazione (poter frugare indisturbati andando alla ricerca del capo più stimolante).

L'oscillare tra valori diversi che sono espressione di gruppi diversi, di culture diverse, di periodi storici diversi, vede l'alternarsi di fonti di influenza che vanno dall'autorità alla strada: si passa dall'influenza dell'alta moda che interpreta il mutamento dei valori e dei bisogni e propone uno stile, alla influenza della moda di strada che propone stili e tendenze come espressione di nuovi valori, che influenzano poi la stessa alta moda.

La scelta di particolari stili di abbigliamento, è espressa inoltre dai valori che si trovano compresi tra la dimensione "trascendenza da sé/conservazione" (Fig. 11). Possiamo trovare il valore del rispetto della natura, o del benessere di persone e animali, nella scelta di uno stile di abbigliamento ecologico che usa tessuti e colori naturali o ecopelle; il valore del benessere e della qualità della vita nelle calzature ergonomiche, nei tessuti morbidi che non creano stress, o addirittura sono arricchiti con aloe verde o ginseng; il valore della tradizione, nell'abito da sposa in sughero proposto qualche anno fa dallo stilista sardo Antonio Marras, o nell'abito da uomo, in velluto a coste con gilè, realizzato da alcuni sarti sardi, o nelle collezioni in loden e lana cotta di Oberrauch Zitt o di Messmer, ispirate ai costumi della tradizione mitteleuropea.

I valori associati alla moda svolgono una funzione di guida del comportamento e ci permettono di (cfr. Calegari, Massimini, 1976, p. 33):

- assumere una posizione nei confronti di una tendenza o di uno stile di abbigliamento;
- autopresentarci agli altri seguendo uno stile ideale;
- valutare gli altri in base al loro aspetto esteriore e al senso estetico condiviso, e fare comparazioni;
- influenzare i comportamenti nostri e altrui;
- razionalizzare opinioni e atteggiamenti sulla moda.

5.6 Psicologia della vita quotidiana con la moda: fonti di influenza nella società post moderna

Dalla strada ai palazzi, passando per i social

Molte clienti, quando chiedo loro da chi sono influenzate, raccontano di cercare su Pinterest, e su Instagram, i look di persone sconosciute e di influencer, in grado di ispirarle. Alcune osservano le vetrine e le persone in strada, soprattutto durante gli eventi, come le settimane della moda a Milano, Firenze, Parigi e New York. Non c'è dubbio che le/gli **influencer** siano tra i più seguiti e copiati, qualsiasi stile propongano. Capita di sentirsi dire: "se le indossa Chiara Ferragni, posso farlo anch'io" (anche se si tratta delle ciabatte di Kanye West portate con i calzini bianchi!), come se non ci fosse alcuna possibilità di metter in discussione la credibilità della fonte, quando è attraente e connotata da aspetti emotivi. Lo smalto alle unghie per gli uomini è diventata "la nuova normalità" da quando lo ha esibito Fedez. Un tipo particolare di trucco diventa immediatamente tendenza appena è sfoggiato da uno o una influencer.

Una antesignana delle influencer fu **Coco Chanel** che ispirò tantissime donne attraverso il suo stile libero, comodo e dinamico che diventò subito uno strumento di emancipazione e autoaffermazione. Capendo lo spirito dei tempi indossò pantaloni (talvolta rubati dall'armadio dei partner!) immediatamente copiati da molte donne. Propose abiti morbidi e comodi, le perle finte usate come gioiello, la borsa con la catena (che lasciava libere le mani!). Tanto era guardata e emulata che riuscì anche a far considerare l'abbronzatura come un aspetto di salute e di moda, quando ritornò abbronzata da una vacanza sulla Costa Azzurra.

Un fenomeno interessante di influenza sono i **reali** che vengono osservati e copiati come personaggi ideali di perfezione a cui aspirare. Incarnano la fiaba contemporanea del successo, rappresentando personaggi con i quali ci si può identificare:

- **il principe**, archetipo dell'eroe, bello, valoroso, ricco, felice, capace di affrontare le difficoltà con coraggio e di annientare le forze del male;
- **la principessa** che corona il sogno di giovinezza e di amore romantico.

Insieme rappresentano una fantasia erotica.

L'aspetto interessante di alcuni reali, come Kate Middleton o Letizia di Spagna, è che sembrano (apparentemente) vicini e raggiungibili, anche perché indossano griffe di lusso, ma anche abiti di Zara, e portano lo stesso capo più volte, proprio come qualsiasi comune mortale.

L'abito indossato da Kate Middleton il giorno del fidanzamento con il principe William, un *wrapp dress* di jersey in seta blu di Issa London (prezzo 99 sterline) è andato *sold out* nel giro di poco tempo, ed è stato successivamente riproposto in vari colori in oltre 42 paesi. Stessa influenza per i suoi cerchietti di velluto, o per altri capi da lei indossati e diventati subito oggetti del desiderio.

Il power dressing

Gli abiti sono da sempre usati per esprimere ruolo e potere. La sindaca di Parigi Anne Hidalgo, ha affermato: "Gli abiti (in politica) sono il primo messaggio, prima ancora che ti sentano parlare!" Alcune persone usano la moda per esprimere il ruolo e scelgono una divisa che comunichi l'appartenenza ad un gruppo, altre scelgono di esprimere con gli abiti, gli accessori e i colori la propria particolarità e unicità. Mentre le prime cercano di uniformarsi al gruppo vincente e alle attese di ruolo, le seconde mirano a farsi ricordare per alcune particolarità.

Difficile non ricordare i tailleur colorati di Hillary Clinton, o le giacche abbottonate di Angela Merkel di così tanti colori da aver ispirato il Pantone Merkel (della graphic designer Noortje van Eekelen), o gli orecchini, i foulard e le collane di Christinc Lagarde, o gli abiti coloratissimi di Michelle Obama. Della regina Elisabetta, ricorderemo i colori degli abiti e dei cappelli, scelti appositamente per essere più visibile e riconosciuta.

Gli uomini spesso parlano con gli accessori e con il taglio di giacche e pantaloni. Di Draghi si dice che scegliesse la cravatta per comunicare un messaggio, di Conte si è notata la pochette, di Renzi e Obama ricordiamo le camicie bianche indossate anche senza giacca e con le maniche arrotolate, di Trump, oltre al ciuffo, gli abiti dalle forme abbondanti che lo rendono più evidente nello spazio e le cravatte molto lunghe.

Altri ancora usano gli abiti per lanciare un preciso messaggio in un contesto, come la deputata Alexandria Ocasio Cortez che al Meet Gala 2021 ha indossato un abito con lo slogan "Tax the Rich", o Michelle Obama che per visitare l'Expo di Milano scelse un abito di

Missoni come omaggio all'Italia, o Jill Biden che per incitare al voto ha indossato gli stivali *Vote* di Stuart Weitzman, o il presidente Ucraino che indossa magliette verde militare per ricordare a tutti che il suo paese è in guerra.

L'influenza personale

Chi desidera influenzare gli altri e mostrare la propria leadership, deve farlo anche attraverso il look. Non bastano i comportamenti, le azioni, le parole. È necessario anche dare delle **prime impressioni di autorevolezza** attraverso l'aspetto esteriore.

"Il leader, come afferma lo psicoanalista Manfred Kets de Vries (1994), è sia sopra che al centro: deve saper guardare avanti e guidare, ma deve anche essere guardata/guardato come modello e trascinatore. È necessario, perciò, che il leader abbia visibilità e capacità di stare sulla scena e esporsi, mostrandosi come il migliore del gruppo, anche attraverso l'immagine che fornisce di sé" (Pizza, 2021b), con un abbigliamento che tenga conto sia dell'identità aziendale o istituzionale, che di quella personale e di ruolo.

È necessario anche ricordare che poiché parlare di leadership vuol dire parlare di potere, essere leader e comunicarlo attraverso gli abiti, vuol dire anche confrontarsi con le dinamiche inconsce del potere che vanno dal "potere di" fare, realizzare, costruire con gli altri, al "potere su" esercitato come controllo sugli altri, con comportamenti nevrotiche e patologici.

Tra le patologie della leadership c'è anche il congelamento delle emozioni che porta ad essere distaccati e senza empatia sia nella comunicazione relazionale che nel modo di vestire incolore, noioso, senza immaginazione, formale e ripetitivo, come una corazza che protegge e crea distanza.

Possiamo descrivere diversi modi di comunicare la leadership con la moda osservando sia la capacità di perseguire gli obiettivi che quella di mantenere le relazioni con il gruppo:

- **leader debole**: abbigliamento dimesso, poco curato, da tempo libero, che non tiene conto né del ruolo, né della cultura aziendale, né delle diverse situazioni;

- **leader sergente istruttore**: abbigliamento dal taglio rigido, stile formale, distaccato, molto centrato sul ruolo, con predilezione per le righe, il grigio e i colori scuri che non svelano emozioni;
- **leader amichevole**: stile informale, casual, disinvolto e talvolta sportivo con maglioni e jeans. Non tiene conto del ruolo e dell'identità aziendale, ma solo delle sue preferenze e della vicinanza ai colleghi;
- **leader moderato**: stile altalenante, senza una caratteristica precisa che alterna look casual e informali a look formali e strutturati, scelti in relazione allo stato d'animo più che ai compiti da perseguire;
- **leader conformista**: stile impersonale e formale adeguato allo stile dell'organizzazione o del gruppo senza apportare nessun cambiamento. Tende a fare di alcuni capi la sua divisa da lavoro;
- **team leader:** stile che realizza un equilibrio tra l'identità aziendale e personale. Si propone come modello per i suoi collaboratori. Se sceglie lo stile manageriale lo fa con capi di qualità, senza rinunciare ai colori o agli accessori in grado di comunicare la propria unicità o il proprio ruolo.

Nuovi modelli da imitare

Oltre alle/agli influencer a proporci stili di vita e di abbigliamento ci sono anche i/le **virtual influencer**, creati con simulazione digitale con corpi e volti perfetti fatti di pixel. Rappresentano un gioco di immaginazione o sono una proiezione dei nostri desideri di perfezione?

Indubbiamente, introducono nella moda una dimensione giocosa che coniuga desideri e realtà e mettono in scena un teatro ludico nel quale divertirsi per esprimere un sogno.

Le/i virtual influencer non fanno altro che portare all'eccesso l'abitudine ad usare filtri e programmi per creare una immagine senza difetti e imperfezioni. Attraverso le loro immagini toniche, scattanti, dalla pelle liscia e il colorito sano, e con lo storytelling creato intorno a loro, si crea una favola avvincente e brillante. E come per ogni favola è facile identificarsi con l'eroina o con l'eroe che ci permettono di sentirci migliori.

Nonostante i loro standard irrealistici di bellezza una follower ha scritto, "anche se fisicamente sei un robot, tutto il resto di te è umano". Come dire che sono le nostre **proiezioni** e **introiezioni** a rendere reale una fantasia. Ad alcuni piacciono (hanno milioni di followers!), ad altri no. Verso di loro è facile provare la stessa ambivalenza che le bambine provano verso le bambole, amate, ma talvolta aggredite. Da una parte c'è identificazione con la bellezza perfetta, dall'altra la paura di non riuscire ad eguagliarne la perfezione.

Moda digitale

Si può comprare un abito virtuale per vestire il **proprio avatar**? Si, se si porta la comunicazione di sé in un mondo ludico dove si gioca a costruire la propria identità, come ci permette di fare la moda digitale. Un fenomeno questo che coinvolge i giovanissimi in cerca dell'immagine giusta per presentarsi agli altri ed essere accettati dal gruppo. Un modo per trasportare i problemi di accettazione di sé e del proprio corpo nel mondo dei desideri, in un teatro ludico dove si può essere magicamente perfetti, unici e vincenti.

Il *Sé reale* vissuto dagli adolescenti come ancora senza forma, viene magicamente trasformato in un *Sé ideale* per raccontare la propria identità.

Il problema è che è difficile risolvere la discrepanza tra realtà del corpo e corpo desiderato solo in modo virtuale. È una sorta di ripetizione digitale del gioco che fanno i bambini indossando gli abiti dei genitori per fingere, attraverso l'apparenza, di essere loro. Un modo per giocare al ruolo della mamma o del papà in quel caso, un modo per giocare con la propria identità nel caso degli abiti virtuali scelti per il proprio avatar. È vero che "l'immaginazione giocosa è a servizio di tutto quello che è e che potrebbe essere" (Erikson, 1981, p. 845), ma il gioco servirà per apprendere un ruolo e trovare il personale modo di esprimerlo nella realtà o sarà un modo per trasportare la propria fragilità in un mondo altro? (cfr. Pizza, 2019c).

6. LA MODA COME COMUNICAZIONE E RELAZIONE

Il fallimento di una relazione è quasi sempre un fallimento
di comunicazione.
Zygmunt Bauman

Non giudicare sbagliato ciò che non conosci, prendi
l'occasione per comprendere.
Pablo Picasso

6.1 La competenza comunicativa

L'abbigliamento contribuisce a trasmettere informazioni? Ci aiuta a raggiungere gli obiettivi? Cominciamo con il dire che la comunicazione "è il processo che consiste nel trasmettere e nel far circolare delle informazioni, cioè un insieme di dati, tutti o in parte, sconosciuti al ricevente prima della comunicazione" (Ricci Bitti, Zani, 1983, p. 23). L'abbigliamento è un mezzo di comunicazione, un linguaggio che contribuisce al raggiungimento degli obiettivi adeguando il messaggio alle regole ai ruoli di uno specifico contesto (abilità sociali), trasmettendo emozioni e sentimenti (abilità relazionali). La Psicologia sociale si occupa del linguaggio come forma di influenza e come campo delle relazioni interpersonali. Se consideriamo l'abbigliamento come linguaggio, le osservazioni di Moscovici (1967) possono fornire una interessante chiave di lettura: "nel corso di una interazione tra individui e gruppi il dato linguistico appare in due forme: primo è un **indice del rapporto tra individui**, della loro posizione sulla scala sociale, del loro desiderio di obbedire e comandare ecc. (...) Secondo, la catena dei segni linguistici sembra costituire un mezzo, un **campo dell'interazione sociale**, nella misura in cui le loro proprietà – dal punto di vista della ridondanza o dal punto di vista grammaticale – sono utilizzate per contribuire precisamente ad un particolare effetto" (Ricci Bitti, Zani, 1983, p. 113). Come l'atto linguistico, anche l'abito è sia indice dei rapporti, che mezzo/campo delle relazioni. Negli ultimi tempi molti giornalisti di costume hanno fatto notare la tendenza dei politici a non indossare la cravatta nelle riunioni istituzionali: ciò può essere interpretato come indice dei rapporti e tentativo di comunicare una relazione di vicinanza e di somiglianza (sono come voi, vicino a voi), ma anche come mezzo/campo delle relazioni, attraverso la presa di distanza dal ruolo di politico (sono rilassato, a proprio agio, informale). Dalla cravatta come mezzo comunicativo per dimostrare competenza e professionalità e, come strumento di differenziazione e messaggio (molto studiati i significati di quelle di Mario Draghi), alla non-cravatta, per dimostrare rilassatezza e uguaglianza.

GLI OCCHIALI DI DIOR

Nell'episodio "Il post-it si attacca sempre due volte" della stagione 6 di *Sex and the City* (2004), Samantha aiuta il suo compagno Smith Jerrod a scegliere l'abbigliamento per una trasmissione a MTV e gli mostra gli abiti proposti dagli sponsor: YSL, Gucci e Dolce e Gabbana. "Sei l'*Absolut Hunk*, devi essere il sogno di ogni ragazza adolescente e di ogni ragazzo sessualmente confuso d'America". Smith risponde che non si sente a suo agio negli abiti firmati e preferisce indossare jeans e maglietta. Samantha, esperta PR cerca allora di correre ai ripari e prende un paio di occhiali: "Metti almeno questi occhiali da sole di Dior. È MTV. Se non indossi qualcosa che i ragazzi non possono permettersi, come ti possono ammirare?"

Così come le varie parti di un discorso (le frasi scelte, i termini usati, il tono dell'eloquio), influenzano gli interlocutori e incidono sul loro comportamento, nello stesso modo l'abbigliamento svolge **una funzione regolatoria** delle relazioni. Così come nel linguaggio è importante notare la ripetizione delle parole durante una interazione (ridondanza) e l'associazione dei vocaboli secondo le regole (organizzazione sintattica), nell'abbigliamento la combinazione e l'associazione di capi, colori, marchi, accessori, il minimalismo o l'opulenza, ci permettono di comprendere il tipo di influenza che l'interlocutore vuol esercitare.

L'abbigliamento e gli accessori possono influire sul processo comunicativo anche nell'ambito delle **abilità relazionali**, arricchendo il messaggio e enfatizzandolo, per mezzo di un codice non verbale. Prendere la parola ad una conferenza indossando una giacca con un ottimo taglio e una perfetta vestibilità, che accompagna i movimenti, e rende le spalle più diritte, farà aumentare la percezione della sicurezza e competenza, e inoltre aumenterà anche l'autostima di chi la indossa ("ho un aspetto vincente e grintoso con questa giacca") favorendo un comportamento determinato e disinvolto.

LA FOTO IN UNIFORME

"Quando Anton Immers comprò per 10 chili di salsicce l'uniforme di un ufficiale – Kurt Heidenreich – chiese a Herr Abramowitz di fotografarlo in divisa. (...) Tenendo la schiena il più dritta possibile, il macellaio, che si era sentito disonorato da quando, avendo cercato di arruolarsi, era stato scartato, mantenne lo sguardo fisso oltre la macchina fotografica, con una espressione di trionfo, come se potesse scorgere campi di battaglia troppo lontani perché chiunque altro li vedesse. (...) Herr Immers incorniciò l'ingrandimento della fotografia, e ogni volta che la guardava nel suo negozio, dove era appesa (...) poteva immaginare di aver realmente combattuto in guerra, non come soldato semplice naturalmente, ma come ufficiale pluridecorato. Col passare degli anni finì col credere a quella fantasia, e sarebbe stato imprudente per sua moglie e per i suoi clienti, ricordargli il contrario. Alla fine tutto il villaggio finse insieme al macellaio, persino il tassidermista che gli aveva venduto l'uniforme, e alla generazione successiva quell'illusione fu venduta come fatto storico" (Hegi, 2000b, p. 29).

Nel processo comunicativo si realizza lo scambio di un messaggio tra **emittente** (che esprime un contenuto) e **ricevente** (che lo interpreta e reagisce). Non sempre però, anche quando si tratta di messaggi forniti attraverso abiti e accessori, c'è sintonia tra **codifi-**

ca e **decodifica**: spesso stati mentali, sentimenti, e pensieri interferiscono con il messaggio deformandolo. In questi casi, per effetto di un **rumore** psicologico, tra le intenzioni di chi ha indossato, ad esempio, un abito, e le interpretazioni di chi lo osserva, c'è una discrepanza dovuta alla differenza tra i mondi simbolici dei due interlocutori e dei diversi significati attribuiti allo stesso oggetto moda. La comunicazione ha proprio la funzione di negoziare la relazione tra gli interlocutori arrivando ad un significato condiviso: il linguaggio è infatti un mediatore tra cognizione e realtà sociale.

> L'ABITO ARANCIONE
> "Dove vai con quel vestito? Anch'io mi guardai. Mi ero messa un abito di mia sorella di cotone arancione, a sottoveste e con gli specchietti applicati alla scollatura. (...) Non vai proprio da nessuna parte – sentenziò con un tono secco, come se avessi fatto qualcosa di male – toglitelo! Non mi hai sentita? L'avevo sentita ma non volevo ascoltarla. Mi ero già guardata a lungo nello specchio prima di uscire dalla mia stanza quella mattina, mi ero sinceramente stupita di vedermi così, come se non fossi io ma la foto di un catalogo, la modella di una pubblicità, la copertina di una rivista illustrata con una ragazza che non poteva ancora credere di essere quella che stava vedendo con i propri occhi. Non era la prima volta che lo facevo, mi era sempre piaciuto provarmi la roba di mia madre, mi stava meglio della mia, ma quel vestito arancione era un'altra cosa, e non solo perché quando lo indossavo sapeva impadronirsi del mio corpo, per trasformarlo in qualcosa di diverso, nel corpo di una donna più grande, molto più attraente, più seducente di me, ma anche perché oltretutto era di Maria, lei se lo metteva e mamma glielo permetteva, e questo lo rendeva ai miei occhi una specie di arma legale" (Grandes, 2007, pp. 169-170).

Il processo di **decodifica** consiste nell'attribuire un senso al comportamento dell'altro (ad esempio la scelta dell'abito) attraverso un processo di selezione, organizzazione e interpretazione dei segnali percepiti, che è influenzato da:

- **sensibilità fisica**: la simpatia o antipatia nei confronti di un colore ci farà valutare in modo diverso gli abbinamenti di tinte di un completo; chi è esperto di moda, noterà subito un capo di abbigliamento griffato o un accessorio di tendenza; chi ha una alta sensibilità verso la moda proverà vere e proprie sensazioni di fastidio per un pessimo abbinamento di capi o di colori o di piacere per un ottimo accostamento;
- **attenzione selettiva**: non tutti i segnali vengono percepiti da tutti e i livelli di consapevolezza sono assolutamente diversi. Chi è, o si sente, esperto di moda, coglierà il valore simbolico di una borsa *vintage*, di una *baguette* di Chanel, o di una ampia gonna di Scervino che piomba perfettamente, mentre chi non è interessato alla moda probabilmente considererà quella stessa gonna un po' pesante o voluminosa, quella *baguette* un po' piccola, o la borsa *vintage* un po' usurata;
- **categorizzazione**: ad attrarre la nostra attenzione sono quei segnali che per noi hanno un significato perché sono collegati ad uno schema mentale preesistente (concetti, idee, associazioni derivati da esperienze e presenti in memoria). Mediante il processo di categorizzazione si organizzano i segnali e si attribuisce loro un significato. Così se nei nostri schemi mentali esiste quello della moda saremo per esempio pronti a categorizzare come *fashion victim* una persona che mostra in modo ostentato troppi loghi; come estremamente elegante una persona abile nell'abbinare con semplicità vari capi, come dotata di stile e personalità una persona capace di dare un tocco di espressività attraverso un accessorio o un gioiello.

La decodifica di un messaggio è influenzata anche da:

- **contesto e aspettative**: una cosa è interpretare l'abbigliamento di una persona mentre fa la spesa al mercato e una cosa è decifrarlo mentre sale su un podio di un comizio elettorale per chiedere voti. Molto dipende anche dalle nostre aspettative sul comportamento delle persone: se mi aspetto, ad esempio, che i dirigenti vestano con cura ed eleganza, noterò con fastidio il golfino dimesso o le scarpe senza forma di una di loro;

- **atteggiamenti**: influenzano ciò che vediamo portandoci ad interpretare in modo positivo i segnali congruenti con i nostri pensieri, sentimenti e azioni rispetto all'abbigliamento, e in modo negativo quelli dissonanti;
- **personalità**: l'estroversione o l'introversione, l'ottimismo o il pessimismo, l'amicalità o l'ostilità sono solo alcune delle dimensioni di personalità che possono influenzare la decodifica dell'aspetto esteriore e la sua valutazione.

Per comprendere meglio lo scambio comunicativo che avviene attraverso la moda, oltre al processo di **codifica** (come riusciamo a comunicare con gli abiti, gli accessori, i colori) e di **decodifica** (come lo interpretano gli altri), è importante tenere conto anche del **contesto**. Il contesto comprende la circostanza (dove e quando avviene lo scambio) e i destinatari con le loro caratteristiche. È tutto ciò che sta intorno e condiziona lo scambio: dove si svolge, quando si verifica, chi è coinvolto (numero persone, età, sesso, ruolo sociale, atteggiamenti, reciprocità dell'interesse verso la moda, aspettative). L'analisi del contesto è importante per capire quali sono gli adattamenti di abbigliamento necessari (ascolto) per raggiungere con più efficacia gli obiettivi comunicativi. Se, ad esempio, una persona che lavora in banca, sogna di svolgere un ruolo creativo, e si prepara per un colloquio in un'azienda di moda, farà bene a lasciare gli abiti e i colori formali indossati in banca e a scegliere un look più colorato e originale, per raggiungere con più efficacia i suoi obiettivi in quel contesto.

6.2 La comunicazione non verbale: il glossario del corpo

Secondo il primo assioma del modello pragmatico della comunicazione di Watzlawick (1971) **non si può non comunicare.** Ciò vuol dire che, indipendentemente dall'intenzione, tutto comunica, non soltanto le parole, ma anche il corpo, e l'abbigliamento: ogni elemento dell'aspetto esteriore veicola informazioni che possono essere colte e interpretate, producendo reazioni e messaggi di risposta.

La comunicazione **non verbale** è tutto ciò che la persona trasmette ed esprime, in modo consapevole o inconsapevole, prescindendo dalle parole. Con la comunicazione non verbale esprimiamo le nostre reali **emozioni** e la nostra vera **intenzione comunicativa** attraverso: voce, sguardo, sorriso, volto, gesti, postura, aspetto esteriore, energia, silenzio e attenzione. Per mezzo dei segnali non verbali ci presentiamo e creiamo relazioni: il nostro corpo è come "un **glossario**" (Goffman, 1969) che contiene informazioni che parlano di noi agli altri e ci aiutano a decidere come comportarci. L'aspetto esteriore e l'abbigliamento ci forniscono una serie di segnali immediati che possiamo velocemente associare (in base alla cultura dominante) a determinate caratteristiche. Così, ad esempio, un collare bianco ci fa pensare immediatamente ad un sacerdote, un tutù ad una ballerina classica, un camice ad un medico, e queste informazioni costituiranno una guida per il nostro comportamento.

Talvolta la presentazione di noi stessi avviene attraverso rappresentazioni quasi teatrali, nelle quali si mettono in scena la realtà oppure le fantasie. Goffman (1969) definisce queste presentazioni "da **palcoscenico**": più sentiamo di essere osservati e più tendiamo a recitare una parte: "le persone sono evidentemente consapevoli di come il loro comportamento appare agli occhi degli altri e forniscono ulteriori segni non verbali per dimostrare che esso ha fini accettabili e sensati o, a volte, per fuorviare e ingannare" (Argyle, 1978, p. 104).

UN ABITO ROMANTICO

Beatrice parla con la nuova amica Franca, di come vestiva da giovane Helene, una ottantenne che predilige indossare abiti romantici e recitare la parte di una dolce e amabile ragazzina. "Il vestito che Helene indossava allora era esattamente come i suoi vestiti di oggi: romantico, elaborato, il vestito di una ragazza giovanissima. Non si è mai discostata da quello stile, come se fosse rimasta bloccata ad una certa fase della vita, senza mai andare avanti". Per andare a cena con un amico ha scelto oggi "un vestito estivo bianco, con le maniche a sbuffo, che era troppo giovanile per lei e la faceva apparire piuttosto grottesca, ma al quale per motivi incomprensibili, era molto attaccata. "Con questo vestito mi sento sempre così giovane e allegra!" Peccato che sia solo una sensazione, pensò Beatrice, perché hai un aspetto davvero decrepito. (...) È convinta che la vita le sia passata accanto sfiorandola appena, pensa di essersi lasciata sfuggire tutto ciò che è importante nella vita. Vorrebbe riavere la sua gioventù, e dato che questo naturalmente è impossibile, vuole procurarsi almeno l'illusione della gioventù. Ha visto quell'incredibile vestito da fanciulla in fiore che ha scelto per la serata, no?" (Link, 2003, pp. 97-177).

L'abbigliamento, come forma di comunicazione non verbale, svolge molteplici funzioni: segnala l'andamento delle relazioni interpersonali, i nostri atteggiamenti nei confronti degli altri e di noi stessi (immagine di sé), è un mezzo per esprimere emozioni, per presentarsi agli altri ed enunciare la nostra identità.

Lo **spazio personale** "indica la zona che circonda immediatamente l'individuo, ed è vista come protezione dell'*Io*" (Ricci Bitti, Zani, 1983, p. 126). Attraverso la **postura** (i diversi modi di muovere il corpo nello spazio) esprimiamo le emozioni e la loro intensità in modo meno controllabile che con le espressioni del volto. "Il modo di camminare, di stare in piedi, fermi o sedersi rivela stili di comportamento espressivi di ruoli vissuti: ancora la postura può rivelare oltre lo stato d'animo, la fiducia che una persona ha in sé stessa, o l'immagine di sé" (ivi, 1983, p. 132). Abbigliamento e accessori possono influire sia sul comportamento spaziale che sulla postura: pensate all'effetto che un paio di scarpe con il tacco alto hanno sull'incedere e sulla posizione delle spalle: è indubbiamente più facile avere consapevolezza del proprio corpo e camminare eretti indossando scarpe con il tacco, mentre con paio di ballerine ci muoviamo più veloci. Il modo di sedersi sarà molto diverso indossando una gonna stretta o una ampissima, oppure un paio di ampi pantaloni; così come una giacca con spalle imbottite, un tailleur pantalone, o una gonna aderente o un borsalino, conferiranno alla postura un diverso stile rispetto ad un abito ampio, un golf informe, un *twin-set*, una tuta da ginnastica, un paio di zoccoli o un basco di lana.

L'ABITO DI OSCAR DE LA RENTA
L'abito rosa di Oscar de la Renta che Alexander Petrowsky regala a Carrie, (stagione 6, episodio "L'uomo perfetto") in *Sex and the City* (2004) ha una gonna a ruota, di una seta rigida, segnata in vita da una cintura di coppale nera, che aumenta le dimensioni del corpo di Carrie e lo spazio che occupa, rendendola più visibile e presente nello spazio, ma nello stesso tempo anche meno raggiungibile, poiché crea una zona di protezione dell'*Io* (spazio personale) che invita a guardare tenendosi a distanza.

Gli accessori giocano un ruolo significativo in relazione ai gesti di **adattamento**, che servono a controllare bisogni, motivazioni e emozioni relativi ad una determinata situazione, e consistono, in particolare, nella manipolazione del corpo (toccarsi i capelli, tirarli, torcersi le mani, toccare una parte del corpo), o di oggetti (giocare con un anello, un orecchino, togliere e mettere un bracciale o un paio di occhiali, attorcigliare una catena, giocare con la borsa aprendo o chiudendo un bottone o facendola ondeggiare, oppure portandola come uno scudo davanti al corpo).

Gli occhiali, in particolare, sono un abbellimento dell'**occhio**, una fonte di attrazione di sguardi, ma anche una maschera dietro la quale celarsi, servono per guardarsi reciprocamente, ma anche per evitare lo **sguardo**. Sono particolarmente importanti nella percezione interpersonale proprio perché rendono più evidente quello sguardo che contribuisce ad iniziare, mantenere o evitare relazioni. La schermatura di un paio di occhiali dalla montatura seriosa e classica contribuisce ad esempio ad aumentare la percezione di competenza di un professionista giovane, o quella di un ampio occhiale da sole a velare di mistero un viso.

L'aspetto esteriore di una persona è costituito dal volto, dal fisico, dall'abbigliamento, dagli accessori, dal trucco, dai capelli e dalla pelle. Molti elementi dell'aspetto esteriore possono essere controllati e modificati. Pensate come una lampada solare possa rendere abbronzata una persona sedentaria che non si è mai mossa dalla scrivania, una acconciatura dei capelli possa rendere più sensuale o più professionale, o come un trucco accurato e sapienti cure della pelle possano far apparire più giovani, come un soggiorno in un centro benessere renda più tonici, o un abito dal taglio giusto più slanciati. "Il fatto che l'individuo impieghi energie, tempo e denaro per controllare il proprio aspetto serve a spiegare che scopo principale della manipolazione di sé è quello di fornire una certa autopresentazione, di offrire cioè una immagine che di sé egli vuole presentare agli altri. Infatti attraverso questo tipo di segnalazione non verbale vengono inviati messaggi relativi alla personalità e allo stato d'animo, all'età, agli atteggiamenti, alle opinioni e alle credenze del soggetto, all'attività, al gruppo, allo status sociale di appartenenza" (ivi, p. 149).

Alcune ricerche sul campo hanno correlato l'aspetto esteriore alle relazioni sociali. In un esperimento (Exline, 1969) un soggetto vestito prima in stile *hippy*, e poi con abiti classici, avvicinava in pubblico uomini d'affari per chiedere loro consigli: l'atteggiamento delle persone interpellate cambiava in modo considerevole in base all'abbigliamento e andava dalla indifferenza alla disponibilità.

L'abbigliamento e l'aspetto esteriore (cfr. Ekman, Friesen, 1969) perseguono varie funzioni:

- **informativa**: in quanto provocano interpretazioni condivise negli osservatori, ad esempio, sulla professione di chi indossa un abito o un accessorio come un camice, una divisa militare, un *clergyman*, una toga;
- **comunicativa**: perché permettono di trasmettere qualcosa di specifico al nostro interlocutore, ad esempio, indossando tuta e scarpe da ginnastica ad una cena romantica forse ciò che si vuol dire è: "sono pronto a correre via il più velocemente possibile!", o se si partecipa ad una gara podistica indossando pantaloni attillati e sandali con il tacco alto: "il mio stile non è proprio quello di sudare. Vi seguo in taxi!";

- **interattiva**: attraverso la manipolazione dell'aspetto esteriore miriamo a modificare e influenzare il comportamento degli altri, come, ad esempio, quando si veste in modo sexy e appariscente per attrarre l'attenzione, o si indossano guaine contenitive per apparire più magri e tonici.

L'aspetto esteriore può avere diverse componenti e assumere vari significati (cfr. Argyle, 1978):

- **gli abiti** proteggono dagli elementi atmosferici, nascondono certe parti del corpo, e vengono utilizzati per dare informazioni su: personalità (si può esprimere originalità o conformismo, estroversione o introversione, attraverso la scelta delle forme e dei colori, la quantità degli ornamenti e degli accessori, le fogge smilze o di larghe dimensioni); ruolo professionale (attraverso divise, uniformi o abiti convenzionali), gruppo di appartenenza, (una cravatta può rappresentare ad esempio il legame con una università o un club sportivo); status (la stessa cravatta può essere ben annodata, oppure indossata con il nodo sfatto e il colletto aperto, o con una parte buttata dietro le spalle); atteggiamenti interpersonali (come la sessualità, l'aggressività, l'umiltà. l'amicalità);
- **gli accessori** rafforzano il significato degli abiti. Il loro abbinamento e il numero (dalla mancanza all'eccesso) integrano le informazioni sulla personalità. Le loro caratteristiche possono confermare le informazioni sul ruolo professionale e sullo status oppure fornire informazioni aggiuntive. Dei gioiclli particolarmente preziosi fanno pensare alla ricchezza di chi li indossa, un anello con brillante ad un fidanzamento, una fede ad un matrimonio, una croce alla religiosità. Scarpe e borse, meritano poi una considerazione a sé: tacchi, decori, punte, sandali, stivali, *snikers*, forniscono spesso informazioni sugli atteggiamenti interpersonali, così come la forma delle borse (cfr. Pizza, 2014, Abiti e tacchi);
- **i capelli** vengono tagliati e acconciati per esprimere l'appartenenza ad un gruppo, e il loro significato sociale

cambia nel tempo e in relazione alle culture di riferimento. Così i capelli corti possono essere espressione di integrazione e disciplina (frati e soldati) ma anche di ribellione (*skinheads*). Essi esprimono oltre ad una moda, anche significati più profondi relativi alla sessualità e alla ribellione. Secondo una interpretazione freudiana tagliarsi i capelli è simbolo di castrazione, mentre farli allungare è simbolo di sessualità;

- **il viso e la pelle** possono essere decorati con tatuaggi o piercing. Il volto può essere modificato attraverso interventi di chirurgia estetica. Gli occhi possono essere valorizzati dal trucco o da un paio di occhiali, oppure schermati e nascosti dalle lenti scure degli occhiali da sole. L'aspetto del volto fornisce informazioni sulla personalità. Il colorito della pelle trasmette informazioni su benessere e successo e quantità di tempo dedicato allo sport (anche se molto spesso è solo il frutto di lampade solari o creme autoabbronzanti);
- **il fisico** viene correlato a vari aspetti della personalità. Ad esempio le persone magre e ossute vengono considerate tranquille o tese, le persone obese, cordiali, simpatiche e dipendenti e quelle muscolose come fiduciose in sé e amanti del rischio. Naturalmente le mode sul fisico variano notevolmente nei tempi e nei luoghi. Il fisico può essere modificato con cure dimagranti, ginnastica, esercizi di postura o interventi estetici, ma anche attraverso l'abbigliamento, la biancheria intima, gli accessori (corsetti, *push-up*, fogge e taglie degli abiti, tacchi alti o bassi).

UN ACCESSORIO CHE FA LA DIFFERENZA

In *Sex and the City. The movie* (2008) Carry cerca un assistente e incontra in un bar i possibili candidati. Quando incontra Paul, laureato in finanza a Princeton, negli ultimi due anni assistente di un vicepresidente, vestito accuratamente con un gessato grigio, camicia azzurra, cravatta a righe azzurre e nere, capelli corti e fisico asciutto, gli chiede perché ritenga di essere adatto per quel lavoro, e lui per risposta guarda sotto il tavolo, dove Carry può notare le sue scarpe: un paio di décolleté rosa, con il tacco alto!

6.3 L'abito come espressione di emozioni

Le **emozioni** ci dicono cosa è importante per noi in un determinato momento, e sono formate da una triade di componenti (sensazione, fisiologia, espressione), oltreché dalla tendenza all'azione che deriva dalla valutazione dell'evento scatenante e da una componente cognitiva. Costituiscono un processo dinamico di breve durata, con un inizio e una fine, in grado di influire sul processo di acquisto e di scelta dell'abbigliamento e sulla comunicazione relazionale.

La teoria cognitiva sottolinea il ruolo della **valutazione personale** (*apraisal*) degli eventi come motore delle emozioni. I criteri che vengono usati per valutare gli eventi sono: "la novità, la misura in cui l'evento è atteso, la sua piacevolezza, l'eventualità che favorisca o ostacoli il raggiungimento dei propri scopi e la misura in cui è possibile fronteggiare adeguatamente le conseguenze (Scherer, 1998, p. 311).

Una delle teorie sulle emozioni è quella di Plutchik (1981) secondo il quale "le emozioni variano di intensità e nel grado di somiglianza reciproca e presentano un carattere bipolare nel senso che, ad esempio, la gioia è l'opposto della tristezza, l'odio dell'amore, ecc." (Ricci Bitti, Zani, 1983, p. 155). Le emozioni possono essere rappresentate graficamente in una ruota (Fig. 13) formata da otto emozioni primarie e da otto emozioni che derivano dalla combinazione tra emozioni vicine: "ogni emozione si pone intorno al cerchio in modo tale che i termini contrari occupano posizioni diametralmente opposte, mentre i termini affini si collocano uno accanto all'altro: allegro, felice, entusiasta sono tra loro vicini, ma opposti a triste, infelice, addolorato" (ivi, 1983, p. 155).

Fig. 13 – La ruota delle emozioni.

Osservando questa ruota possiamo vedere come, dalla combinazione tra le emozioni primarie aspettativa e gioia, nasca l'**ottimismo** che ritengo sia l'emozione scatenante di molti acquisti di moda e di molti riordini dell'armadio in cerca di nuovi abbinamenti e combinazioni, mossi dalla speranza di cambiare per raggiungere obiettivi. Anche la combinazione tra le emozioni di base gioia e accettazione, che producono **amore** e **affettività,** sono una molla irresistibile all'acquisto di moda, per sentirsi più seducenti, più giovani, più attraenti, più competitivi e per mostrare agli altri queste nostre caratteristiche. Dall'accettazione e la paura di essere giudicati diversi e rifiutati dal gruppo, deriva la **sottomissione** ai dettami della moda ritenuti imperativi in un gruppo al quale si desidera appartenere. Anche l'**aggressività** che deriva dalla combinazione tra l'emozione di base aspettativa e collera, può influenzare la scelta di un abbigliamento duro, provocante, trasgressivo, che segnala potere e dominanza. Il **rimorso** è l'emozione che deriva dall'aver comprato abiti quando si è **tristi** e il rapporto con noi stessi e la nostra autostima sono bassi: aprire l'armadio in questo caso fa provare disagio e indossare un abito o un accessorio non porta e nessun piacere perché non si è in grado di guardare avanti e di fare un progetto, ma solo di guardare indietro e giudicare le scelte sbagliate. Lo **spavento** è l'emozione sperimentata da alcune persone nei confronti del sistema moda, vissuto come inaccessibile e giudicante: ci sono persone che dichiarano di non entrare nei negozi di alta moda nelle strade centrali delle città per paura di sentirsi giudicati come non adeguati. La **delusione** deriva dallo scoprire, o dal temere, di non avere il potere di acquisto, la possibilità di trovare capi adatti al proprio corpo, o la competenza necessaria a comprare moda. Anche il **disprezzo** è una emozione che alcuni provano nei confronti del sistema moda, di cui non condividono regole, dettami e riti.

L'espressione delle emozioni attraverso l'abbigliamento è appresa e fortemente correlata ad un contesto culturale: se, ad esempio, in alcune culture il nero è il colore con il quale si esprime il dolore per la perdita di una persona, in altre il colore del lutto è il bianco. Secondo le "regole di esibizione" (Ekman, 1980) delle emozioni apprese culturalmente, ci sono quattro modi per controllarne l'espressione emotiva: così l'abito può servire a **intensificare** o **deintensificare** una emozione, oppure a **neutralizzarla** ostentando indifferenza, o a **dissimularla** e mascherarla. Pensate ad esempio come alcuni accessori aggressivi servano a mascherare l'insicurezza sociale, come la scelta di un abito griffato possa intensificare l'emozione del successo, o un abito seduttivo l'amore, o a come un abito minimalista possa servire a deintensificare l'espressione delle stesse emozioni. Nello stesso modo la scelta di un abbigliamento sportivo in un contesto formale può esprimere indifferenza verso l'ambiente e indirettamente critica e distacco dai valori o dalle regole.

6.4 L'abito come conversazione

L'abbigliamento è come un linguaggio che crea uno scambio comunicativo con gli altri. Possiamo considerare abiti e accessori come parole e gesti che parlano di chi li indossa, fornendo informazioni. Il corpo, con ciò che lo ricopre e lo abbellisce, è come una struttura linguistica: parla e conversa con gli altri anche quando non usiamo parole, e segue le regole della **conversazione** (Grice,1978). Il nostro abbigliamento scambia informazioni con gli altri in base alla **quantità** dei segnali che lanciamo attraverso marchi, colori, forme, abbinamenti, che possono parlare in modo ridondante o scarno, di noi e del nostro gruppo di appartenenza; alla **qualità** delle prove che forniamo attraverso il gusto delle nostre scelte e la sincerità o il camuffamento della nostra immagine; alla **relazione** di pertinenza tra gli abiti che indossiamo e la situazione nella quale ci troviamo; al **modo**, ossia alla nostra capacità di abbinare e scegliere gli abiti in modo chiaro, competente e logico, senza (o con) ambiguità.

L'abbigliamento è un segnale che ci permette anche di iniziare una conversazione. Fra tante persone sconosciute ad esempio, tendiamo ad avvicinarci a quelle che percepiamo come simile a noi, in base all'aspetto esteriore.

PRETI E LUCCIOLE

Ne *Il diario di Bridget Jones*, Bridget partecipa alla riunione a tema, organizzata tradizionalmente dalla sua famiglia, questa volta dal titolo "preti e lucciole". Quando Bridget arriva vestita da coniglietta, con tanto di *pon-pon* rosa come coda, scopre, suo malgrado, che in quell'occasione la regola del travestimento non è stata applicata. Si trova così in imbarazzo e guardata da tutti, e trova rifugio e complicità parlando con quei parenti (il padre vestito da prete, la cugina da lucciola e un cugino da cardinale) che come lei non avevano ricevuto la nuova informazione: niente travestimenti quest'anno!

In base al modello delle **abilità sociali** (Argyle, 1969), la moda può aiutarci nella conversazione:

- nella **fase del saluto**: facendoci riconoscere subito come simili;

- nella **fase della definizione dei ruoli**: stabilendo le funzioni reciproche in base ai segnali di appartenenza, competenza, potere e status;
- nella **fase del perseguimento di un obiettivo**: abiti e accessori fanno parte infatti di quegli elementi non comunicati esplicitamente (attraverso per esempio la formulazione di una richiesta specifica), ma implicitamente suggeriti, lasciati intendere, presupposti. Con un abito griffato, una borsa super costosa ed esclusiva, un paio di sandali decorati a mano, un orologio particolare, possiamo suggerire in modo implicito successo e potere, e chiedere attenzione e rispetto, indipendentemente da ciò che diciamo con le parole.

Ci sono poi delle connessioni tra moda e relazioni interpersonali. Secondo la **legge dell'attrazione** (Byrne, 1971) ci piacciono di più le persone che hanno opinioni e gusti simili ai nostri: poiché l'aspetto esteriore è la prima cosa che vediamo, è chiaro come uno stile di abbigliamento simile al proprio sia immediatamente preferibile, mentre uno stile diverso, in base alla **legge della repulsione** (Rosenbaum, 1986) provochi un desiderio di allontanamento.

Uno studio condotto da Fenigold (1992) ha mostrato l'importanza dell'aspetto fisico nel determinare le relazioni: le persone più gradevoli fisicamente e più curate sono risultate meno sole e più popolari e gli sono state attribuite, inoltre, maggiori abilità sociali, rispetto alle persone meno attraenti. Nelle interazioni le persone più attraenti ricevono infatti *feedback* positivi basati sullo **stereotipo** che associa la bellezza fisica ad altre caratteristiche positive del carattere. Un interlocutore di bell'aspetto riceve più sorrisi, viene guardato di più e gli vengono concessi turni di parola più lunghi. Naturalmente un abito giusto e dei begli accessori possano contribuire a migliorare l'immagine di una persona e a renderla più attraente e popolare.

Anche l'**apertura** verso gli altri (*self disclosure*) e lo scambio delle informazioni sul *Sé*, costituiscono una fonte importante di attrazione reciproca, e non c'è dubbio che attraverso la scelta degli abiti, degli abbinamenti e dei colori comunichiamo molte informazioni su di noi anche senza parlare.

6.5 L'abito come tazebao: l'io-pelle

L'abbigliamento è come un *tazebao*: un grande manifesto non verbale che parla di noi agli altri, che mostra gli aspetti di noi che riteniamo vincenti, che parla delle nostre emozioni, del nostro ruolo, delle nostre aspettative. Mc Luhan definisce l'abbigliamento come "estensione della pelle" e "come mezzo per definire socialmente la persona" (1967, p. 129).

L'abbigliamento come estensione del *Sé* ci permette di portare all'esterno ciò che sentiamo dentro, ciò che pensiamo di essere e ciò che desideriamo essere. Si sceglie l'abbigliamento per comunicare alcuni aspetti e per coprirne altri. La moda ci permette infatti di manipolare la nostra immagine per avvicinarla al nostro ideale e di esprimere ciò che vogliamo che gli altri pensino di noi: è come se avessimo una **seconda pelle** che ci permette di mostrare le parti di noi più attraenti e di nascondere quelle meno attraenti. Attraverso la moda la nostra identità si trasforma in un manifesto da indossare, un "*Io pelle*" (Anzieu, 1987), una pelle mentale che delimita lo spazio tra sé e il gruppo, contiene le diverse parti della psiche e svolge la funzione di "sacco che contiene e trattiene all'interno il buono accumulato", di "superficie di separazione (interfaccia) che segna il limite con il fuori e lo mantiene all'esterno, di barriera che protegge dalla penetrazione dell'avidità e dell'aggressività altrui", e infine di "luogo e mezzo di comunicazione primario con gli altri, con cui stabilire relazioni significative; essa è in più una superficie di iscrizione delle tracce lasciate da queste" (Neri, 1995, p. 208).

"Possiamo individuare otto funzioni degli abiti come *Io pelle* che contrastano otto paure:

> **Consistenza** – Gli abiti danno consistenza al corpo, lo mantengono eretto e creano una struttura che rende il corpo più consapevole di sé e più evidente, contrastando la paura di un corpo cedevole, fragile e senza struttura;

Contenimento – Gli abiti circondano il corpo creando una sensazione di avvolgimento e di protezione che ha origine dalle cure materne. Accolgono al loro interno tutto il buono che abbiamo dentro, evitando che si disperda. Ci fanno sentire protetti e amati, difendendoci dagli attacchi degli altri;
Costanza – Gli abiti ci proteggono come un corpo materno e ci fanno accettare e amare con perseveranza. Sono anche un filtro che difende il nostro corpo e lo ricopre in modo pudico. In questo modo superiamo la paura di trasgredire alle regole;
Significazione – L'abbigliamento ci permette di comunicare chi siamo e di esprimere il nostro Sé. Il corpo diventa una superficie di iscrizione sulla quale possiamo scrivere il nostro messaggio. Gli abiti, gli accessori e i colori esprimono significanti simbolici che possono essere facilmente visti e interpretati dagli altri. In questo modo superiamo la paura di essere indifferenziati, di disperderci, e di non riuscire a comunicare la nostra identità;
Concordanza – Abiti e accessori ci consentono di far convergere pensieri, immagini, desideri, atteggiamenti e influenza sociale in uno stile che ci caratterizza. Attraverso questo stile possiamo sentirci in sintonia con il senso comune del bello e conformi al gruppo del quale desideriamo sentirci parte. In questo modo contrastiamo la pura dell'isolamento;
Individuazione – Gli abiti comunicano l'identità facendo emergere quelli aspetti personali che rendono unici e diversi dagli altri. Aiutano a far emergere dal gruppo e rendono originali privilegiando l'individualità. In questo modo contrastano l'angoscia di perdita dell'identità e la paura di essere inglobati dalla massa;
Sessualizzazione – Gli abiti, i colori, le forme, gli accessori esprimono forza pulsionale e libidica. Sono un transfert seduttivo e hanno una funzione di attrazione che si basa sul principio del piacere. Danno voce alla nostra sensualità, contrastando la paura di non essere scelti e amati;
Energizzazione – Attraverso l'abbigliamento si esprime la creatività dell'*Io*, e la nostra capacità di dare vita all'opera d'arte del nostro *Sé*. Con la moda possiamo giocare, cambiando il nostro stile e dando voce ai nostri diversi *Sé*. Possiamo passare da un *Sé* lavorativo e formale ad uno sensuale e trasgressivo

cambiando contesto e obiettivi da perseguire. In questo modo contrastiamo la noia e la paura dell'immobilità provando piacere e creando una ricarica libidinale che è fonte di energia e di proattività.

Il rapporto con la moda è più conflittuale quando queste funzioni non sono soddisfatte e prevalgono le paure (cfr. Pizza, 2020a e 2021a, pp. 63-64).

L'ABBIGLIAMENTO COME MANIFESTO NON VERBALE
"Un bozzetto pubblicitario del CEIR Computer Service raffigurava uno scialbo abituccio di cotone accompagnandolo con la seguente *headline*: "perché la signora K si veste così?" (che si riferiva alla moglie di Nikita Khruscev). Il *copy* continuava poi con alcuni spunti veramente geniali. Diceva tra l'altro: è un'icona. Agli strati non privilegiati della popolazione e alle masse del terzo mondo dice: "Noi siamo frugali, semplici, onesti, pacifici, cordiali, buoni". E alle nazioni libere di occidente dice: "Noi vi seppelliremo". Era precisamente questo il messaggio che all'epoca della Rivoluzione francese, le nuove semplici fogge dei nostri antenati rivolgevano alle classi feudali. L'abbigliamento era allora un manifesto non verbale di rivolta politica" (McLuhan, 1967, p. 130).

"Le persone hanno una idea precisa sul significato sociale dei diversi capi di vestiario, perciò scelgono gli abiti per il loro significato sociale, e cioè per i segnali che possono comunicare su chi li indossa. Non è necessario che queste informazioni siano veritiere, ma è sufficiente che esse esprimano ciò che l'individuo che li indossa vuole che gli altri pensino di lui" (Argyle, 1978, p. 252). I messaggi relativi all'*Io* che posiamo trasmettere attraverso la scelta di abiti e accessori, sono:

- l'**identità personale**, con uno stile costante o particolare, classico o creativo, per essere riconosciuti come una persona unica;
- **l'identità sociale** e l'**appartenenza** al gruppo, attraverso uno stile condiviso. Ad esempio "in Inghilterra nel corso degli

ultimi anni, l'appartenenza ai vari movimenti giovanili (*teddy-boys, mods, rockers, skinheads e hippies*) è stata chiaramente indicata tramite l'aspetto. I *mods* adottavano uno stile che si confaceva maggiormente alla classe media, o di tipo femmineo, mentre i *rockers* erano aggressivamente virili e con un aspetto esteriore più vicino a quello della classe operaia" (ivi, p. 252);

- l'**età**, attraverso la manipolazione dell'immagine;
- lo **status**, reale o auspicato, attraverso il possesso di oggetti simbolo;
- i **ruoli** sociali e professionali, spesso individuati da uniformi o semi-uniformi o da abiti e accessori particolari;
- le caratteristiche di **personalità,** che possono essere espresse attraverso la scelta di colori e fogge o dagli abbinamenti.

L'abbigliamento può essere usato anche per esprimere **atteggiamenti** interpersonali; ad esempio disponibilità sessuale, attraverso il gioco di nascondere, mostrare, e alludere; aggressività, attraverso i materiali, le forme, gli accessori; ribellione, attraverso l'indipendenza e l'originalità, il rifiuto delle norme e la creazione di una antimoda; formalità, attraverso la scelta di abiti adeguati alle aspettative sociali.

GLI ABITI COME LINGUAGGIO

"Roland Barthes, (1971) ha paragonato gli abiti ad un linguaggio. C'è un certo numero di insiemi di elementi alternativi che non si possono indossare nello stesso momento, per esempio tipi diversi di scarpe e stivali. Le informazioni vengono trasmesse da ciò che viene scelto da ciascun insieme, e più informazioni vengono trasmesse da una scelta insolita. Escludere qualche elemento, come le scarpe, trasmette ugualmente informazioni. Ogni elemento ha un significato in sé e per sé. Questo può essere arbitrario o cifrato, come nel caso dei distintivi, (...) può essere analogico: così la barba sta a significare il raggiungimento della maturità, e la scollatura profonda il sesso. (...) Anche il modo con cui gli elementi vengono combinati trasmette notizie: ad esempio un abito nero può essere combinato con una cravatta rossa. L'informazione passa anche attraverso il modo di vestirsi: un uniforme può essere molto elegante e molto trasandata. Con questi mezzi le persone possono inviare messaggi piuttosto complicati intorno a sé stesse e ai loro atteggiamenti verso gli altri, inclusi i conflitti e altri aspetti complicati" (Argyle, 1978, pp. 261-262).

6.6 Psicologia della vita quotidiana con la moda: la comunicazione dei nuovi valori

Una tela su cui disegnare i nuovi valori

Il corpo è come una tela sulla quale disegniamo la nostra identità, attraverso abiti, colori, accessori, trucco, capelli. Un quadro identitario che ci aiuta a raggiungere gli obiettivi comunicativi e a rendere visibili i nostri valori. Più questi valori sono forti e più condizionano anche il nostro modo di conoscere gli altri e di giudicarli. Come ci hanno indicato le ricerche di Gianpaolo Fabris (2010), la post modernità mostra una spiccata tendenza alla **soggettività** che si esprime attraverso due percorsi:

- **l'individualismo**: centralità dell'*Io*, edonismo, narcisismo, ricerca del piacere e della felicità attraverso i consumi di lusso. Gli altri sono spettatori della continua recita dell'apparenza del Sé;
- **l'individualità**: rifiuto del conformismo e dei condizionamenti sociali, espressione di sé, autorealizzazione, intensa vita di relazione. Il *Sé* è una creazione della propria soggettività.

Tra i nuovi trend valoriali indicati da Fabris che mi sembrano particolarmente importanti per la moda ci sono:

- **un nuovo tipo di edonismo** – centrato sulla qualità, più che sulla quantità, sul consumo controllato ed ecoresponsabile, su un appagamento raffinato e orientato al lusso, e su una esperienza emozionale di consumo;
- **il recupero selettivo del passato** – che possiamo osservare in particolare nel fenomeno della moda **vintage**, legata da

una parte, al bisogno di definire la propria identità con capi unici, di qualità, sfuggendo all'omologazione, dall'altra al desiderio di recuperare un passato ritenuto migliore del presente. Una nostalgia che sul piano inconscio rimanda alla rassicurante fusione con la madre, e alle sue cure che ci hanno resi bambini belli e degni di amore. I capi vintage ci offrono una via di fuga per sentirci altrove, nei panni di un'altra persona, provando emozioni che sono carenti nella nostra quotidianità. Indossare capi "vissuti da altri", acconciare i capelli così come qualcuno del passato, provare un'essenza profumata di altri tempi, sono gesti che ci mettono in contatto con altre identità, come in uno **psicodramma** dove si esplorano emozioni e sentimenti interpretando il ruolo di un altro per sentirci migliori;

- **l'ambiente e la natura** – con un consumo ecocompatibile, attento ai materiali e ai metodi di produzione, che evita ad esempio la pelle e le pellicce e preferisce l'ecopelle e le pellicce sintetiche, scansa le tinture chimiche a favore di quelle naturali, e privilegia brand che mostrano una posizione credibile in difesa dell'ambiente. La moda in questo caso è biologica (ecosostenibilità, impatto ambientale, salute), solidale (diritti dei lavoratori, lavoro minorile, valorizzazione artigianato), attenta allo spreco (riuso, riciclo con una seconda vita data ai capi).

La diversità e l'inclusione

Inclusività e diversità sono nuovi valori che stanno influenzando il concetto di bellezza e cambiando la comunicazione di moda. Succede talvolta che le parole che entrano nel nuovo lessico abbaglino come una pietra preziosa: si parla molto di inclusione e di diversità, ma non sempre se ne trovano esempi concreti. Questo problema è emerso anche dai dati rilevati dal **Fashion Consumer Panel** di Sita Ricerca (gruppo Pambianco) e presentati a luglio del 2023. Gli intervistati mostrano **interesse** verso le aziende che si impegnano per l'inclusione (60%) e **speranza** che le aziende moda traducano ciò che mostrano nelle sfilate (con alcune modelle e modelli con diverse fisicità, età e genere) in comportamenti concreti. Anche gli intervistati chiedono, quindi, di passare dalle parole ai fatti: Il 47% ritiene che il settore moda sia quello più attivo sull'inclusione presentando nelle sfilate modelli e modelle con diverse fisicità e identità di genere, ma il 30% pensa che i messaggi inclusivi siano solo una strategia comunicativa senza risvolti pratici e che manchi l'inclusione quando si entra nei negozi e si cercano i prodotti. Le richieste si concentrano in particolare sulle taglie, non soltanto *curvy,* ma anche per chi è basso, molto alto o molto magro o per chi ha disabilità.

Per inclusione si intende l'accettazione della diversità. La moda inclusiva si rivolge a persone che non sono definite dai loro difetti o dalla loro disabilità. È una moda che cerca di rendere unica e speciale ogni persona e che lavora sui sogni e i desideri di tutti. Belli e brutti. Magri e grassi. Abili e disabili. Diversi e uguali. Ogni persona ha il diritto di valorizzarsi e di esprimere la propria identità con abiti e accessori. Ogni persona, indipendentemente dal suo fisico, ha il diritto di essere felice con la moda (cfr. Pizza, 2021c).

Riporto qualche esempio di inclusione nella moda che ho apprezzato: "la pubblicità del mascara Gucci, l'Obscur con Ellie Goldstein che ci ha mostrato quanto possa essere bella e gioiosa una modella con sindrome di Down. O l'influencer Tess Holliday che ha ironizzato sulle "taglie da campionario" (sample size) sfilando per Chromat nel 2019. Ma anche Precious Lee con il suo corpo morbido e provocante che ha sfilato per Fendace (la linea che nasce dalla collaborazione tra Fendi e Versace). Ho amato anche Olwen Fouéré scrittrice e regista irlandese, che ha sfilato per Simone Rocha nel 2020, o Benedetta Barzini che ha portato la sua grinta e i suoi capelli grigi nella campagna Cruise di Gucci 20-21. Che dire poi di Winnie Harlow che nel 2014 è stata il volto di Desigual che propone una moda gioiosa e fuori dalle regole? O della bellissima pubblicità di Dolce e Gabbana (primo brand del lusso a inserire nel 2019 le taglie fino alla 54), dove l'affascinante Vanessa Incontrada interpreta i quadri di Rubens? Antesignano della moda inclusiva e *dell'adaptive fashion* in passerella è stato Alexander McQueen che nel 1999 fece sfilare l'atleta paralimpica Aimée Mullins con delle protesi in legno intagliate a mano" (Pizza, 2021c).

Mi chiedo però dove finisca l'inclusione quando osservo reparti o negozi dedicati solo alle taglie *curvy*. Perché mai chi è sovrappeso deve recarsi in un luogo apposito, fuori dalla vista di chi è magro? Ho molto apprezzato che il brand **Elena Mirò** (che da molto tempo è impegnato per promuovere la bellezza al di là delle taglie) da alcuni anni non si rivolga più solo alle *plus size*, ma a tutte le donne, a tutti i corpi e a tutte le esigenze, con taglie dalla 42 alla 58.

C'è poca inclusione anche nel comportamento di alcuni venditori che trattano con sufficienza chi è diverso dal loro personalissimo concetto di bellezza. Ho potuto osservare questo particolare stile di vendita orientato all'esclusione quando, il 9 ottobre 2020, sono stata ospite della trasmissione Patti Chiari della **RSI – Televisione Svizzera** sul tema delle taglie. Mi hanno chiesto di commentare un filmato girato seguendo due persone *plus size* che tentavano di fare acquisti in alcuni negozi di Lugano. Il risultato è stato disarmante: tra i consigli c'era quello di tornare dopo una dieta o di cercare in negozi di felpe, come se solo i magri potesse aspirare all'eleganza e al piacere di un bell'abito.

Body positivity

Il movimento della *body positivity* ha l'obiettivo di promuovere il rispetto del corpo e di rimuovere lo stigma sociale per i corpi non conformi agli standard dominanti. La lotta è contro gli **stereotipi estetici**, compreso quelli di una industria della moda che standardizza le taglie e non riesce a studiare le proporzioni giuste perché un capo stia bene a tutti. Questo compito una volta era svolto tranquillamente dalle sarte, che non avevano bisogno di una etichetta come *curvy* o *plus size* per prendere le giuste misure e adattare l'abito al fisico dei clienti. Non c'è dubbio che non riuscire a trovare abiti alla moda, faccia sentire esclusi e sbagliati. Obiettivo è anche quello di fermare il *body shaming* che colpisce tutti quelli che hanno una fisicità diversa per escluderli, ridicolizzarli e farli vergognare.

La "**grassofobia**", ad esempio, porta a giudicare gli altri e a proiettare su di loro la propria individuale paura di avere un corpo difettoso e grasso. Chi critica duramente teme di perdere la propria identità e presunta perfezione, contaminandosi con chi perfetto non è. Per essere amati e accettati pensano di doversi adeguarsi a rigide norme estetiche e si aspettano che anche gli altri si adeguino e siano perfetti. Il problema è non riconoscere la differenza tra sé e l'altro e non riuscire ad andare oltre l'apparenza ascoltando la persona e il suo valore.

Stessa cosa vale per l'età o per una bellezza diversa. I social si sono scatenati, ad esempio, per criticare Armine Harutyunyan, modella armena che ha sfilato per Gucci, con la sua bellezza particolare e fuori dagli schemi. Così come è stata biasimata e derisa Sarah Jessica Parker per le foto con rughe e capelli grigi, prima del sequel di *Sex and the City*.

7. CONSIDERAZIONI CONCLUSIVE PRIMA EDIZIONE

7.1 Psicologia sociale della vita quotidiana con la moda

Lo studio di un fenomeno vario e affascinante come quello della moda deve necessariamente avvicinarsi alla concretezza della vita di ogni giorno. Deve occuparsi dei comportamenti quotidiani e degli effetti che questi producono. Uomini e donne ogni giorno scelgono abiti e accessori nei loro armadi, sui social, sulle riviste, nei negozi. Ogni giorno li indossano, li esibiscono e li osservano sugli altri. Ogni giorno gli oggetti della moda contribuiscono a far provare emozioni e sentimenti, a comunicare identità e valori, a raggiungere obiettivi sociali, a mostrare l'appartenenza ad un gruppo, a esibire il valore personale. Ogni giorno, per muoverci nella intricata rete degli obiettivi sociali e delle relazioni interpersonali, ci facciamo aiutare dalla nostra immagine, dal nostro "*Io pelle*" che ci ricopre come un involucro e mostra agli altri proprio ciò che vogliamo che vedano. L'abito è un manifesto della nostra identità sociale ed è a partire da questo manifesto che iniziamo a stabilire relazioni interpersonali.

La nostra vita quotidiana con la moda si svolge dentro e fuori dai gruppi, attraverso rapporti sociali improntati ad **amicizia** e **amore**, al **lavoro** e al **tempo libero**. In ognuno di questi ambiti possiamo cogliere dinamiche sociali che hanno a che vedere con i processi di comunicazione, identificazione e imitazione tipici della moda.

Gli **amici** sono persone con le quali condividiamo interessi, attività, gusti e scambiamo sostegno emotivo. Le tappe attraverso le quali l'amicizia si evolve sono: vicinanza, somiglianza, capacità di gratificare l'altro, frequentazione regolare, apertura verso l'altro.

La **somiglianza** è uno dei punti sui quali la moda ha un forte impatto: poiché l'abbigliamento e gli accessori sono un modo per esprimere opinioni, valori, preferenze, valutazioni, status e appartenenza, servono a comunicare in modo molto evidente e immediato la uguaglianza con gli amici e la differenza dagli altri. È molto comune osservare gruppi di amici vestiti in modo simile, con la stessa felpa, la stessa maglietta, gli stessi occhiali, lo stesso zaino o borsa, lo stesso accessorio per il telefonino, lo stesso taglio di pantaloni, le stesse scarpe. Conformismo? Certo che sì, ma nel caso degli amici è una conformità che fa stare bene, fa sentire appartenenti ad un gruppo e rafforza l'identità sociale.

L'abbigliamento può influire anche sulla **gratificazione dell'altro**. All'interno del gruppo gli amici si aiutano, si difendono e si incoraggiano, e la condivisione di alcune regole su abbigliamento e accessori, o di uno stile, aiuta a rafforzare il senso di adeguatezza e a ridurre l'insicurezza e la paura del giudizio. Se indosso i capi considerati alla moda (o contro la moda) dal mio gruppo sono automaticamente uno del gruppo, difeso dal gruppo, uguale agli amici e diverso dagli altri. La paura del giudizio sociale si riduce fortemente: non importa se un capo valorizza o no, l'importante è che sia "la pelle" del gruppo.

Le attività svolte dagli amici sono principalmente: conversazione, aiuto reciproco. condivisione del tempo libero. Come abbiamo visto è più facile conversare con le persone che percepiamo come simili a noi sia per l'aspetto esteriore che per valori, opinioni e atteggiamenti. L'abbigliamento comunica in modo immediato e veloce idee, opinioni, e intenzioni e rappresenta spesso anche un vero e proprio argomento di conversazione. Si parla di cosa è di moda e di come essere alla moda, e si aiutano gli altri a raggiungere i loro obiettivi attraverso la manipolazione dell'aspetto esteriore. Si consigliano, prestano, regalano abiti e accessori per far diventare gli amici più seduttivi, vincenti, attraenti. Anche la condivisione del **tempo libero** è spesso centrata sulla moda: fare *shopping* con gli amici è una attività comune che provoca soddisfazione, gioia e felicità, fa sentire supportati emotivamente e liberi da doveri e costrizioni. Crea un gioco sociale nel quale ci si avventura per trovare oggetti in grado di esprimere la propria identità e di stabilire relazioni, e si compete con gli altri per trovare gli oggetti migliori e dimostrare di avere gusto.

Anche l'**attrazione** e l'**amore** sono ambiti nei quali gli oggetti della moda possono fornire un supporto. L'**attrazione** che trasforma sconosciuti in amici, partner o fidanzati, si basa infatti sull'aspetto delle persone e sulla facilità di interazione determinata da somiglianza e simpatia. Quale strumento migliore che abiti, trucco, accessori, gioielli, scarpe, borse, colori e tessuti, per aiutarci a migliorare la nostra attrattività? E quale strumento più immediato per cogliere quella degli altri in mezzo ad una folla?

Naturalmente la percezione di avvenenza fisica è fortemente condizionata sia da determinanti culturali, che da preferenze individuali. È vero, come sostiene il detto popolare, che "la bellezza sta nell'occhio di chi guarda", ma spesso l'occhio guarda là dove dicono di guardare i *leader* di opinione, le norme e le rappresentazioni sociali, ossia **le mode** dei diversi gruppi di appartenenza. Le persone belle e gradevoli ci piacciono di più non solo per un fatto estetico, ma anche perché (cfr. Feingold, 1992) tendiamo ad aspettarci da loro maggiore socievolezza e cordialità, e poiché credenze e aspettative condizionano il nostro comportamento, finiamo per comportarci noi per primi in modo socievole e cordiale, sollecitando in risposta, proprio i comportamenti che ci aspettavamo.

Poiché ci piacciono di più le persone simili a noi e che quindi convalidano le nostre idee, le nostre credenze e i nostri atteggiamenti, l'abbigliamento come prima fonte di conoscenza, può favorire e intensificare le relazioni.

L'importanza dell'aspetto fisico può variare in relazioni a due diversi tipi di personalità: le persone con **automonitoraggio alto** ritengono importante la valutazione degli altri, comportarsi in modo adeguato ed essere all'altezza delle situazioni, per loro l'avvenenza fisica del partner è molto importante; le persone con **automonitoraggio basso**, invece, danno maggiore importanza ai tratti di personalità e a qualità interiori. In entrambi i casi l'abbigliamento può contribuire alla scelta: può servire infatti sia ad avvalorare l'avvenenza fisica che a mostrare valori e scelte di vita. La scelta di uno stupendo abito di Armani arricchito da una lunga e sfavillante sciarpa, o di un paio di scarpe Ferragamo, può contribuire ad aumentare l'attrattività di una persona che deve conquistare un partner con automonitoraggio alto, mentre per conquistarne uno con automonitoraggio basso può servire di più la scelta di materiali ecologici, un abito minimalista, il distintivo di una organizzazione o la maglietta con il logo di una campagna sociale.

L'amore è caratterizzato da una forte interdipendenza e da influenza reciproca. Ci si veste per sedurre, ma anche per compiacere. Nello stesso modo con il quale l'appartenenza ad un gruppo determina l'identità sociale di una persona (il gruppo viene incorporato nel *Sé*), nei rapporti affettivi profondi c'è una identificazione con l'oggetto d'amore (che viene introiettato) e che fa scomparire gradatamente le differenze poiché "ciascun partner cerca di modellare il suo comportamento sulla base dei desideri dell'altro" (Smith, Mackie, 1998, p. 395). L'abbigliamento come *Io-pelle* che mostra agli altri la nostra identità e il "buono" che abbiamo dentro, diventa in questo caso un contenitore di coppia, che mostra l'esistenza dell'unione: è molto probabile che lo stile dell'abbigliamento sia condiviso, così come le preferenze per marchi o negozi, sia nel caso che questi elementi derivino da somiglianze che hanno contribuito al nascere della attrazione, sia che derivino dal desiderio di piacere e compiacere l'altro, facendosene influenzare.

Abbigliamento e accessori possono essere quindi usati come forma di **seduzione**, che rende più aggressivi, intraprendenti e attraenti, ma anche come forma di espressione di qualità interiori, sia durante il corteggiamento (fase che segue la necessità biologica di attrarre, conquistare e mantenere nel tempo un partner, ed è fortemente caratterizzata dalla sessualità), che nella fase di consolidamento (caratterizzata da fiducia, solidarietà e affetto).

Anche l'attività **lavorativa** svolge una funzione molto importante nella nostra vita, non soltanto perché vi impieghiamo la maggior parte del nostro tempo, ma soprattutto perché costituisce un elemento identitario. La nostra professione e il nostro lavoro spesso ci definiscono. Tra le motivazioni che creano soddisfazione nel lavoro c'è l'importanza delle attività svolte e l'impatto che queste hanno sugli altri, le competenze riconosciute necessarie per svolgerle, il raggiungimento dell'autonomia, il conseguimento di risultati, l'appartenenza ad un gruppo.

Proprio perché il lavoro è così importante per la nostra **identità** spesso proviamo un gran piacere nel comunicare il nostro ruolo professionale attraverso l'abbigliamento e gli accessori, e parallelamente proviamo disagio quando persone con le quali intratteniamo relazioni di lavoro ci sorprendono con un abbigliamento poco consono al nostro *Sé* lavorativo e appartenente ad un diverso *Sé* (sportivo, familiare ecc.). Mostrare agli altri, attraverso gli abiti, le attività che svolgiamo, contribuisce ad aumentare l'autostima e il senso di autoefficacia, soprattutto quando sentiamo che queste attività godono di riconoscimento sociale. L'eleganza e la cura dello stile contribuiscono a comunicare l'importanza del ruolo. Gli abiti e gli accessori possono mostrare anche le nostre competenze, ciò che sappiamo fare e i risultati che abbiamo raggiunto. Solo personaggi le cui competenze sono riconosciute da tutti possono permettersi di usare un abbigliamento che non comunica il proprio ruolo, ma bensì la propria autonomia dal ruolo (come i maglioni blu dell'Amministratore Delegato di Fiat Marchionne). La maggior parte delle persone (meno note e meno sicure) ha bisogno di far conoscere le proprie competenze e i risultati raggiunti anche attraverso la scelta di un abbigliamento (di ruolo) che rafforzi la propria identità, ed è per questo che molti/molte manager scelgono la giacca e soprattutto, un certo taglio di giacca, il tailleur, gli occhiali, o un particolare tipo di orologio, di cintura, o di borsa da lavoro, per rafforzare la comunicazione di competenza e successo.

La scelta dell'abbigliamento può servire anche come forma di comunicazione **aggressiva** o **cooperativa**: si scelgono determinati oggetti moda perché tutti possano notare l'identità di chi li indossa e si comportino di conseguenza. Da qui la scelta di tailleur severi in donne che lavorano in ambienti maschili e competitivi, e di abiti più morbidi e rilassati in chi lavora in ambienti femminili e supportivi, o di abiti di tendenza e oggetti tecnologici in chi lavora in ambienti innovativi e creativi.

Naturalmente l'abbigliamento è anche un potente segnale di **affiliazione** e di appartenenza ad un gruppo, e permette di identificarsi, attraverso l'imitazione di uno stile, con chi ha prestigio e capacità, valori e progetti.

Una parte importante del nostro tempo di vita è dedicato al **tempo libero,** caratterizzato dalla sensazione di libertà e dall'assenza di vincoli e legami con gli impegni di lavoro. Per questo le caratteristiche dell'abbigliamento per il tempo libero sono molto diverse da quello per il lavoro. Spesso il cambiarsi d'abito al ritorno dal lavoro, segna proprio il passaggio dal tempo dedicato ai doveri, a quello dedicato ad una attività piacevole e rilassante da svolgere da soli o in gruppo. Togliersi un abito e indossarne un altro è come cambiare identità e passare da un *Sé* lavorativo e impegnato, ad un *Sé* privato e svagato.

Le attività sportive nel tempo libero soddisfano esigenze diverse che vanno dal desiderio di dimostrare la propria abilità e di perfezionarla in una competizione con sé stessi e con gli altri, al desiderio di stare in squadra e raggiungere un obiettivo comune in competizione con le altre squadre. Nel primo caso la sfida può essere aiutata e supportata da un abbigliamento tecnico e da accessori super specializzati che aiutano nelle prestazioni e definiscono la competenza. Nel secondo caso l'abbigliamento può servire come segnale di appartenenza ad una squadra e generare emozioni che creano un collante, creando una "*pelle contenitiva*" di tutto il buono rappresentato dal gruppo.

Le attività di svago hanno anche la funzione di rafforzare l'identità personale e sociale: "in gran parte dei casi il fatto di dedicarsi ad attività di svago consente di valorizzare l'immagine di sé e l'immagine che si presenta agli altri. Svolgere una attività di svago implica spesso vestirsi bene (oggigiorno ci si veste eleganti persino per uscire a fare una passeggiata), acquisire nuove competenze, entrare a far parte di un nuovo gruppo sociale, magari assumere al suo interno un ruolo direttivo e a volte anche esibirsi di fronte agli altri. Per chi abita in una casa come le altre e svolge un lavoro qualsiasi, può essere molto importante entrare a far parte di un circolo in cui si svolgono attività interessanti, o ancora meglio diventarne uno dei membri più autorevoli" (Argyle, 1996, p. 135).

L'abbigliamento sportivo può aiutarci anche a sentirci liberi da vincoli formali, più giovani e più tonici. Questo è probabilmente il motivo per cui alcuni vestono sportivo anche quando non praticano sport: questo tipo di abbigliamento rappresenta una forma di libertà dai vincoli che incarna il mito della giovinezza e comunica disinvoltura, comodità e benessere.

Parlare della moda nella vita quotidiana e della sua dimensione ludica, che alterna senza posa, imitazione di un modello e identificazione con un gruppo, uniformità e differenziazione, e che ci permette sia di sognare che di comunicare i sogni, vuol dire considerare anche l'influenza di nuovi valori sociali, come la **felicità** e il **benessere.**

Poiché il raggiungimento del successo, i rapporti con gli altri e la sessualità sono tra i principali indicatori della gioia, la moda può aiutarci in una sorta di "terapia della felicità" che passa attraverso momenti di piacere e di gratificazione permessi dall'accesso al lusso, dalle esperienze di acquisto, e dalla condivisione di ciò che è socialmente considerato bello e moderno. L'abito come estensione del *Sé* è fortemente legato alla felicità: comprare un abito sul quale abbiamo fatto un investimento simbolico di affettività comporta piacere, così come indossarlo e mostrarlo agli altri, ottenendone l'ammirazione. L'abbigliamento ci aiuta ad avere una visione ottimistica di noi e a progettare i cambiamenti che più auspichiamo, dominando le emozioni sociali della gelosia (la paura di perdere l'oggetto d'amore), dell'invidia (per ciò che gli altri possiedono e controllano) e della vergogna (il timore che gli altri possano valutarci negativamente).

La moda quindi è un **progetto di felicità** che si fonda sull'apparenza del *Sé*, sulla costruzione dell'identità sia personale che sociale, sui valori e le norme di un gruppo, sull'integrazione e sulle relazioni. È un progetto che permette di adeguarsi ai cambiamenti, ai nuovi modelli culturali, e di mediare, a livello simbolico, tra individuo, gruppo e società realizzando (almeno sul piano dell'aspetto esteriore) un equilibrio tra i desideri di uniformità e di approvazione e quelli di esibizione e di ammirazione.

8. CONSIDERAZIONI CONCLUSIVE SECONDA EDIZIONE

Amare sé stessi è l'inizio di un idillio che dura tutta la vita
Oscar Wilde

Voler essere qualcun altro è uno spreco
della persona che sei.
Marilyn Monroe

8.1 La moda come fonte di benessere

L'abbigliamento accompagna ogni momento della nostra vita. È con noi quando usciamo di casa e ci fa sentire a posto e più sicuri in mezzo agli altri, quando in casa abbiamo voglia di sentirci protetti come in un abbraccio, quando dobbiamo incontrare qualcuno ad un primo appuntamento e vogliamo fare una buona impressione, sul lavoro per percepirci più professionali e determinati, nel tempo libero per sentirci più tonici o appartenenti ad un gruppo, nella vita affettiva per aumentare attraenza e seduzione, con gli amici per riconoscerci come appartenenti ad un gruppo, negli appuntamenti della vita sociale per mostrare la nostra unicità e competenza per farci apprezzare o per integrarci. Non c'è momento della nostra vita che non sia legato nei nostri ricordi ad un determinato abito, ad un determinato colore, ad un certo paio di scarpe, o borsa, o monile, o cappello. Flügel (riferendosi ad una frase del filosofo Herbert Spencer), scrive che "la coscienza di essere perfettamente ben vestiti può dare una **pace** che la stessa religione non può dare" (1974, p. 25). Non c'è dubbio che se riusciamo a viverla in modo assertivo, la moda sia uno strumento di empowerment. Dona felicità quando sappiamo coglierne le dimensioni di sogno e di gioco per valorizzarci. Crea ansia e disagio quando la viviamo in modo passivo o aggressivo, per conformarsi o prevaricare. Perché il rapporto con la moda produca benessere occorre passare dall'immagine all'identità, dall'apparire in forma all'**essere in forma**.

8.2 Psicopatologia della vita quotidiana con la moda

Quando il gruppo detta le regole

Non sempre il rapporto con la moda è positivo e facilita l'integrazione e il dialogo con gli altri. Talvolta è strumento di sofferenza e disagio, e fa sentire sbagliati. Come quando gli amici o i compagni di scuola diventano "**censori morali**" del look e stabiliscono regole tacite a cui è necessario attenersi per essere accettati come membro del gruppo e considerati attraenti e di successo. I corridoi scolastici si trasformano in passerelle sulle quali si sfila sotto lo sguardo critico degli altri che osservano gli abiti, i colori, gli accessori, i brand, il fisico, il trucco, i capelli.

Il problema è poi aggravato dai social che offrono uno spazio per deridere chi non ha il fisico o il look giusto. L'abbigliamento, in questi casi, si trasforma da espressione gioiosa di sé, in strumento persecutorio, soprattutto quando i modelli di confronto sono irraggiungibili per magrezza e perfezione estetica.

L'eccesso di critica

L'eccesso di critica del look degli altri è un aspetto negativo del rapporto post moderno con la moda (cfr. Pizza, 2016b). Sui social si assiste spesso ad una **critica feroce all'aspetto esteriore** delle celebrities. Si critica il loro corpo, il loro abbigliamento, il loro stile. Nei loro confronti molti hanno un rapporto ambivalente che coinvolge due principii della psiche, Eros e Thanatos. **Eros**, l'istinto di vita, è guidato dall'energia psichica che viene dalla libido e ci spinge all'aggregazione, e ad amare e seguire con attenzione i personaggi famosi ammirati. **Thanatos**, l'istinto di morte, è guidato dall'energia aggressiva diretta verso l'esterno e ci porta a criticarne look e comportamenti.

Possiamo spiegare il bisogno esasperato di critica, o quello opposto di lode, con i meccanismi di difesa che hanno la funzione di difendere l'*Io* dalle pressioni istintuali dell'*Es* e di evitare conflitti con il *Super io* e con la realtà. Questi meccanismi entrano in campo quando l'*Io* lotta contro idee e affetti che ci fanno soffrire, quando c'è un conflitto tra tendenze opposte, quando percepiamo pericoli o minacce esterne, o quando siamo preda di una angoscia morale.

Con il meccanismo della ***proiezione*** spostiamo sugli altri le caratteristiche ombra della nostra personalità e tutto ciò che dentro di noi ci crea dispiacere. In questo modo attribuiamo agli altri parti di noi che non riconosciamo, non accettiamo o viviamo in modo sgradevole. Proiettiamo quindi sentimenti, desideri e aspetti personali che in realtà ci appartengono. Non c'è evento che non sia seguito da uno sciame di critiche sul look dei personaggi famosi. Così è successo a Chiara Ferragni a Sanremo 2023 con gli abiti (peraltro bellissimi) disegnati per lei da Mariagrazia Chiuri per lanciare un messaggio di libertà personale (cfr. Pizza, 2023a), e prima di lei a Diletta Liotta che a Sanremo, nel 2017, parlò del cyberbullismo di cui era stata vittima con un abito giudicato troppo provocante, a Emma che a Sanremo 2022 fu attaccata per aver indossato delle calze a rete, ma anche alla vice presidente americana Kamala Harris, apparsa su Vogue con le sneakers e un look valutato troppo sportivo e informale, a Jill Biden e Brigitte Macron per le gonne troppo corte ritenute non adatte alla loro età. Molti personaggi sono oggetto di aspre critiche, ma lo sono anche semplici persone che postano le foto sui social.

Credo che chi cade abitualmente nell'eccesso di critica dovrebbe chiedersi: "Quale parte di me ho proiettato?" "Quale paura, emozione, sentimento mi guida?" "Cosa mi irrita nel comportamento dell'altro?" "Cosa mi irrita di me?" "Come vorrei cambiare la situazione?"

Quando si è oggetto di critiche è necessario innanzitutto, gestire i nostri pensieri, ricordando che non si può piacere a tutti. Meglio concentrarsi su chi ci apprezza, piuttosto che su chi ci critica. Ci sono diverse tecniche che si possono usare per difenderci dalle critiche manipolative (quelle costruttive sono invece utili!), tra queste è efficace "l'inchiesta negativa che consiste nel rispondere alla critica con un insieme di domande che vanno nei particolari (...) Ad esempio se la critica che ci è stata mossa è sul colore del nostro abito, chiediamo: "C'è qualche altra cosa che non va?" "Cosa ne dici delle scarpe?" "E il colore delle calze?" Se le critiche sono sincere ne ricaveremo una serie di informazioni che possono esserci utili per valorizzarci. Se, invece, la persona che ci ha criticato non risponde alle nostre domande, vuol dire che non ha argomenti da sostenere oltre alla ripetizione di ciò che ha detto. In questo modo lo avremo messo all'angolo, e cosa ancora più importante, avremo evitato di internalizzare la critica e renderci vulnerabili" (Pizza, 2021a, p.91).

Anche **l'eccesso di lodi** per il look dei personaggi famosi è un comportamento social che fa riflettere. In questo caso il meccanismo di difesa è quello dell'**introiezione**, che fa identificare con i personaggi ritenuti attraenti per incorporarne quelle caratteristiche positive che danno piacere. Attraverso l'imitazione del look di influencer, attrici e attori o reali, ci si sente più vincenti, più belli, più di successo di quanto siamo in realtà. L'angoscia per non essere una persona affermata, viene mitigata proprio dall'introiezione delle caratteristiche di chi ha una vita di successo.

Quando il tempo libero diventa lavoro

L'attività fisica, nel tempo libero, per alcuni passa da piacere a dovere. Dal piacere di avere un corpo tonico e fare sport in gruppo si passa a **un corpo prestazionale** da esibire per competere, attraverso una attività fisica eccessiva. Il successo, la competizione, la perfezione del corpo sono i nuovi contenuti dello sport espressi anche attraverso un abbigliamento sempre più tecnico, griffato e in grado di mettere in evidenza i risultati raggiunti. Le attività ludiche sono sostituite dall'agonismo e i cultori del fitness (numerosi anche tra gli adolescenti) cercano di rimodellare un corpo percepito come sbagliato.

La **vigoressia** è una nuova forma di anoressia, che si pone l'obiettivo della tonicità del corpo. Per raggiungerla si sostituisce la pratica ossessiva del controllo del cibo e del peso, con quella altrettanto ossessiva del fitness. Gli abiti diventano in questo caso uno strumento per evidenziare sia gli aspetti maschili, che quelli femminili e sembrano vestire un corpo androgino che integra debolezza e forza.

Il corpo esibito

Anche **l'attrazione e l'amore** presentano nella società post moderna degli aspetti controversi. Gli adolescenti spesso non cercano più qualcuno con cui condividere emozioni e intimità, ma partner da esibire, la persona più bella, che ha più successo, più like e più popolarità, e che è oggetto di desiderio anche per gli altri. Nulla è mai abbastanza, e c'è sempre la sensazione che dietro l'angolo potrebbe esserci una persona migliore. Si può dire che più che alla ricerca dell'altro si vada alla ricerca di sé stessi.

Tutto ciò porta a molti problemi nelle relazioni e nella sessualità. Il **sesso si fa sempre più visivo** e l'intimità e la complicità vengono sostituite delle immagini e dalle sensazioni. L'atto sessuale come evidenziano molti psicoanalisti (cfr. Zoja) viene sempre più rimpiazzato dalle immagini esibite e guardate. E la moda, naturalmente interpreta anche questo bisogno e offre abiti e accessori adeguati.

Il **sexting**, lo scambio di immagini sessuali esplicite tra partner, attraverso lo smartphone o il web, è una nuova forma di galateo amoroso che alcuni (soprattutto donne) vivono con ansia. Siamo molto lontani dalla moda come conflitto tra pudore e esibizione di cui parlava Flügel. Siamo in una **società pornografizzata** (cfr. McNair), nella quale Il limite tra ciò che è pubblico e ciò che è intimo è venuto meno. Tutto viene messo in piazza, il corpo, la sessualità e gli aspetti intimi sono esibiti senza nessun pudore, come una prestazione spogliata del contenuto affettivo. Questa esibizione del corpo erotico non riguarda solo i social, ma la pubblicità, il cinema, la televisione i magazine e le collezioni di alcuni stilisti che propongono un corpo esibito e provocante, più svestito che vestito, e con la biancheria intima in evidenza. Questa ostentazione nega la seduzione del vedo non vedo, dell'allusione e dell'ammiccamento e la sostituisce con l'esplicito e con l'agito, trasformando il corpo in un oggetto.

L'amore tossico che mira al controllo
Quando la **cultura del possesso** domina la relazione affettiva anche l'abbigliamento della partner diventa **oggetto del controllo**. Questo comportamento, descritto da alcuni attenti giornalisti di costume (cfr. Marrocco, 2023) e facilmente osservabile su Tik Tok, scambia l'amore con la gelosia e ritiene normale che un ragazzo controlli le espressioni, i tempi e anche il look della propria ragazza. I giovani lo chiamano "malessere" per indicare un amore difficile, ma desiderabile. Viene descritto anche in una canzone (*Malessere*) di una cantante neomelodica che su YouTube ha raggiunto un milione e seicentomila visualizzazioni. L'amore geloso, controllante, che impedisce di portare gonne troppo corte, abitini scollati, tacchi alti, top che lasciano il corpo scoperto è un segno di **tossicità delle relazioni** che non ha niente di positivo o di desiderabile. È inquietante che nel ventunesimo secolo ci siano ancora donne che ritengono normale vivere di luce riflessa accanto ad un uomo che decide per loro anche come devono apparire e raccontarsi agli altri, attraverso gli abiti e gli accessori. Segno che c'è molto da fare per chi crede nell'empowerment femminile e in una moda che renda liberi di esprimersi.

8.3 Una moda che renda liberi e promuova assertività

La **moda assertiva** è quella che permette di esprimere liberamente le emozioni e i desideri, tenendo contemporaneamente conto dei risultati che si ottengono, delle relazioni con gli altri e del contesto. "Essere assertivi vuol dire esprimersi senza ansia e difendere i propri diritti, ma senza violare o calpestare quelli degli altri" (cfr. Alberti, Emmons, 1970). L'uso assertivo della moda permette di **essere sé stessi** e di esprimere il vero *Sé* senza pressioni sociali o imposizioni, e senza ansia di non piacere.

Il **primo diritto** della moda assertiva è: *tu hai il diritto di esprimere ciò che vuoi attraverso l'abbigliamento.* Vuol dire quindi usare il look come forma di comunicazione che bilancia i propri diritti con quelli degli altri.

L'uso **assertivo** di abiti e accessori si realizza quando:

- c'è attenzione ai propri gusti e desideri e rispetto per quelli degli altri;
- ci si veste per esprimere in modo chiaro ed efficace la propria identità, il proprio vero *Sé*, le emozioni e le convinzioni personali, senza provare ansia o disagio, e senza aggredire gli altri;
- si tiene conto sia dei propri gusti che del contesto, evitando ciò che potrebbe ledere la dignità altrui;
- si sceglie in autonomia il proprio stile (pur osservando gli altri o chiedendo consiglio) senza condizionamenti;
- i diversi capi vengono selezionati per raggiungere gli obiettivi;
- con l'armadio si ha un rapporto caratterizzato da emozioni positive, creatività, piacere e divertimento.

L'uso **passivo** di abiti e accessori si verifica quando:

- nella scelta si tiene conto più degli altri che di sé stessi;
- si è influenzati e condizionati nel definire lo stile e gli obiettivi non sono autodiretti, ma eterodiretti;
- si subiscono, senza riuscire a personalizzarle, le norme vestimentarie dei gruppi di appartenenza (lavoro, amici, famiglia) con disagio e senso di oppressione;
- non ci si oppone alle tendenze moda anche quando sono contrarie al proprio gusto;
- si prova una forte ansia sociale e si teme il giudizio degli altri e la perdita del loro appoggio nel caso si sbagli abito, colori, o abbinamento;
- si usa la moda per esprimere un *Sé* diverso da quello reale, reprimendo le emozioni e evitando i capi e i colori che potrebbero svelarle;
- si tende a non farsi notare e ad apparire anonimi, con l'obiettivo di farsi accettare e di evitare i contrasti;
- con l'armadio si ha un rapporto conflittuale e si prova frustrazione, ansia, senso di colpa, vergogna, inibizione.

L'uso **aggressivo** di abiti e accessori si verifica quando:

- nella scelta di forme, materiali, colori e abbinamenti si è attenti solo a sé stessi e non si considerano gli altri e il contesto;
- si scelgono griffe, forme, materiali con l'unico obiettivo di affermare il proprio potere sugli altri;
- si viola volutamente il dress code e lo stile del gruppo di appartenenza con insofferenza e disprezzo;
- si scelgono capi per manipolare gli altri dando un'immagine grandiosa di sé;
- il rapporto con l'armadio è intessuto di collera, ostilità, presunzione, disprezzo, sopravalutazione di sé, vanità

Per essere felici con la moda dobbiamo, allora, uscire dal conformismo e dalla sopravvalutazione trasformando la nostra **unicità** in abiti da indossare. Questi sono tre passi utili per fare questo percorso:

- **consapevolezza** – come diceva il filosofo greco Epitteto "sappi chi sei e ornati di conseguenza". Ogni buon rapporto con l'abbigliamento inizia dalla **consapevolezza della propria identità**. La domanda giusta è: "gli abiti che indosso comunicano chi sono?" Essere consapevoli vuol dire anche analizzare (da soli o con l'aiuto di una psicologa della moda) quello che si fa e che non funziona. Cosa provoca la sensazione di non sentirsi al massimo con gli abiti e i colori indossati?
- **potere personale** – il potere di fare qualcosa per migliorare e sviluppare l'assertività nel modo di vivere il nostro aspetto esteriore, è tutto nelle nostre mani. Siamo noi **a decidere** come comunicare attraverso la moda, scegliendo la composizione del look. Per essere persone libere di esprimere sé stesse, è necessario evitare i condizionamenti sia interni che esterni, imparando a pensare in modo diverso al corpo e all'immagine. Cambiare si può se si fanno piccoli passi e si segue un progetto orientato ad un obiettivo;

- **potenzialità dell'azione** – *Io mi piaccio* è la prima cosa che dobbiamo comunicare con gli abiti: la moda serve a valorizzare tutto ciò che di buono abbiamo dentro, senza confrontarci con modelli di perfezione irraggiungibili. Avere **stima di sé** vuol dire conoscersi e accettare sia le proprie potenzialità che le fragilità. È giusto osservare gli altri per ispirarsi, analizzare il contesto, ascoltare i consigli, osservare le tendenze moda, ma poi è bene decidere senza condizionamenti, rifiutando ciò che non ci piace e non ci appartiene.

È bello utilizzare la versatilità e **l'eclletticità della moda** e il gioco creativo per esprimere la propria unicità, anziché cercare di essere uguali agli altri, o come gli altri ci impongono di essere. Siamo solo noi a dover decidere se "l'opera d'arte" del nostro *Sé* deve essere originale o una imitazione, frutto dell'impegno personale o della decisione altrui.

Come abbiamo visto la moda è "un'avventura senza il rischio" (Stoetzel), se l'effetto non ci piace possiamo sempre tornare indietro e ricominciare, trovando il modo migliore per valorizzarci. Perché il suo utilizzo sia efficace deve esprimere la nostra identità e il nostro valore, renderci felici e più sicuri, sviluppare il nostro empowerment e farci stare bene con noi stessi e con gli altri. Per dirlo con le parole di Eric Berne, deve essere come una "**carezza**" gratificante che ci fa "camminare a petto in fuori".

BIBLIOGRAFIA

Acquaviva, S. (1994). *Progettare la felicità.* Bari: Laterza.

Ajzen, I., Fishbein, M. (1977). Attitude behavior relations: A theoretical analysis and review of empirical research. *Psychological Bullettin, 84,* 888-918.

Ajzen, I., Fishbein, M. (1980). *Understanding attitudes and predicting social behavior.* Prentice-Hall, NJ: Englewood Cliffs.

Alberoni, F. (1964). *Consumi e società.* Bologna: il Mulino.

Alberoni, F. (1994). *Valori.* Milano: Rizzoli.

Alberti, R.E., Emmons, M.L. (1970). *Your perfect right.* San Luis Obispo, CA: Impact.

Anchisi, R., Gambotto Dessy, M. (1989). *Manuale per il training assertivo.* Torino: Libreria Cortina.

Anderson, N.H. (1965). Averaging vs. adding as a stimulus-combination rule in impression formation. *Journal of Experimental Psichology, 70,* 394-400.

Anolli, L. (2005). *L'ottimismo.* Bologna: il Mulino.

Anzieu, D. (1987). *Io pelle.* Roma: Borla.

Anzieu, D. (1992). *L'epidermide nomade e la pelle psichica.* Milano: Cortina.

Arcuri, L., Castelli, L. (2000). *La cognizione sociale.* Bari: Laterza.

Argyle, M. (1969). *Social interaction.* London: Methuen.

Argyle, M. (1974). *Il comportamento sociale.* Bologna: il Mulino.

Argyle, M. (1974). *La comunicazione non verbale.* Bari: Laterza.

Argyle, M. (1978). *Il corpo e il suo linguaggio.* Bologna: Zanichelli.

Argyle, M. (1988). *Psicologia della felicità.* Milano: Cortina.

Argyle, M. (1996). *Psicologia sociale della vita quotidiana.* Bologna: Zanichelli

Asch, S. (1946). Forming impression of personality. *Journal of Abnormal and Social Psychology, 41,* 258-290.

Asch, S. (1951). Effects of group pressure on the modification and distortion of judgements. In H. Guetzkow (Ed.), *Group leadership and man* (pp. 177-190). Pittsburgh, Pa: The Carnegie Press.

Asch, S. (1968). *Psicologia sociale.* Torino: SEI.

Atkinson, J.W. (1958). *Motives in fantasy, action and society.* Princeton, NJ: Van Nostrand Company.

Baldini, M. (a cura di) (2005). *Semiotica della moda.* Roma: Armando.

Baldini, M., Baldini, C. (a cura di) (2004). *Il linguaggio dei capelli.* Roma: Armando.

Balzac, H. (1982). *Trattato della vita elegante.* Milano: Longanesi.

Bandura, A. (2000). *Autoefficacia.* Trento: Erikson.

Bara, B. (1990). *Scienza cognitiva.* Torino: Bollati Boringhieri.

Bara, B. (1999). *Pragmatica cognitiva.* Torino: Bollati Boringhieri.

Barthes, R. (1970). *Sistema della moda.* Torino: Einaudi.

Barthes, R. (1971). *Elementi di semiologia.* Torino: Einaudi.

Barthes, R. (1996). *Scritti società, testo comunicazione.* Torino: Einaudi.
Barthes, R. (2006). *Il senso della moda.* Torino: Einaudi.
Bartoli, G., Bonaiuto, P. (1995). Percezione degli oggetti di moda, figura umana e vissuto dell'eleganza. In P.E., Ricci Bitti, R., Caterina (a cura di), *Moda, relazioni sociali e comunicazione* (pp. 17-40). Bologna: Zanichelli.
Bauleo, A. J. (a cura di) (1983). *Verso una psicologia sociale analitica.* Bologna: Cacciari.
Bauleo, A.J. (1978). *Ideologia, gruppo e famiglia.* Milano: Feltrinelli.
Bauleo, A.J. (1993). *Note di psicologia e psichiatria sociale.* Bologna: Pitagora.
Bauman, Z. (2006). *Amore liquido.* Bari: Laterza.
Bauman, Z. (2017). *Meglio essere felici.* Roma: Castelvecchi.
Baumgartner, J. (2012). *You Are What You Wear.* Boston: Da Capo Press.
Berne, E. (1971). *Analisi transazionale e psicoterapia.* Roma: Astrolabio.
Blignaut, H. (2005). *Anatomia della moda.* Milano: FrancoAngeli.
Bonaiuto, M., Twigger-Ross, C., Breakwell, G. (2004). Teorie dell'identità e psicologia ambientale. In M. Bonnes, M. Bonaiuto, T. Lee (a cura di), *Teorie in pratica per la psicologia ambientale* (pp. 287-330). Milano: Cortina.
Bonnes, M., Carrus, G., Passafaro, P. (2006). *Psicologia ambientale, sostenibilità e comportamenti ecologici.* Roma: Carocci.
Bowlby, R. (1996). *Shopping con Freud.* Milano: Lupetti.
Breakwell, G.M. (1986). *Coping whith Threatened Identities.* London: Methuen.
Brehm, S.S., Brehm, J.W. (1981). *Psychological reactance.* New York: Academic Press.
Brown, B. (2017). *I doni dell'imperfezione.* Roma: Ultra.
Brown, R. (1997). *Psicologia sociale del pregiudizio.* Bologna: il Mulino.
Brown, R. (2000). *Psicologia sociale dei gruppi.* Bologna: il Mulino.
Buday, E. (2020). *Costruire l'identità.* Milano: FrancoAngeli.
Byrne, D. (1971). *The attraction paradigm.* New York: Academic Press.
Calafato, P. (2007). *Mass moda.* Roma: Meltemi.
Calegari, P., Massimini, F. (1976). *Introduzione alla teoria dei valori umani.* Milano: Isedi.
Calvi, G. (1977). *Valori e stili di vita degli italiani.* Milano: Isedi.
Cappelli, G. (2008). Il potere del tailleur. In *Mode e Modi*, Suppl. *Corriere della Sera*, 22 settembre 2008, p. 1.
Caprara, G.V., Barbaranelli, C. (2000). *Capi di governo, telefonini, bagni schiuma.* Milano: Cortina.
Carugati, F. (1979). *Il Sé e l'identità: alla ricerca di una nuova teoria.* Faenza: Stab. Grafico F.lli Lega.
Carver, C.S., Scheier, M.F. (1981). *Attention and self-regulation: A control theory approach to human behavior.* New York: Springer.
Castelli, C., Quadrio, A.,Venini, L. (1994). *Psicologia sociale e dello sviluppo.* vol. 1. Milano: Angeli.
Caterina, R. (1995). L'abbigliamento e il sé. In P.E. Ricci Bitti, R. Caterina (a cura di), *Moda, relazioni sociali e comunicazione* (pp. 41-51). Bologna: Zanichelli.

Caterina, R., Ricci Bitti, P.E. (1995). Moda e mode: modelli teorici a confronto. In P.E. Ricci Bitti, R. Caterina, (a cura di), *Moda, relazioni sociali e comunicazione* (pp. 6-15), Bologna: Zanichelli.

Cavazza, N. (1996). *La persuasione.* Bologna: il Mulino.

Cavazza, N. (2005). *Psicologia degli atteggiamenti e delle opinioni.* Bologna: Il Mulino.

Cialdini, R.B. (1976). Basking in reflected Glory: Three (Football) Field Studies. *Journal of Personality and Social Psychology, 34,* 366-375.

Cialdini, R.B. (1995). *Le armi della persuasione.* Firenze: Giunti.

Codeluppi, V. (2002). *Che cos'è la moda.* Roma: Carocci.

Codeluppi, V. (2007). *Dalla corte alla strada.* Roma: Carocci.

Cooley, D.H. (1902). *Human nature and the social order.* New York: Scribners.

Cortese, C.G. (2006). *Motivare.* Milano: Cortina.

Costa, M., Corazza, L. (2006). *Psicologia della bellezza.* Firenze: Giunti.

Cova, B. (2003). *Il Marketing tribale.* Milano: Il Sole 24 Ore.

Craik, J. (2010). *Il fascino dell'uniforme. Dall'uniformità alla trasgressione.* Roma: Armando.

Csikszentmihalyi, M. (1975). *Beyond boredom and anxiety.* San Francisco: Jossey-Bass.

Csíkszentmihályi, M. (2021). *Flow. Psicologia dell'esperienza ottimale.* Milano: Roi Edizioni.

Csíkszentmihályi, M. (2023). *Seguire il flow. Cos'è l'esperienza ottimale e come possiamo conquistarla.* Milano: Garzanti.

Curcio, A.M. (1993). *La moda: identità negata.* Milano: FrancoAngeli.

Dal Lago, A., Rovatti, P.A. (1993). *Per gioco.* Milano: Cortina.

Daquino, G. (2004). *Seduzione.* Milano: Mondadori.

Davis, F. (1994). *Moda. Cultura, identità, linguaggio.* Bologna: Baskerville.

Dawn, K. (2020). *Dress your best life.* Amazon Kindle Book.

Descamps, M.A. (1981). *Psicosociologia della moda.* Roma: Editori Riuniti.

Di Bari, V. (2007). Mi diverto ergo compro. *L'impresa, 7,* 9.

Di Rienzo, M. (1998). *Il colore vissuto.* Roma: Edizioni Magi.

Dunseath, K. (2001). Introduzione. In AA.VV., *Seconda pelle* (pp. 7-8). Milano: Feltrinelli

Durso, V., Trentin, R. (1990). *Psicologia delle emozioni.* Bologna: il Mulino.

Eagly, A.H., Chaiken, S. (1984). Cognitive theories of persuasion. In L. Berkowitz (Ed.), *Advances in experimental social psychology* (vol. 17, pp. 267-359). New York: Academic Press.

Ekman, P. (1980). *The face of man.* New York: Garland.

Ekman, P., Friesen, W.V. (1969). The repertoire of non verbal behaviour. *Semiotica, 1,* 49-98.

Erikson, E.H. (1981). Gioco e realtà. In J.S. Bruner, A. Jolly, K. Sylva (a cura di), *Il gioco* (vol. 4, pp. 832-851). Roma: Armando.

Exline, R. (1969). An Exploration study of request for help in a public place, *Atti della Conferenza Nato sulla comunicazione non verbale.* Oxford.

Fabris, G. (2003). *Il nuovo consumatore verso il post moderno.* Milano: Angeli.
Fabris, G. (2006*). Nuove identità, nuovi consumi.* Milano: Il Sole 24 Ore.
Faccio, E. (2007). *Le identità corporee.* Firenze: Giunti.
Fenigold, A. (1992). Good looking people are not what we think. *Psychological Bulletin, 3,* 304-341.
Festinger, L. (1950). Informal social comunication. *Psycological Review, 57,* 271-282.
Festinger, L. (1973). *Teoria della dissonanza cognitiva.* Milano: FrancoAngeli.
Fiske, S., Neuberg, S.T. (1990). A continuum of impression formation, from category-based to individuating processes: Influences of information and motivation on attention and interpretation. *Advances in Experimental Social Psychology, 23,* 1-74.
Fiske, S.T. (1992). Thinking is for doing. Portraits of social cognition. *Journal of Personality and Social Psychology, 63,* 877-889.
Flechter, G.J.O., Fincham, F.D. (1991). Attribution process in close relationships. In G.J.O. Flechter, F.D. Fincham (Eds.), *Cognition and relationships* (pp. 7-35). Hillsdale, NJ: Erlbaum.
Flügel, J.C. (1929). Clothes symbolism and clothes ambivalence. *Journal of Psycho Anlysis.* Vol X, pp. 205-229.
Flügel, J.C. (1930a). Sex differences in dress. *International Congress of the Word League for Sexual Reform.*
Flügel, J.C. (1930b). De la valeur affective du vetement. *Revue Francaise de Psychanalise,* III.
Flügel, J.C. (1974). *Psicologia dell'abbigliamento.* Milano: FrancoAngeli.
Freud, A. (2012). *L'Io e i meccanismi di difesa.* Firenze.
Freud, S. (1980a). *Al di là del principio del piacere.* Vol. IX. Torino: Boringhieri.
Freud, S. (1980b). *Introduzione al narcisismo.* Vol. VII. Torino: Boringhieri.
Freud, S. (1980c). *L'Io e l'Es.* Vol. IX. Torino: Boringhieri.
Freud, S. (1989). *Psicologia delle masse e analisi dell'io.* Opere, vol. 9, Torino: Bollati Boringhieri.
Frisa, M.L. (2015). *Le forme della moda.* Bologna: il Mulino.
Frontori, L. (1986). *Il mercato dei segni.* Milano: Raffaello Cortina.
Goffman, E. (1969). *La vita quotidiana come rappresentazione.* Bologna: il Mulino.
Gough, H., Heilbrun, A., Fioravanti, M. (1992). *Manuale della versione italiana dell'Adjective Check List.* Firenze: OS.
Grandes, A. (2007). *Il ragazzo che apriva la fila.* Parma: Guanda.
Grice, H.P. (1978). *Logica e conversazione.* In M. Sbisà (a cura di), *Gli atti linguistici.* Milano: Feltrinelli.
Hall, E.T., Lindzey, G. (1966). *Teorie della personalità.* Torino: Boringhieri.
Hegi, U. (2000a). *La visione di Emma Blau.* Milano: Feltrinelli.
Hegi, U. (2000b). *Come pietre nel fiume.* Milano: Feltrinelli.
Hewitt, P.L., Flett, G.L., Mikail, S.F. (2020). *Il perfezionismo.* Roma: Giovanni Fioriti.
Hewstone, M., Stroebe, W., Stephenson, G.M. (a cura di) (1998). *Introduzione alla psicologia sociale.* Bologna: il Mulino.

Higgins, E.T. (1987). Self-discrepancy: A theory relating self and affect. *Psychological Rewiew, 94*, 319-340.
Hine, T. (2004). *Lo voglio.* Milano: Orme Editori.
Horne, S. (2008). *Inno alla gioia.* Roma: Fazi.
James, W. (1909). *Principi di psicologia.* Milano: SEI.
Jen, G. (2005). *Sposa per amore.* Vicenza: Neri Pozza.
Johnson, D., Johnson, R. (1996). *Leadership e comportamento cooperativo.* Trento: Erickson.
Jung, C.G. (2004). *L'uomo e i suoi simboli.* Milano: Tea.
Katz, D. (1960). *La psicologia della forma.* Torino: Boringhieri.
Kawamura, Y. (2006). *La moda.* Bologna: il Mulino.
Kelley, H.H., Thibaut, J.W. (1978). *Interpersonal relation: A theory of interdependence.* New York: Wiley.
Kernberg, O.F. (1999). *Le relazioni nei gruppi.* Milano: Cortina.
Kets de Vries, M.F.R. (1994). *Leader, giullari e impostori.* Milano: Raffaello Cortina.
Killermann, S. (2011). *The Genderbread Person.* https://www.samkillermann.com/-work/genderbread-person/
Kinsella, S. (2002). *I love shopping.* Milano: Mondadori.
Köhler, W. (1961). *La psicologia della Gestalt.* Milano: Feltrinelli.
König, R. (1985). *Umanità in passerella.* Milano: Longanesi.
König, R. (1992). *Il potere della moda.* Napoli: Liguori.
Krech, D., Crutchfield, R.S., Ballachey, E.L. (1970). *Individuo e società.* Firenze: Giunti.
Kroeber, A. L., Richardson, J. (1940). *Three centuries of women's dress fashions, a quantitative analysis.* Berkeley: University of California Press.
Kruglanski, A. *et al.* (2007). *Gruppo come fonte di realtà condivisa. Bisogno di chiusura cognitiva e sindrome del group-centrism.* Milano: FrancoAngeli.
Kuhn, M.H., McPartleand, T. S. (1954). An empirical investigation of self attitude. *American Sociological Review, 19*, 68-76.
Lancini, M. (2023). *Sii te stesso a modo mio.* Milano: Raffaello Cortina.
Lasch, C. (1981). *La cultura del narcisismo.* Milano: Bompiani.
Latanè, B. (1981). The psychology of social impact. *American Psychologist, 36*, 343-365.
Laver, J. (2003). *Moda e costume.* Milano: Rizzoli.
Legrenzi, P. (1998). *La felicità.* Bologna: il Mulino.
Lemma, A. (2011). *Sotto la pelle.* Milano: Raffaello Cortina.
Lemoine Luccioni, E. (2002). *Psicoanalisi della moda.* Milano: Bruno Mondadori.
Link, C. (2003). *La donna delle rose.* Milano: Corbaccio.
Lipovetsky, G. (1989). *L'impero dell'effimero.* Milano: Garzanti.
Lipovetsky, G. (2007). *Il tempo del lusso.* Palermo: Sellerio.
Lowen, A. (1984). *Il piacere.* Roma: Astrolabio.
Lowen, A. (2016). *Il linguaggio del corpo.* Milano: Feltrinelli.
Lurie, A. (2007). *Il linguaggio dei vestiti.* Roma: Armando.

Lüscher, M. (1976). *Il test dei colori.* Roma: Astrolabio.
Lüscher, M. (1997). *Il test dei colori. Diagnostica e terapia.* Roma: Armando.
Maffesoli, M. (1988). *Il tempo delle tribù.* Roma: Armando.
Maffesoli, M. (2009). *Icone d'oggi.* Palermo: Sellerio.
Mair, C. (2018). *The psychology of fashion.* New York: Routledge.
Mangiaterra, S., Montoneri, F. (2004). Moda. E tu di che tribù sei? *Panorama, 24,* 2.
Markus, H. (1977). Self-schemata and processing information about the self. *Journal of Personality and Social Psychology, 35,* 63-78.
Marrocco, A. (2023). Voglio l'uomo geloso. Su TikTok imperversa la possessività maschile, il malessere come modello. *UffingtonPost.* https://www.huffingtonpost.it/cultura/2023/11/20/news/malessere_gelosia_tiktok-14209548/
Maslow, A. (1992). *Motivazione e personalità.* Roma: Astrolabio.
Mastretta, A. (1999). *Strappami la vita.* Milano: Feltrinelli.
Masucci, A. (2008). *E il sarto della regina Vittoria prese le donne per la giacca.* In *Mode e Modi,* Suppl. *Corriere della Sera,* 22 settembre 2008, p. 4.
Mazzara, B.M. (1997). *Stereotipi e pregiudizi.* Bologna: il Mulino.
Mc Luhan, M. (1967). *Gli strumenti del comunicare.* Milano: il Saggiatore.
McCall Smith, A. (2008). *Scarpe azzurre e felicità.* Parma: Guanda.
McClelland, D. (1958) Methods of measuring human motivation. In J.W. Atkinson (Ed.), *Motives in fantasy, action and society.* Princeton, NJ: Van Nostrand Company.
McNair, B. (1996). *Mediated Sex: Pornography and Postmodern Culture.* Cambridge: Hodder Education.
McPartland, T.S. (1965). *Manual for the Twenty Statements Problem (Revised),* Kansas City, MO: Department of Research, Greater Kansas City Mental Health Foundation.
Mead, G.H. (1972). *Mente, sé e società.* Firenze: Giunti Barbera.
Medicus medicorum. (1999). *Camici e pigiami.* Bari: Laterza.
Melzer, D., Harris Williams, M. (1989). *Amore e timore della bellezza.* Roma: Borla.
Menditto, M. (2004). *Autostima al femminile.* Trento: Erickson.
Mian, E. (2006). *Specchi. Viaggio all'interno dell'immagine corporea.* Firenze: Phasar.
Miceli, M. (1998). *L'autostima.* Bologna: il Mulino.
Miscioscia, D. (2021). *I valori degli adolescenti.* Milano: FrancoAngeli.
Mizzau, M. (2002). *E tu allora?* Bologna: il Mulino.
Monneyron, F. (2008). *Sociologia della moda.* Bari: Laterza.
Moreno, J. (1985). *Manuale di psicodramma.* Roma: Astrolabio.
Moscovici, S. (1967). Communication processes and the properties of language. In L. Berkowitz (Ed.), *Advances in Experimental Social Psychology* (vol. 3, pp. 225-270). New York: Academic Press.
Moscovici, S. (1981). *Psicologia delle minoranze attive.* Torino: Bollati Boringhieri.
Moscovici, S. (1996). *Psicologia sociale.* Roma: Borla.
Mucchi Faina, A. (1996). *L'influenza sociale.* Bologna: il Mulino.
Mucchi Faina, A. (1998). *Il conformismo.* Bologna: il Mulino.

Murphy, S.M. (1990). Models of imagery in sport psychology. *Journal of Mental Immagery, 14*, 153-172.
Murray, II. (1962). *Esploration in personality*. New York: Science.
Murray, H (1992). *Test di appercezione tematica*. Firenze: OS.
Neisser, V. (1975). *Psicologia cognitivista*. Firenze: Giunti Barbera.
Neri, C. (1995). *Gruppo*. Roma: Borla.
Ostinelli, G. (2005). *Motivazione e comportamento*. Trento: Erickson.
Palmonari, A., Cavazza, N., Rubini, M. (2002). *Psicologia sociale*. Bologna: il Mulino.
Petty, R.E., Cacioppo, J.T. (1981). *Attitudes and persuasion: Classic contemporary approaches*. Dubuque, IA: Brown.
Petty, R.E., Cacioppo, J.T. (1986). *Communication and persuasion: central and peripheral routes to attitude change*. New York: Springer.
Pierson, M.L. (2002). *Come costruire la propria immagine*. Milano: FrancoAngeli.
Pietropolli Charmet, G. (2013). *La paura di essere brutti. L'adolescenza e il corpo*. Milano: Raffaello Cortina.
Pine, J.B., Gilmore, J.H. (2000). *L'economia delle esperienze*. Milano: Etas.
Pine, K. (2014). *Mind what you wear*. Amazon Kindle Book.
Pizza, P. (2008). *L'ottimismo nella vendita*. Milano: Angeli.
Pizza, P. (2015). *Psicologia dello shopping di moda*. https://www.psicologiadellamoda.com/wordpress/psicologia-dello-shopping/
Pizza, P. (2016a). *Abiti e tacchi. Il potere della moda*. Verona: QuiEdit.
Pizza, P. (2016b). *Critiche al look degli altri. Perché lo facciamo*. https://www.psicologiadellamoda.com/wordpress/critiche-al-look/
Pizza, P. (2018°). *Gli stereotipi estetici. Magrezza è bellezza?* Https://www.psicologiadellamoda.com/wordpress/gli-stereotipi-estetici-magrezza-bellezza/
Pizza, P. (2018b). *I miei libri di psicologia della moda*. https://www.psicologiadellamoda.com/wordpress/miei-libri-sulla-psicologia-della-moda/
Pizza, P. (2018c). *Psicotendenze. Interpretazione psicologica delle tendenze moda*. https://www.psicologiadellamoda.com/wordpress/psicotendenze-interpretazione-psicologica-delle-tendenze-moda/
Pizza, P. (2019a). *La perfezione non esiste*. https://www.psicologiadellamoda.com-/wordpress/perfezione-non-esiste/
Pizza, P. (2019b). *Libera la seduzione che è in te*. https://www.psicologiadellamoda.com/wordpress/libera-la-seduzione-che-e-in-te/
Pizza, P. (2019c). *Virtual influencer e moda digitale. Nuovi modelli da imitare*. https://www.psicologiadellamoda.com/wordpress/virtual-influencer/
Pizza, P. (2019d). *Cosa comunicano gli accessori*. https://www.psicologiadellamoda.com/wordpress/cosa-comunicano-gli-accessori/
Pizza, P. (2020a). *Vestire l'inconscio. La psicologia della moda come nuovo ambito di lavoro per gli psicologi*. Amazon Kindle Book.
Pizza, P. (2020b). *Emozionarsi con la moda*. https://www.psicologiadellamoda.com/-wordpress/emozionarsi-con-la-moda/
Pizza, P. (2020c). *Self empowerment nella moda*. https://www.psicologiadellamoda.com/wordpress/self-empowerment-nella-moda/

Pizza, P. (2021a). *Il coraggio di piacersi.* Milano: FrancoAngeli.

Pizza, P. (2021b). *Vestirsi per la leadership.* https://www.psicologiadellamoda.com/wordpress/vestirsi-per-la-leadership/

Pizza, P. (2021c). *La moda inclusiva e la body positivity.* https://www.psicologiadellamoda.com/wordpress/la-moda-inclusiva/

Pizza, P. (2022a). *L'abito parla di te.* https://www.psicologiadellamoda.com/wordpress/abito-parla/

Pizza, P. (2022b). *Quanto conta l'apparenza a un primo appuntamento.* https://www.psicologiadellamoda.com/wordpress/quanto-conta-apparenza-a-un-primo-appuntamento/

Pizza, P. (2023a). *Gli abiti messaggio di Chiara Ferragni a Sanremo.* https://www.psicologiadellamoda.com/wordpress/gli-abiti-messaggio-di-chiara-ferragni-a-sanremo/

Pizza, P., Viero, V. (2023b). *Il colore indossato. Psicologia e simbologia dei colori dell'armadio.* Milano: FrancoAngeli.

Pizza, P. (2023c), *Il colore indossato parla di te.* https://www.psicologiadellamoda.com/wordpress/il-colore-indossato/

Plutchik, R. (1981). Un linguaggio per le emozioni. *Psicologia contemporanea, 48,* 29-36.

Polpo, G. (2014). *Psicologia dell'estetica.* Milano: AIPE.

Proshansky, H.M. (1978). The city and self-identity. *Environment and Behaviour, 10,* 147-169.

Proshansky, H.M., Fabian, A.K., Kaminoff, R. (1983). Place identity: Physical Word Socialization of the self. *Journal of Environmental Psychology, 3,* 57-83.

Ragone, G. (a cura di) (1992). *Sociologia dei fenomeni della moda.* Milano: FrancoAngeli.

Rheinberg, F. (1997). *Psicologia della motivazione.* Bologna: il Mulino.

Riboli, G., Daminato, L. (2022). *Identità sessuale per principianti: la traduzione italiana del Genderbread Person, un possibile strumento di supporto per lo psicologo.* https://www.stateofmind.it/2022/02/genderbread-person-identita-sessuale/

Ricci Bitti, P.E., Caterina, R. (a cura di) (1995). *Moda, relazioni sociali e comunicazione.* Bologna: Zanichelli.

Ricci Bitti, P.E., Zani, B. (1983). *La comunicazione come processo sociale.* Bologna: il Mulino.

Rosenbaum, M.E. (1986). The repulsion hypothesis: On the non development of relationship. *Journal of Personality and Social Psychology, 51,* 1156-1166.

Rotter, J.B. (1966). Generalised expectancies for internal versus external control of reinforcement. *Psychological Monographs, 80,* 1-28.

Salemi, R. (2023). Il bello dentro di noi. *IoDonna,* n.39, 30 settembre, pp. 46-50.

Scherer, K.R. (1998). Le emozioni. In M. Hewstone, W. Stroebe, G.M. Stephenson (a cura di), *Introduzione alla psicologia sociale* (pp. 293-329). Bologna: il Mulino.

Schwartz, S.H. (1992). Universals in the content and structure of values: Theoretical advances and empirical tests in 20 countries. *Advances in Experimental Social Psychology, 10,* 1-66.

Secord, P.F., Backman, C.W. (1971). *Psicologia Sociale.* Bologna: il Mulino.

Seligman, M.E.P. (1996). *Imparare l'ottimismo.* Firenze: Giunti.
Sellerberg, A.M. (1996). Moda. *Enciclopedia delle scienze sociali.* Roma: Treccani. https://www.treccani.it/enciclopedia/moda_%28Enciclopedia-delle-scienze-sociali%29/
Serrano, M. (1998). *Il tempo di Blanca.* Milano: Feltrinelli.
Serrano, M. (2002). *Nostra signora della solitudine.* Milano: Feltrinelli.
Shafak, E. (2007). *La bastarda di Istanbul.* Milano: Rizzoli.
Shilder, P. (2019). *Immagine di sé e schema corporeo.* Milano: PGreco.
Simmel, G. (1895). Zur Psychologie der Mode. *Soziologische Studie.* Die Zeit. 54, pp.22-24.
Simmel, G. (1911). Die Mode in: *Philosophische Kultur*, pp. 29-64. Leipzig: Gesammelte Essais.
Simmel, G. (1998). *La moda.* Milano: Mondadori.
Simmel, G. (2014). *Philosophie der Mode.* Vienna: Europäischer Literaturverlag.
Smith, E.R., Mackie, D.M. (1998). *Psicologia sociale.* Bologna: Zanichelli.
Spencer, H. (1898). *Istituzioni cerimoniali.* Sandron: Palermo.
Spitzer, S., Couch, C., Stratton, J. (1973). *The Assessment of the Self.* Iowa City, IA: Sernoll Inc.
Squicciarino, N. (1986). *Il vestito parla*, Roma: Armando.
Squicciarino, N. (1999). *Il profondo della superficie.* Roma: Armando.
Steel, V. (2005). *Fetish.* Roma: Meltemi.
Stoetzel, J. (1973). *Psicologia sociale.* Roma: Armando.
Tajfel, H. (1985). *Gruppi umani e categorie sociali.* Bologna: il Mulino.
Turchet, P. (2015). *Il linguaggio inconscio della seduzione.* Roma: Castelvecchi.
Turner, J.C. (1985). Social categorization and the self-concept: A social cognitive theory of group behaviour. In E.J. Lawler (Ed.), *Advances in group processes: Theory and research* (vol. 2, pp. 77-122). Greenwich: JAI Press.
Turner, V. (1986). *Dal rito al teatro.* Bologna: il Mulino.
van Gennep, A. (1985). *I riti di passaggio.* Torino: Bollati Boringhieri.
Vicenzi, G. (2022). *L' abito non mente.* Santarcangelo: Fossi.
Vignale, M. (2007). Fans. Dimmi come vesti e ti dirò che musica ascolti. *Io donna.*
Volli, U. (1988). *Contro la moda.* Milano: Feltrinelli.
Volli, U. (1993). *Jeans.* Milano: Lupetti.
Volli, U. (1998). *Block Modes. Il linguaggio del corpo e della moda.* Roma: Lupetti.
von Ziegesar, C. (2007). *Gossip Girl.* Milano: Fabbri.
Watzlawick, P. (1971). *Pragmatica della comunicazione umana.* Roma: Astrolabio.
Weisberger, L. (2004). *Il diavolo veste Prada.* Alessandria: Piemme.
Widman, C. (2014). *Il simbolismo dei colori.* Roma: Magi.
Wilde, O. (1968). *Il ritratto di Dorian Gray.* Milano: Fabbri.
Wilson, E. (2008). *Vestirsi di sogni.* Milano: FrancoAngeli.
Winnicot, D.W. (1992). *Sviluppo affettivo e ambiente.* Roma: Armando.
Yehosua, A.B. (2003). *La sposa liberata.* Torino: Einaudi.
Zoja, L. (2022). *Il declino del desiderio.* Torino: Einaudi.
Zuanelli Sonino, E. (1981). *La competenza comunicativa.* Torino: Bollati Boringhieri.

FILMOGRAFIA

American Gigolò. (1980). Paramount Pictures.
Colazione da Tiffany. (1961). Paramount Pictures.
Erin Brockovich. (1999). Columbia Pictures.
Fumo di Londra. (1966). Fono Roma.
Gossip girl. (2007). Warner Bross, CBS Paramount.
Il Diario di Bridget Jones. (2001). Universal Studios.
Il diavolo veste Prada. (2006). Twentieth Century Fox.
I love shopping. (2009). Walt Disney.
In & out. (1997). Spelling Film International.
In Her Shoes. (2005). Twentieth Century Fox.
In ricchezza e povertà. (1997). Universal Pictures.
L'amore ha due facce. (1996). Tristar Pictures Inc.
La morte ti fa bella. (1997). Universal Pictures.
Pretty woman. (2001). Touchstone Pictures.
Sex and the City. (2004). Paramount Pictures.
Sex and the City The Movie. (2008). New Line Production.
The Truman show. (1998). Paramount Pictures.
Una donna in carriera. (1988). Twentieth Century Fox.